Sammlung der ortspolizeilichen Vorschriften der K. Polizeidirektion München

und einiger sonstiger Erlasse strafrechtlichen Inhalts für die K. Haupt- und Residenzstadt München.

Mit systematischer Inhaltsübersicht und ausführlichem alphabetischem Register.

Herausgegeben von

Albert Frank

K. Amtsrichter in München.

1912.

München und **Berlin**

J. Schweitzer Verlag (Arthur Sellier).

Inhaltsverzeichnis.

I. Fremdenpolizei und Meldewesen.

II. Straßen-, Verkehrs- und Wasserpolizei.

e) Führer.

f) Allgemeine Fahrordnung.

g) Besondere Vorschriften für einzelne Straßen, Plätze und Örtlichkeiten.

h) Besondere Bestimmungen über den Lastfuhrwerksverkehr.

i) Schlitten.

II. Verkehr mit Hand- und Hundewagen, sowie mit Karren.

III. Verkehr mit Kinderwagen und Fahrstühlen.

IV. Verkehr mit Transportfahrrädern.

V. Verkehr mit Personenfahrrädern.

VI. Verkehr mit Kraftfahrzeugen einschließlich sonstiger durch eigene Kraft bewegter Fahrzeuge.

VII. Reitverkehr, Führen von Reit- und Zugtieren.

VIII. Treiben von Tieren.

IX. Fußgängerverkehr.

X. Verkehr an den Bahnhöfen.

II. Abschnitt. Besondere Vorschriften zur Sicherstellung der öffentlichen Anlagen.

I. Vorschriften für sämtliche Anlagen.

II. Weitere Vorschriften für einzelne Anlagen.

III. Öffentliche Ruhe und Sittlichkeit.

IV. Nahrungs- und Genußmittelpolizei.

V. Gesundheits-, Leichen- und Begräbnispolizei.

VI. Gewerbepolizei.

Abkürzungen.

AGzBGB. . = Ausführungsgesetz zum Bürgerlichen Gesetzbuch.
AGzStPO. = Ausführungsgesetz zur Reichsstrafprozeßordnung.
BGB. . . = Bürgerliches Gesetzbuch.
GVBl. . . = Gesetz- und Verordnungsblatt.
KAB. . . = Kreisamtsblatt für Oberbayern.
MAB. . . = Münchener Amtsblatt.
MGZ. . . = Münchener Gemeindezeitung.
OV. . . . = Ortspolizeiliche Vorschriften.
PStGB. . = Polizeistrafgesetzbuch.
RGB. . . = Reichs-Gesetzblatt.
RGO. . . = Reichsgewerbeordnung.
Samml. . = Sammlung von Gesetzen, Verordnungen und Ministerialerlassen strafrechtlichen Inhalts für bayerische Polizeiorgane, 2. Aufl. 1910. (München und Berlin, J. Schweitzer Verlag).
StGB. . . = Reichsstrafgesetzbuch.
StPO. . . = Reichsstrafprozeßordnung.

I. Fremdenpolizei und Meldewesen.

1. Oberpolizeiliche Vorschriften der K. Regierung von Oberbayern vom 2. Juni 1862 über Fremdenpolizei.

(KAB. 1862 S. 1113).

Über Fremdenpolizei werden nach Art. 46 Abs. 1 des Polizeistrafgesetzbuchs folgende oberpolizeiliche Vorschriften erlassen:

§ 1. Jeder Gastwirt und Herbergsgeber[1]) ist verpflichtet, ein fortlaufendes Fremdenverzeichnis — Fremdenbuch — zu halten.

§ 2. In das Fremdenbuch muß Name, Stand, Wohnort, Legitimation, Tag der Ankunft und des Abganges des Fremden oder der beherbergten Person eingetragen werden. Hiezu kann das beigedruckte Formular benützt werden.[2])

§ 3. Der Gastwirt oder Herbergsgeber hat längstens innerhalb zwölf Stunden nach Ankunft des Fremden oder der beherbergten Person die vorgeschriebenen Einträge im Fremdenbuch entweder selbst zu machen oder durch seine Angehörigen machen zu lassen, soferne nicht der Fremde oder die beherbergte Person dies selbst tun will.

Die Rubrik „Zeit des Abganges" ist ausschließend vom Gastwirte oder Herbergsgeber, beziehungsweise ihren Angehörigen längstens binnen zwölf Stunden nach dem Abgange auszufüllen.

§ 4. Wenn der Fremde oder die beherbergte Person die erforderlichen Aufschlüsse verweigert, so ist dies im Fremdenbuche zu bemerken und ungesäumt der Ortspolizeibehörde Anzeige zu machen.

§ 5. In München haben die Gastwirte und die Besitzer von Hotels garnis der K. Polizeidirektion täglich längstens bis früh 8 Uhr Auszüge von den Einträgen des vorigen Tages über alle Zu- und Abgänge vorzulegen. Anzeigen darüber, daß niemand angekommen, noch abgegangen ist, sind erlassen. (Vollzugsvorschriften der K. Polizeidirektion vom 23. Mai 1873 und 12. Dez. 1911 MAB. 73 S. 355, 11 S. 697.)

§ 6. Zum Führen von Fremdenbüchern sind nicht verpflichtet:

a) die Vermieter von Wohnungen zum Bad- und Landaufenthalte,
b) die Beherberger von Wallfahrern an Wallfahrtsorten,
c) die Herbergsgeber, welche aus Anlaß von Märkten Marktverkäufer aufnehmen,

und obliegt denselben lediglich die Pflicht, den Namen, Stand und Wohnort der ankommenden und abgehenden Fremden binnen 24 Stunden der Ortspolizeibehörde anzuzeigen.

§ 7. Die Übertretung vorstehender Vorschriften wird nach Art. 46 Abs. 1 des Polizeistrafgesetzbuches beahndet.

Vorstehende Vorschriften treten mit dem 1. Juli 1862 in Wirksamkeit.

---

[1]) Die Vorschriften gelten auch für Besitzer von Fremdenpensionen.
[2]) Formular s. KAB. 1862 S. 1113.

2. Ortspolizeiliche Vorschrift vom 19. August 1868 und 6. Juli 1898, die Anmeldung von Fremden betr.

(MAB. 1868 S. 707, 1898 S. 497.)

Die K. Polizeidirektion München erläßt auf Grund des Art. 38 des Gesetzes vom 16. April 1868 über Heimat, Verehelichung und Aufenthalt[1]) der Art. 3 Ziff. 1, 46 Abs. II und 50 des Polizeistrafgesetzbuches und in Anwendung des § 10 der K. Verordnung vom 2. Oktober 1869, die Ausscheidung der Zuständigkeit der Polizeidirektion usw. betreffend, nachstehende ortspolizeiliche Vorschrift.

1. Jeder Fremde, d. i. wer das Heimatrecht dahier nicht besitzt, hat binnen 8 Tagen nach der Ankunft hievon dem betreffenden Polizeiamte Anzeige zu erstatten.

Von dieser Anzeigepflicht sind ausgenommen Angehörige des bayerischen Staates, welche auf Grund ihrer Anstellung im Dienste des Staates, der Kirche, der Gemeinde, einer öffentlichen Körperschaft oder Stiftung, oder zur Erfüllung einer gesetzlichen Pflicht dahier sich aufzuhalten genötigt sind, oder welche das hiesige Bürgerrecht ohne Heimatrecht besitzen.

2. Fremde Dienstboten, Taglöhner und gewerbliche Arbeiter haben sich zum Zwecke dieser Anzeige bei dem betreffenden Polizeiamte persönlich zu melden.

3. Alle übrigen Fremden müssen die Anzeige bei dem betr. K. Bezirkskommissär mündlich oder schriftlich erstatten.

Die schriftlichen Anzeigen haben nach dem vorgeschriebenen Formulare I,[2]) welches in sämtlichen Rubriken gehörig auszufüllen ist, zu erfolgen.

4. Wer einen Fremden beherbergt, ist verpflichtet, hierüber binnen 24 Stunden bei dem betreffenden K. Bezirkskommissär Anzeige zu erstatten.

Für Gastwirte und Herberggeber gilt die oberpolizeiliche Vorschrift vom 2. Juni 1862.[3])

5. Personen, welche Wohnungsräume in Miete oder Aftermiete geben, haben den Einzug, sowie den Auszug ihrer Mieter innerhalb 24 Stunden bei dem K. Bezirkskommissär anzuzeigen, und zwar auch in dem Falle, wenn sie gleichzeitig mit ihren Mietern die Wohnung beziehen oder verlassen.

6. Die Anzeigen der Quartier- und Mietgeber sind in duplo mittelst gehörig ausgefüllter Meldeblätter zu erstatten, und zwar:

a) für Fremde, welche von auswärts hier ankommen und noch keine Bescheinigung über die von ihnen selbst betätigte Anzeige besitzen, nach Formular II,[2])

b) beim Wohnungseinzug in den übrigen Fällen nach Formular III[2]) und

c) beim Wohnungsauszug nach Formular IV.[2])

---

[1]) Samml. S. 30.

[2]) Die einschlägigen Formulare könnnen unentgeltlich bei den K. Polizei-Bezirkskommissären erholt werden.

[3]) Siehe oben S. 1.

7. Die Meldung mehrerer Personen auf ein und demselben Blatte ist nur bei Familien bezüglich der Ehefrau und Kinder des Familienhauptes statthaft. Außerdem hat die Meldung jeder einzelnen Person auf einem besonderen Blatte zu geschehen.

8. Übertretungen vorstehender Meldevorschriften haben Bestrafung nach den einschlägigen Gesetzesbestimmungen zur Folge.

Die anzeigepflichtigen Fremden sind zur vollständigen und wahrheitsgetreuen Erteilung der nötigen Aufschlüsse verpflichtet und haben im Unterlassungsfalle, abgesehen von der Strafeinschreitung, die persönliche Vorrufung vor die K. Polizeidirektion zu gewärtigen. Die Quartiergeber haften für die Richtigkeit der in den Meldeblättern gemachten Angaben.

---

3. Ortspolizeiliche Vorschrift vom 1. Juli 1862 und 6. Juli 1898, die Meldung von Dienstboten betreffend.

(MAB. 1862 S. 21, 1898 S. 497).

Die K. Polizeidirektion München erläßt auf Grund der Art. 3 Ziff. 1 und 107 des Polizeistrafgesetzbuches, sowie in Anwendung des § 10 der K. Verordnung vom 2. Oktober 1869, die Ausscheidung der Zuständigkeit der Polizeidirektion usw. betreffend, nachstehende ortspolizeiliche Vorschrift.

§ 1. Die Dienstherrschaften sind verpflichtet, den Ein- und Austritt ihrer Dienstboten innerhalb drei Tagen unter Vorlage des Dienstbotenbuches dem betreffenden Polizeiamte entweder selbst anzuzeigen, oder durch ihre Dienstboten anzeigen zu lassen.

Fällt der Austritt bei einer Dienstherrschaft mit dem Eintritt bei einer anderen zeitlich zusammen, so hat die Anzeige nur bei dem für die Anmeldung des Diensteintrittes zuständigen Polizeiamte zu geschehen.

§ 2. Die Dienstbotenbücher sind von der Dienstherrschaft aufzubewahren.

---

4. Ortspolizeiliche Vorschrift vom 16. Dezember 1873 und 6. Juli 1898, die Anzeige der Aufnahme und Entlassung von Handwerksgesellen betreffend.

(MAB. 1873 S. 793, 1898 S. 498.)

Die K. Polizeidirektion München erläßt auf Grund der Art. 3 Ziff. 1 und 49 des Polizeistrafgesetzbuches und in Anwendung des § 10 der K. Verordnung vom 2. Oktober 1869, die Ausscheidung der Zuständigkeit der K. Polizeidirektion usw. betreffend, nachstehende ortspolizeiliche Vorschrift.

Die Gewerbsinhaber sind verpflichtet, die Aufnahme und Entlassung ihrer Gesellen, Gehilfen und Lehrlinge, soferne diese zugleich bei ihnen wohnen, binnen drei Tagen bei dem betreffenden Polizeiamte anzuzeigen.

II. Straßen-, Verkehrs- und Wasserpolizei.

1. Oberpolizeiliche Vorschriften vom 1. Juli 1872, Sicherheit, Bequemlichkeit, Reinlichkeit und Ruhe des Verkehrs auf öffentlichen Wegen, Straßen und Plätzen und die Sicherstellung der Staatsstraßen und deren Zubehörungen gegen Beschädigungen betreffend.[1])

(KAB. 1872 S. 1429, 1890 S. 103, 1891 S. 36, 1892 S. 123.)

Die K. Regierung, Kammer des Innern, von Oberbayern erläßt auf Grund des § 366 Ziff. 10 des Strafgesetzbuches für das Deutsche Reich, Art. 2 Ziff. 6 und Art. 90 des Polizeistrafgesetzbuches vom 26. Dezember 1871 und § 10 der Ministerialbekanntmachung vom 4. Januar 1872 — die Sicherheit und Bequemlichkeit auf öffentlichen Wegen, Straßen und Plätzen — die nachstehenden für den Regierungsbezirk von Oberbayern verbindlichen oberpolizeilichen Vorschriften:

§ 1. Es ist verboten, an Gebäuden, an öffentlichen Wegen und Straßen das Regenwasser von den Dächern auf die Straße oder die dazu gehörige Fußbank abzuleiten.

§ 2. Düngerstätten dürfen an öffentlichen Wegen und Straßen nicht näher als auf 1 m von dem äußersten Rande des Straßengrabens, oder, wo ein solcher nicht besteht, der Fußbank angelegt werden.

§ 3. Es ist verboten, Bau- und Arbeitsstoffe, Geräte, Waren, Schutt, Dünger, Schnee auf den auf öffentlichen Wegen und Straßen befindlichen Brücken abzuladen oder zu lagern, soweit nicht Notfälle vorliegen, oder von der zuständigen Polizeibehörde die Bewilligung erteilt ist und zwar bei Staats- und Distriktsstraßen, sowie Gemeindeverbindungswegen von der Distriktspolizeibehörde — bei Staatsstraßen nach vorgängigem Einvernehmen des zuständigen Bauamtes — bei Gemeindeverbindungswegen und in sonstigen Fällen auch von der Ortspolizeibehörde.

§ 4. Bei Ladungen von so bedeutender Länge, daß die Last auf geteilten Wagen oder Schlitten oder auf zwei getrennten Schlitten ruht, muß dem Fuhrwerke bei dem Verkehr auf öffentlichen Wegen, Straßen und Plätzen eine eigene Person zur Leitung an der Rückseite beigegeben werden.

§ 6. Es ist untersagt, auf öffentlichen Wegen, Straßen und Plätzen ohne allgemein oder speziell erteilte polizeiliche Bewilligung Buden zu errichten, Gruben oder andere Vertiefungen oder sonstige den Verkehr störende Vorrichtungen anzubringen.

Strafbar ist auch, wer den bei der Erteilung der Bewilligung ergangenen Anordnungen zuwiderhandelt.

---

[1]) Vgl. hierher auch Samml. S. 102—106.

§ 7. Es ist untersagt, außer den durch außerordentliche Elementarereignisse herbeigeführten Notständen, die Jauche aus den Düngerstätten oder Ställen auf öffentliche Straßen, Wege oder Plätze auslaufen zu lassen.

§ 8. Unnötiges, sowie übertriebenes Peitschenknallen auf öffentlichen Straßen, Wegen und Plätzen ist untersagt.

§ 10. Die Besudelung von Straßeneinteilungszeichen, Straßentafeln, Wegweisern, dann von Straßen- und Brückengeländern an Staatsstraßen ist verboten.

§ 11. Übertretungen der vorstehenden Bestimmungen werden nach Maßgabe der eingangs erwähnten Gesetzesstellen mit Geld bis zu 20 Talern oder mit Haft bis zu vierzehn Tagen gestraft.

§ 13. Den Distrikts- und Ortspolizeibehörden bleibt vorbehalten, in Gemäßheit des Art. 2 Ziff. 6 des Polizeistrafgesetzbuches vom 26. Dezember 1871 und Art. 90 daselbst, weitere polizeiliche Vorschriften zu erlassen, soweit es die Verhältnisse erfordern oder rätlich erscheinen lassen.

---

2. Oberpolizeiliche Vorschriften vom 27. Oktober 1892, Erhaltung der Sicherheit des Verkehrs auf öffentlichen Wegen, Straßen und Plätzen.[1])

(KAB. 1892 S. 123).

Die K. Regierung von Oberbayern, Kammer des Innern, hat die oberpolizeilichen Vorschriften vom 31. Juli 1890 zur Erhaltung der Sicherheit des Verkehrs auf öffentlichen Wegen, Straßen und Plätzen (Kreisamtsblatt 1890 Nr. 26 vom 8. August S. 103) in § 2 einer Änderung unterstellt und erläßt hienach an deren Stelle auf Grund des § 366 Ziffer 10 des Reichsstrafgesetzbuches und des Art. 2 Ziffer 6 des Polizeistrafgesetzbuches für Bayern nachstehende oberpolizeiliche Vorschriften:

§ 1. Fuhrwerke jeder Art, welche nach eingetretener Dunkelheit oder während der Dauer derselben auf Staats- und Distriktsstraßen, oder auf den deren Fortsetzung bildenden Ortsstraßen oder innerhalb der Markung von unmittelbaren Städten verkehren, müssen mindestens mit einer helleuchtenden Laterne in der Weise versehen sein, daß deren Licht jedenfalls von vorne und an der linken Seite des Fuhrwerks sichtbar ist.

§ 2. Jedes seiner Bestimmung nach nicht ausschließlich zur Beförderung von Personen dienende Privatfuhrwerk, welches innerhalb der Markung einer unmittelbaren Stadt oder außerhalb der Gemeindemarkung des Wohnortes des Fuhrwerksbesitzers auf den in § 1 bezeichneten Straßen verkehrt, muß Vor- und Zunamen oder Firma und den Wohnort des Fuhrwerksbesitzers, sowie wenn letzterer mehrere

---

[1]) Vgl. hierher auch Samml. S. 102—106.

Fuhrwerke der in Frage kommenden Art besitzt, überdies auch die laufende Nummer ersehen lassen; Abkürzung des Vornamens ist nur insoweit zulässig, als hiedurch über die Person des Fuhrwerksbesitzers keinerlei Zweifel entstehen kann.

Die vorstehend angeordnete Bezeichnung ist auf der linken Seite des Fuhrwerks an letzterem selbst oder auf einer dortselbst befestigten Tafel in deutlicher und unverwischbarer Schrift derart anzubringen, daß sie stets gut sichtbar ist.

Ausgenommen von den Bestimmungen des ersten und zweiten Absatzes des gegenwärtigen Paragraphen sind Langholzfuhrwerke, dann die dem Betriebe der Land- und Forstwritschaft dienenden Fuhrwerke beim Verkehre zwischen den Wirtschaftsgebäuden und den von diesen aus bewirtschafteten Grundstücken des Fuhrwerksbesitzers.

§ 3. Übertretungen vorstehender oberpolizeilicher Vorschriften werden nach § 366 Ziffer 10 des Reichsstrafgesetzbuches mit Geldstrafe bis zu sechzig Mark oder mit Haft bis zu vierzehn Tagen bestraft.

---

3. Ortspolizeiliche Vorschriften vom 18. Februar und 18. August 1911, über den Straßenverkehr und den Verkehr in öffentlichen Anlagen.[1])

(MAB. 1911 S. 193 ff., 535).

Nachstehend werden die ortspolizeilichen Vorschriften über den Straßenverkehr und den Verkehr in den öffentlichen Anlagen unter Zugrundelegung der Bestimmungen der ortspolizeilichen Vorschriften bezeichneten Betreffs vom 6. Oktober 1902, 29. März 1904, 26. Mai 1905, 17. November 1907, 3. Juni 1908, 21. November 1909, 14. April 1910, 26. August 1910, 30. November 1910 und 22. Dezember 1910 neu erlassen.

Zugleich werden die sämtlichen vorbezeichneten ortspolizeilichen Vorschriften außer Kraft gesetzt.

Die K. Polizeidirektion München erläßt auf Grund des § 366 Ziff. 10 des RStGB., der Art. 2 Ziff. 6, 37, 79, 90, 95 und 152 Abs. I des PStGB., des § 10 der Bekanntmachung des K. Staatsministeriums des Innern vom 4. Januar 1872, betreffend die Sicherheit und Bequemlichkeit auf öffentlichen Wegen, Straßen und Plätzen,[1]) und des § 13 der oberpolizeilichen Vorschriften der K. Regierung von Oberbayern vom 1. Juli 1872,[1]) betreffend Sicherheit, Bequemlichkeit, Reinlichkeit und Ruhe des Verkehrs auf öffentlichen Wegen, Straßen und Plätzen usw., ferner der §§ 13 mit 18 Abs. I der oberpolizeilichen Vorschriften über den Radfahrverkehr vom 29. September 1907,[1]) dann des § 6 Abs. I Nr. 2 des Gesetzes über den Verkehr mit Kraftfahrzeugen vom 3. Mai 1909,[1]) § 23 der Verordnung vom 3. Februar 1910 über den Verkehr mit Kraftfahrzeugen[1]) und

---

[1]) Vgl. hierher auch Samml. S. 102—122, die oberpol. Vorschr. oben S. 4

des Abschnitts I Ziff. 1 der Ministerialbekanntmachung vom 17. März 1910, den Vollzug der Verordnung über den Verkehr mit Kraftfahrzeugen betreffend,[1]) endlich gemäß § 17 der K. Allerhöchsten Verordnung vom 2. Oktober 1869, die Ausscheidung der Zuständigkeit der Polizeidirektion usw. betreffend, nachstehende ortspolizeiliche Vorschriften:

Erster Abschnitt.

Allgemeine Vorschriften zur Regelung des Verkehrs auf öffentlichen Straßen, Wegen und Plätzen, sowie in den öffentlichen Anlagen.

I. Fuhrwerks-Verkehr.

a) Fuhrwerk.

§ 1. Beschaffenheit. I Die Fuhrwerke müssen in so gutem, verkehrssicherem Zustande sein, daß sie nicht in der Fahrt infolge Brechens oder Sichloslösens von Bestandteilen aufgehalten werden.

II Treten während der Fahrt Beschädigungen am Wagen ein, so daß Teile der Ladung auf die Fahrbahn verstreut werden, so darf die Fahrt erst dann fortgesetzt werden, wenn diese Beschädigungen so gut als möglich behoben sind bzw. die bezeichnete Folge auf andere Weise vermieden ist. Die Straßen sind sofort von den herabgefallenen Teilen der Ladung zu säubern.

III Als höchstes Maß für Wagen gilt eine Breite von 2,30 m und eine Länge von 6 m (mit Ausschluß der Deichsel); für Möbelwagen ist eine Länge von 10 m gestattet.

IV In besonders gelagerten Fällen können Ausnahmen in dauernder oder vorübergehender Weise polizeilich gestattet werden.

§ 2. Kutscherplatz. I Jedes durch Zugtiere bewegte Fuhrwerk muß einen eigenen Führer haben und, falls es nicht vom Sattel aus geleitet wird, so eingerichtet sein, daß der Platz des Führers demselben freie Aussicht gestattet.

II Während der Fahrt hat der Kutscher, falls er nicht vom Sattel aus das Fuhrwerk leitet, den in Abs. I bezeichneten Platz auf dem Fuhrwerke einzunehmen.

III Das Einhergehen neben dem Gespanne oder dem Fuhrwerke ist ihm nur gestattet:

1. bei Haritschkarren, welche den Zwecken der Straßenreinigung oder der Hausunratabfuhr dienen, bei Wagen, welche mit Dünger, Heu, Stroh oder ungedroschenem Getreide beladen sind, sowie bei den mit Rindvieh bespannten und bei geteilten Wagen,
2. insoweit es durch schwierige Verhältnisse der Fahrbahn notwendig ist.

IV In den in Abs. III bezeichneten Fällen hat der Führer das Gespann am Zügel zu führen.

§ 3. Beleuchtung. I Nach eingetretener Dunkelheit und während der Dauer derselben muß jedes auf öffentlicher Fahrbahn befind-

[1]) Vgl. hierher auch Samml. S. 102—122, die oberpol. Vorschr. oben S. 4

liche Fuhrwerk vorschriftsmäßig beleuchtet sein. Die Dunkelheit bestimmt sich im Zweifel nach der Zeit, während welcher die Straßenlaternen brennen.

II Die Beleuchtung hat zu geschehen:

1. bei Personenfuhrwerk durch zwei helleuchtende Laternen, welche an den Seiten soweit möglich nach vorne anzubringen sind;

2. bei anderem Fuhrwerk durch mindestens eine helleuchtende Laterne, welche derart anzubringen ist, daß deren Licht jedenfalls von vorne und an der linken Seite des Fuhrwerks sichtbar ist.

III Jede andere Beleuchtungsvorrichtung, wie Lampions usw., ist verboten.

b) Gespann.

§ 4. Zugtiere. I Mit ansteckenden Krankheiten behaftete, lahme oder abgetriebene Tiere dürfen zum Zuge nicht verwendet werden.

II Dasselbe gilt von Tieren, welche mit augenfälligen, einen widerwärtigen Eindruck machenden oder die Tüchtigkeit der Tiere beeinträchtigenden äußeren Schäden behaftet sind.

III Bissige Zugtiere müssen mit Maulkörben versehen sein.

c) Geschirr und Art der Anspannung.

§ 5. Geschirr, Zügel. I Die Geschirre müssen haltbar und in ordnungsmäßigem Zustande sein.

II Stricke statt der Aufhaltketten und Aufhaltriemen zu verwenden, ist verboten.

III Einspänniges Pferdefuhrwerk muß mit Doppelzügel, zweispänniges mit dem Kreuzzügel von der Hand des Führers aus (§ 2) gefahren werden.

§ 6. An- oder Zusammenhängen. I Das An- oder Zusammenhängen von Fuhrwerken, das Anhängen lediger Zugtiere an Gespanne oder Wagen, sowie das Anhängen von Handwagen, Karren oder Schlitten an Fuhrwerke ist verboten.

II In besonderen Fällen kann hiezu polizeiliche Erlaubnis gegeben werden.

§ 7. Absträngen. Das gänzliche oder teilweise Absträngen von Gespannen an stehenden Fuhrwerken zum Zwecke der Sicherung gegen Ausreißen oder Durchgehen ist unstatthaft.

§ 8. Peitschen. I Der Gebrauch von Peitschen mit Treibschnüren ist bei Lastfuhrwerken untersagt.

II Das Schlagen mit der Peitsche nach fremden Gespannen ist verboten.

§ 9. Schellengeläute. Während Schnee oder Eis auf der Fahrbahn liegt, sowie bei starkem Nebel müssen die Gespanne mit helltönendem Schellengeläute versehen sein.

d) Ladung.

§ 10. Maximalgewicht. I Das Gewicht der Ladung darf 5000 kg nicht übersteigen und muß im richtigen Verhältnisse zur Leistungsfähigkeit des Gespannes stehen.

II Überladung des Fuhrwerks, infolge deren das Gespann zur gehörigen Fortschaffung desselben unvermögend wird, ist verboten.

III Die Beförderung von schwerer Ladung, als nach Abs. I zulässig, ist von polizeilicher Bewilligung abhängig.

§ 11. Breite und Höhe. I Die Ladung darf, vorbehaltlich polizeilicher Bewilligung in Ausnahmefällen, in der Breite 2,30 m, in der Höhe samt Fuhrwerk von der Erde gemessen 3,70 m nicht übersteigen.

II Mit Heu, Stroh oder ungedroschenem Getreide dürfen Wagen bis zu einer Breite von 3,50 m beladen sein.

§ 12. Verteilung und Verwahrung, Auf- und Abladen. I Die Ladung muß derart verteilt und verwahrt sein, daß sie weder ganz noch teilweise herabfallen, noch das Umschlagen des Fuhrwerks verursachen kann.

II Brückenwagen, welche mit Ziegelsteinen beladen sind, müssen auf allen Seiten mit feststellbaren Bordbrettern von mindestens 30 cm Höhe versehen sein.

III Starkstaubende Gegenstände sind derart zu verwahren, sowie auf- und abzuladen, daß Staubentwicklung vermieden wird. Letztere ist auch bei den entladenen Wagen auf geeignete Weise zu verhindern.

IV Die Ladung darf ferner weder ganz noch teilweise auf der Erde schleifen.

V Beim Auf- und Abladen muß jedes belästigende Geräusch vermieden werden.

VI Auf den mit Holz oder Asphalt gepflasterten Fahrbahnen und Gehbahnen dürfen schwere Gegenstände nur unter Anwendung einer Schanze abgeladen werden.

VII Beim Ein- und Ausladen von Möbelwägen sind die Wagentüren entweder auszuheben oder flach an die Seitenwandung zurückzuschlagen und zu versichern oder in der Längsrichtung der Seitenwandung sicher einzustellen, so daß ein Hineinragen der Türen in die Fahr- oder Gehbahn ausgeschlossen ist. Verladevorrichtungen dürfen nicht über die Wagenbreite hinausstehen.

§ 13. Bierwagen. I Bierwagen dürfen höchstens mit drei Reihen übereinanderliegender Fässer beladen werden.

II Das Anhängen von Fässern an den Seiten dieser Wagen, einschließlich der Rückseite, ist verboten.

§ 14. Flüssigkeiten. I Wagen, welche zur unmittelbaren Aufnahme von Flüssigkeiten bestimmt sind, müssen so eingerichtet sein, daß das Ausfließen, Aussickern oder Ausspritzen des Inhalts oder eines Teiles desselben auf die Straße nicht möglich ist.

II Das Ab- bzw. Umfüllen von Flüssigkeiten aus dem Wagen auf öffentlichen Straßen, Wegen und Plätzen ist nur mit polizeilicher Genehmigung zulässig.

III Die für den Transport gewisser Gattungen von Flüssigkeiten außerdem noch bestehenden besonderen Vorschriften werden hiedurch nicht berührt.

§ 15. Mineralsäuren. Der Transport flüssiger Mineralsäuren aller Art in Ballons, Flaschen oder Kruken ist nur unter Beachtung folgender Vorsichtsmaßregeln gestattet:

1. die Wagen müssen in Federn hängen oder auf Druckfedern gebaut sein, oder es müssen die Behälter der Säuren auf gutgefederten Untersatztellern ruhen;
2. die Behälter müssen dicht verschlossen, insbesondere mit starken Vorrichtungen zum bequemen Handhaben versehene Gefäße oder Körbe u. dgl., wie solche für den Eisenbahntransport vorgesehen sind, eingeschlossen und so befestigt sein, daß sie während des Transportes weder umfallen noch abstürzen können;
3. die Wagen dürfen nur im Schritte fahren;
4. tritt der Fall ein, daß sich Säure auf die Straße ergießt, so hat der Fuhrwerkslenker sofort anzuhalten und für Verwarnung des Publikums vor Berührung oder Betreten der mit Säuren benetzten Stelle, sowie für sofortige Verständigung der städtischen Feuerwehr oder des nächst erreichbaren Polizeiorgans behufs Herbeiführung gründlicher Abschwemmung der Säuren mit Wasser Sorge zu tragen. Zu diesem Zwecke hat er für sofortige Beiziehung einer weiteren geeigneten Person zu sorgen. Der Fuhrwerkslenker oder unter Verantwortung desselben die beigezogene Person hat so lange an Ort und Stelle zu verweilen, bis die zur Beseitigung der Gefahr erforderlichen polizeilichen Anordnungen getroffen sind;
5. das Abladen hat mit besonderer Vorsicht zu geschehen.

§ 16. Metallwaren usw. Metallwaren sowie Gegenstände, welche beim Transporte ein starkes Geräusch verursachen, müssen hiegegen durch Unterlagen oder Umwicklungen entsprechend verwahrt sein; auch beim Auf- und Abladen ist belästigendes Geräusch zu vermeiden.

§ 17. Bauschutt, Kies, Sand, Lehm, Erde, ungelöschter Kalk, Koks, Kohlen, Torf, Asche und ähnliches lockeres Material. I Bauschutt, Kies, Sand, Lehm, Erde, ungelöschter Kalk, Koks, Kohlen, Torf, Asche und ähnliches lockeres Material darf — falls es nicht in Säcke oder Behältnisse gefaßt ist — nur in vollständig dichten, fest zusammengefügten Wagen oder anderen Transportmitteln, welche durch ihre Bauart jedes Durch- oder Herabfallen von Teilen der Ladung ausschließen, befördert werden.

II Kasten- und Brückenwagen müssen mit Seitenteilen versehen und diese unter sich sowie mit dem Boden des Wagens gutschließend verbunden sein.

III Das Beladen der Wagen über die Höhe der Seitenwände ist, außer bei regelrecht geschichteten Torfladungen, verboten.

IV Die über die Seitenbretter hinausragenden Teile der Wagenbrücken und die Untergestelle bei Wagenkasten sind von allenfalls dort lagernden Teilen der Ladung vor dem Verlassen der Auf- bzw. Abladestelle gründlich zu reinigen.

§ 18. Dünger. I Der Verkehr mit Dünger ist auf die Zeit von nachmittags 6 Uhr bis vormittags 9 Uhr beschränkt.

II Ausgenommen hievon sind die Ökonomie- und Gärtnereibetriebe in den Stadtbezirken XIV mit XXVI, welchen gestattet ist, innerhalb dieser Bezirke Dünger zu jeder Tageszeit direkt auf die Felder bzw. in die Gärten zu verbringen.

III Außerdem können in besonders gelagerten Fällen Ausnahmen von der Bestimmung des Abs. I polizeilich zugelassen werden.

e) Führer.

§ 19. Persönliche Eigenschaften. I Personen, welche des Fahrens nicht hinlänglich kundig oder wegen Schwächlichkeit oder körperlicher oder geistiger Gebrechen hiezu nicht imstande sind, sowie Personen, welche das 15. Lebensjahr noch nicht vollendet haben, dürfen mit der Leitung oder Beaufsichtigung von Gespannen sich nicht befassen und damit auch nicht betraut werden.

II Anderen ungeeigneten Personen, insbesondere solchen, welche wiederholt wegen Übertretung gegenwärtiger Vorschriften rechtskräftig verurteilt worden sind, kann die selbständige Leitung oder Beaufsichtigung von Gespannen polizeilich dauernd oder zeitweise untersagt werden.

f) Allgemeine Fahrordnung.

§ 20. Einhalten der Fahrbahnen usw. I Der Fuhrwerksverkehr hat sich ausschließlich auf die dafür bestimmten Fahrbahnen zu beschränken. Das Fahren auf den Traversen in ihrer Längsrichtung ist verboten. Die als Radfahrwege bezeichneten Wege oder Straßenteile sind für jeden anderweitigen Verkehr verboten.

II Lastfuhrwerk darf die Straßenbahngeleise, sowie den Bahnkörper zwischen denselben, soweit die Fahrbahn nebenan frei ist, in der Längsrichtung nicht befahren.

III Die Absicht des Anhaltens, des Umwendens oder des plötzlichen Verlassens der bisher verfolgten Fahrtrichtung ist dem Hintermanne durch Emporheben der Peitsche oder in Ermangelung einer solchen der Hand kundzugeben.

IV Die in der Fahrtrichtung in gefährlicher Nähe stehenden oder sich bewegenden Personen sind durch lautes und rechtzeitiges Anrufen auf die Annäherung des Fuhrwerks aufmerksam zu machen.

V Den zur Regelung des Verkehrs, namentlich zur Vermeidung von Verkehrsstörungen, an Ort und Stelle ergehenden Anordnungen der Polizeiorgane, auch wenn diese Anordnungen nur durch Zeichen erfolgen, ist Folge zu leisten.[1])

VI Insbesondere haben Fuhrwerkslenker auf den Halteruf eines Polizeiorganes anzuhalten.

§ 21. Rechts- und Nebeneinanderfahren. I Alles Fuhrwerk hat während der Fahrt, soweit nicht örtliche Hindernisse entgegenstehen, stets die der Fahrtrichtung nach rechtsseitige Hälfte der Fahrbahn tunlichst nahe dem Straßenrande einzuhalten.

---

[1]) Siehe Anhang, unten S. 48.

II Das Abbiegen nach der entgegengesetzten Seite zum Zwecke des Anhaltens darf nicht früher als durchaus notwendig erfolgen.

III Bei Straßen und Plätzen mit zwei Fahrbahnen oder mit zweiteiliger Fahrbahn haben alle Fuhrwerke die der Fahrtrichtung nach rechtsseitige Fahrbahn zu benützen. Ausgenommen sind diejenigen Fuhrwerke welche die linksseitige Fahrbahn befahren müssen, weil sie dort anzuhalten, abzuladen oder ähnliches zu verrichten haben oder weil sie nur auf diesem Wege in eine in die rechte Fahrbahn nicht einmündende Seitenstraße einbiegen können. Gehbahninseln, welche in der Fahrtrichtung liegen, müssen zur linken Hand gelassen werden (vgl. Abs. V Ziff. 3).

IV In denjenigen Straßen, in welchen die Fahrbahn nicht in ihrer ganzen Breite gepflastert ist, können Fuhrwerke, insoweit es die Verkehrs- und Straßenverhältnisse gestatten, den gepflasterten oder ungepflasterten Teil der Fahrbahn benützen; jedoch ist innerhalb des gepflasterten oder ungepflasterten Teiles stets rechts zu fahren und nach rechts auszuweichen.

V In denjenigen von der Straßenbahn befahrenen Straßen, in welchen die Geleise nicht in der Mitte der Fahrbahn liegen, haben

1. Lastfuhrwerke den von den Straßenbahngeleisen freibleibenden Teil der Fahrbahn zu benützen; die Benützung der Fahrbahn innerhalb der Straßenbahngeleise ist nur zulässig, soweit der übrige Teil der Fahrbahn nicht frei oder nicht genügend breit ist;

2. für Personenfuhrwerke ist auch die Benützung der Fahrbahn innerhalb der Straßenbahngeleise zulässig, soweit hiedurch der Straßenbahnverkehr nicht gestört wird; haben

3. alle Fuhrwerke, Schutzinseln für Straßenbahnfahrgäste, welche an ihrer Fahrt liegen, zur rechten Hand zu lassen; in allen diesen Fällen ist jedoch im übrigen stets rechts zu fahren und nach rechts auszuweichen.

VI Die Bestimmung des Abs. II gilt auch für die Fälle der Abs. IV und V.

VII Das Einbiegen aus einer Straße in die andere muß in gemäßigter Gangart und zwar nach rechts mit kurzer Wendung, nach links in weitem Bogen geschehen.

VIII Auch beim Durchfahren durch Tore, Straßenunterführungen usw. ist, soweit nicht anderweitige polizeiliche Anordnungen getroffen sind, überall die rechte Seite bzw. die rechte Durchfahrt, bei drei Durchfahrten die rechte Durchfahrt oder, bei genügender Breite zum Ausweichen, die rechte Seite der mittleren Durchfahrt zu benützen.

IX Das Nebeneinanderfahren zweier Fuhrwerke ist verboten.

§ 22. Begegnen von Hoffuhrwerken. I Den zu Wagen oder zu Pferde befindlichen Mitgliedern des Königlichen Hauses darf nicht vorgefahren werden.

II Fuhrwerke, welche Seiner Königlichen Hoheit dem Prinz-Regenten oder hier anwesenden Majestäten begnen, haben, wenn Allerhöchstdieselben Sich zu Wagen oder zu Pferde befinden, rasch auf die

Seite zu fahren und so lange zu halten, bis Seine Königliche Hoheit oder Ihre Majestäten vorüber sind.

III Fuhrwerke, welche zu Wagen oder zu Pferde befindlichen anderen Mitgliedern des Königlichen Hauses oder hier weilenden fremden Fürstlichkeiten begegnen, haben nach der entgegengesetzten Seite ganz auszuweichen.

§ 23. Vorfahren. I Fuhrwerke dürfen sich gegenseitig nur links vorfahren. Das Vorfahren hat womöglich im Trabtempo zu erfolgen und ist nur insoweit zulässig, als es ohne Verkehrsstörung geschehen kann. An Straßenecken und Kreuzungspunkten von Straßen, in Toren sowie überall, wo die Fahrbahn durch entgegenkommende Fuhrwerke oder in sonstiger Weise verengt ist, ist das Vorfahren verboten.

II Der Straßenbahn darf, wenn der Straßenbahnkörper in der Mitte der Fahrbahn liegt, nur rechts vorgefahren werden; in Straßen, welche so enge sind, daß zum Rechtsvorfahren ein genügender Raum nicht vorhanden ist, darf der Straßenbahn, auch solange sie anhält, überhaupt nicht vorgefahren werden.

III Von der Absicht des Vorfahrens ist durch Zeichen oder Zuruf rechtzeitig Kenntnis zu geben, soferne dies für die Sicherheit von Personen oder des eigenen oder eines fremden Fuhrwerks geboten ist.

IV Kommen zwei Fuhrwerke, deren Fahrbahnen sich kreuzen oder im Winkel aufeinander treffen, gleichzeitig an der Kreuzungs- bzw. Treffstelle an, so hat dasjenige Fuhrwerk, welches eine Hauptverkehrsstraße befährt, vor dem aus einer Nebenstraße kommenden Fuhrwerke das Vorrecht, zu kreuzen bzw. vorzufahren. Handelt es sich nicht um eine Haupt- und Nebenstraße, so hat das bezeichnete Vorrecht das Fuhrwerk, welches das andere zur linken Hand hat.

V Jedes Fuhrwerk, welchem nach vorstehendem Absatz im Falle der Begegnung mit einem anderen Fuhrwerke das Vorfahrrecht nicht zukommt, hat bei Annäherung an eine Straßenkreuzung oder -Einmündung seine Gangart zu mäßigen.

§ 24. Umwenden und Zurückstoßen. I Das Umwenden der Fuhrwerke darf nur an solchen Stellen geschehen, wo noch genügender Raum für freie Vorüberfahrt mindestens eines anderen Fuhrwerks erübrigt, und darf nur auf solche Weise vorgenommen werden, daß hiedurch andere Fuhrwerke in der Fahrt nicht behindert werden.

II Das Zurückstoßen der Fuhrwerke zu diesem Zwecke ist verboten.

III Das Zurückstoßen von Fuhrwerken bei der Ausfahrt aus Grundstücken, wenn die Ausfahrt in anderer Weise nicht stattfinden kann und eine Person zur Warnung des Publikums auf der Gehbahn aufgestellt wird, ist gestattet.

§ 25. Ausfahren aus Grundstücken. I Das Ausfahren aus Grundstücken darf nur im Schritte und mit besonderer Vorsicht erfolgen. Die Polizeibehörde kann verlangen, daß bei Ausfahrten, welche einen größeren Wagenverkehr aufweisen, eine Person zur Warnung der passierenden Fuhrwerke und Personen aufgestellt werde, wenn dies mit Rücksicht auf die Sicherheit oder Bequemlichkeit des Verkehrs zweckmäßig erscheint.

II Zur Ausfahrt aus Baustellen und Gruben muß bis zum Niveau der nächsten Straße eine befestigte Fahrbahn hergestellt und ausschließlich benützt werden; die Räder der aus Baustellen und Gruben ausfahrenden Fuhrwerke sind vor dem Austritt auf die Straße so zu reinigen, daß ein Verschleppen von Schmutz auf die Straße nicht stattfinden kann.

§ 26. Schrittfahren. I Schwere Lastfuhrwerke, gleichviel ob sie beladen sind oder nicht, sowie die mit lebendem Vieh (auch Geflügel) beladenen Wagen dürfen nur im Schritte fahren.

II Auf gutgefederten Wagen dürfen lebendes Geflügel, Kälber, Schweine und anderes Kleinvieh auch im Trab gefahren werden.

III Im Schritt und mit besonderer Vorsicht muß außerdem gefahren werden:

1. bei der Ausfahrt aus Häusern, Höfen, Toren und Grundstücken (siehe auch § 25), welche an öffentlichen Straßen, Wegen und Plätzen liegen, sowie bei der Einfahrt in solche;
2. an Straßenbahnhaltestellen, wenn Fahrgäste aus- oder einsteigen;
3. überall da, wo ein besonders lebhafter Verkehr stattfindet.

§ 27. Anhalten. I Zum Zwecke des Anhaltens müssen die Fuhrwerke hart am Straßenrande anfahren und dürfen nur hintereinander sich aufstellen.

II An Straßenecken, sowie auf Straßenübergängen (Traversen), auf Brücken, ferner an Straßenbahnhaltestellen darf nicht angehalten werden. Verboten ist ferner das Anhalten innerhalb der Straßenbahngeleise, sowie in solcher Nähe derselben, daß der Straßenbahnverkehr hiedurch behindert werden könnte, soweit genügender Raum vorhanden ist. Für das Verhalten gegenüber der Straßenbahn ist § 40 der ortspolizeilichen Vorschriften für den Betrieb der elektrischen Straßenbahn in München maßgebend, es haben hienach anhaltende Fuhrwerke so vollständig und rechtzeitig auszuweichen, daß die verkehrenden Straßenbahnwagen nicht gefährdet oder aufgehalten werden.

III Gegenüber einem auf der entgegengesetzten Straßenseite stehenden Fuhrwerk darf nur dann angehalten werden, wenn in der Mitte für die ungehinderte Durchfahrt genügender Raum bleibt.

IV Lastfuhrwerke dürfen auf allen Straßen und Plätzen nur so lange anhalten, als dies zum ununterbrochenen Beladen oder Entladen unumgänglich erforderlich ist; das Beladen und Entladen hat möglichst rasch mit hinreichenden Arbeitskräften zu erfolgen.

V Mit Personenfuhrwerk darf in Straßen, in welchen nicht mehr als zwei Fuhrwerke ohne Schwierigkeit nebeneinander verkehren können, nicht länger angehalten werden, als zur Absetzung oder Aufnahme von Fahrgästen nötig ist.

VI Bespanntes Fuhrwerk darf auf öffentlicher Straße nicht ohne Aufsicht bleiben. Soferne hierdurch nicht eine Störung des Verkehrs zu befürchten ist, ist es jedoch Führern von Last-, Arbeits- und Geschäftswagen, welche ruhige an das Stillstehen gewöhnte, nicht bösartige oder bissige Zugtiere haben, gestattet, sich behufs kurzer, mit der Bestimmung des Fuhrwerks unmittelbar zusammenhängender Vorrichtungen solange als unumgänglich nötig von ihren Fuhrwerken zu entfernen. In solchem Falle muß jedoch das Fuhrwerk vor dem betreffenden Grundstücke, oder falls hier die Örtlichkeit nicht geeignet ist, in unmitetlbarer Nähe desselben aufgestellt, das Gespann kurz angebunden und wenigstens ein Rad mittels einer zweckmäßigen und haltbaren Vorrichtung gehemmt werden. Zugtiere, welche schon einmal durchgegangen sind, darf der Führer unter keinen Umständen sich selbst überlassen. Den Führern ist es jedoch nicht erlaubt, ihr Fuhrwerk auf der Straße unbeaufsichtigt stehen zu lassen, während sie in den Wirtschaften einkehren. Innerhalb der in § 46 Abs. I Ziff. 1 bezeichneten Stadtteile dürfen bespannte Fuhrwerke zu keiner Zeit und auch nicht vorübergehend ohne Aufsicht gelassen werden.

§ 28. Reihenfahrt usw. I Hat sich bei der Fahrt nach bestimmter Richtung infolge polizeilicher Anordnung oder von selbst unter den Fuhrwerken eine Reihe gebildet, so muß jedes neu zufahrende Fuhrwerk dem letzten in der Reihe sich anschließen. Kein Fuhrwerk darf dem vorhergehenden vorfahren oder in die Reihe sich eindrängen oder neben der geschlossenen Reihe in gleicher Richtung fahren. Ausgenommen sind nur die für besondere Gelegenheiten mit polizeilichen Vorfahrkarten versehenen Wagen.

II Wo Fuhrwerke zufolge polizeilicher Anordnung oder freiwillig in geordneter Reihe Aufstellung finden, hat jedes neu zufahrende Fuhrwerk dem letzten in der Reihe sich anzuschließen.

III Lastfuhrwerke haben unter sich je einen Abstand von mindestens 6 m zu halten.

§ 29. Truppenkörper und öffentliche Aufzüge. Geschlossene Truppenkörper oder geschlossene Abteilungen der Schutzmannschaft oder der Feuerwehr sowie öffentliche Aufzüge dürfen durch Fuhrwerke nicht durchbrochen oder sonstwie in ihrer Bewegung gehemmt werden.

§ 30. Feuerlöschfahrzeuge, Straßenreinigungswagen. I Allen im Feuerlöschdienste begriffenen Fahrzeugen müssen Fuhrwerke, sowie auch Truppenkörper und öffentliche Aufzüge freie Fahrbahn gestatten.

II Zu diesem Behufe ist insbesondere beim Herannahen der Feuerlöschfahrzeuge sofort rechts auszuweichen und im Schritt zu fahren, in engen Straßen aber so lange anzuhalten, bis die Fahrzeuge vorüber sind; ferner ist den Löschfahrzeugen möglichst die Mitte des Straßenkörpers freizuhalten und muß das Vorfahren unterlassen werden.

III Die im Feuerlöschdienste begriffenen Fahrzeuge sind den Vorschriften der §§ 23 Abs. I Satz 3, Abs. IV und 26 nicht unterworfen; deren Leiter sind aber verpflichtet, während der Fahrt die erforderlichen Achtungsrufe oder Glockenzeichen in kurzen Pausen zu wiederholen.

IV Fuhrwerken, welche das Besprengen oder Kehren öffentlicher Straßen besorgen, ist während dieser Arbeit von allen Fuhrwerken vollständig Raum zu geben.

g) Besondere Vorschriften für einzelne Straßen, Plätze und Örtlichkeiten.

§ 31. Ausschluß des Fuhrwerksverkehrs. I Für allen Fuhrwerksverkehr sind, vorbehaltlich polizeilicher Erlaubnis in besonders gelagerten Fällen, geschlossen:

1. die Albertstraße, 2. die Rieserstraße, 3. die Hl. Geiststraße, 4. die Kufsteinerstraße, 5. die Probstbräustraße, 6. die Wolfstraße.

II Das Befahren der Thiereckstraße, sowie der Straße am Durchlaß ist nur für den Bedarf der Angrenzer und zum Zwecke der Straßenreinigung gestattet.

§ 32. Fahrtrichtung. I Soferne durch polizeiliche Anordnung das Befahren einer Straße nach einer bestimmten Richtung vorgeschrieben ist, darf nicht in entgegengesetzter Richtung gefahren werden.

II Bis auf weiteres dürfen daher folgende Straßen nur in nachbezeichneter Richtung befahren werden:

1. die Altenhofstraße in der Richtung von der Diener- nach der Burgstraße,
2. die Augustinerstraße in der Richtung von der Neuhauser- und Kaufingerstraße nach dem Frauenplatz,
3. die Dürnbräustraße in der Richtung vom Tal nach der Lederer- bzw. Hochbrückenstraße,
4. die Filserbräustraße in der Richtung vom Frauenplatz nach der Weinstraße,
5. die Gruftstraße in der Richtung von der Diener- nach der Weinstraße,
6. die Hahnenstraße in der Richtung von der Schönfeldstraße nach der Von der Tannstraße,
7. die Hotterstraße in der Richtung von der Hackenstraße nach dem Färbergraben.
8. die Leonhardstraße in der Richtung von der Preysing- nach der Kirchenstraße,
9. die Pflugstraße in der Richtung von der Marienstraße nach dem Tal,
10. die Rochusstraße und der Rochusberg in der Richtung von der Pfandhaus- nach der Salvatorstraße,
11. die Sammtstraße in der Richtung von der Lilienstraße nach dem Mariahilfplatz,
12. die Schlosserstraße in der Richtung von der Sonnenstraße nach der Zweigstraße,
13. die Schrammerstraße in der Richtung von der Wein- nach der Residenzstraße,

14. die Sporerstraße in der Richtung von der Weinstraße nach dem Frauenplatz,

15. die Wolfgangstraße in der Richtung von der Leonhard- nach der Preysingstraße.

§ 33. K. Residenz. I Das Fahren durch die K. Residenz ist vorbehaltlich besonderer Berechtigung verboten.

II Öffentliche Fuhrwerke dürfen in dieselbe nicht einfahren.

§ 34. Odeonsgebäude. I Die Einfahrt in das Odeonsgebäude darf nur vom Odeonsplatz aus, die Ausfahrt nur nach dem Wittelsbacherplatz erfolgen.

II Bezüglich der Aufstellung der Wagen ist den Anordnungen der Polizeiorgane Folge zu leisten.

§ 35. Max Josephplatz. Das Befahren des Raumes zwischen dem sog. Stern auf dem Max Josephplatze, der K. Residenz, dem K. Residenz- und dem K. Hof- und Nationaltheater ist nur nach Maßgabe der Theaterfahrordnung (§§ 36 und 37), sowie behufs der Straßenreinigung gestattet.

§ 36. K. Hof- und Nationaltheater. I Die Anfahrt zum Besuche der Vorstellungen im K. Hof- und Nationaltheater und die Abfahrt von diesem Theater hat ausschließlich auf der Rampe nach Maßgabe der Theaterfahrordnung für dieses Theater zu erfolgen.

II Die Fahrgäste dürfen nur an der ersten und dritten Haupttüre abgesetzt und aufgenommen werden, wobei jeder längere Aufenthalt zu vermeiden ist.

III Zum Zwecke der Abfahrt der Theaterbesucher hat die Aufstellung der Privat- und der vorausbestellten öffentlichen Fuhrwerke nebeneinander in geordneten Reihen zwischen der Auffahrtrampe und dem sog. Stern auf dem Max Josephplatze nach Maßgabe der näheren Bestimmungen der Theaterfahrordnung zu erfolgen; die unbestellten öffentlichen Fuhrwerke haben nach Maßgabe der Bestimmungen der Warteplatzliste bzw. der Theaterfahrordnung Aufstellung zu nehmen.

IV Treffen bei der Zufahrt zur Rampe Privat- und vorausbestellte öffentliche Fuhrwerke mit anderen öffentlichen Fuhrwerken zusammen, so sind erstere vorzufahren berechtigt.

V Kraftfahrzeuge können auch in der Maximilianstraße entlang der nördlichen Gehbahn zwischen dem Seiteneingange zur Garderobe rechts — östlich dieses Eingangs — und dem Eingange zum Theaterportier an- und abfahren. Die Aufstellung der Kraftfahrzeuge bei Schluß des Theaters erfolgt dort längs dieser Gehbahn und zwar in einer Reihe hintereinander. Das erste Fahrzeug hat ungefähr 10 m Abstand nach Osten von dem Seiteneingang zum K. Hoftheater an der Maximilianstraße zu halten. Die bestellten Kraftfahrzeuge haben bei dieser Aufstellung in der zeitlichen Folge ihrer Anfahrt den Vorrang; ihnen reihen sich sodann die unbestellten Kraftfahrzeuge an.

§ 37. K. Residenztheater. I Die An- und Abfahrt für das K. Residenztheater hat nach Maßgabe der näheren Bestimmungen der Theaterfahrordnung zu erfolgen.

II Die Aufstellung der Pferdefuhrwerke und zwar der bestellten und unbestellten Fuhrwerke — erstere in der vordersten, letztere in den folgenden Reihen — bei Schluß des Theaters geschieht im nordöstlichen Teile des Max Josephplatzes zwischen dem Stern und dem nördlichen Teile der Hoftheaterrampe nach näherer Maßgabe der Theaterfahrordnung.

III Die bestellten Kraftfahrzeuge stellen sich entlang dem sogenannten Stern und zwar nördlich und nötigenfalls auch westlich derselben auf.

§ 38. Prinz-Regenten-Theater. I Die Anfahrt zum Haupteingang des Prinz-Regenten-Theaters über die Rampe hat bei Beginn und während der Vorstellungen von West nach Ost, bei Schluß der Vorstellungen von Ost nach West zu erfolgen. Im übrigen ist für die An- und Abfahrt, sowie die Aufstellung der Wagen zum Schlusse des Theaters die hiefür erlassene besondere Fahrordnung maßgebend.

II Abs. IV des § 36 findet auch hier Anwendung.

§ 39. Theater am Gärtnerplatz. I Die Anfahrt zum Besuche der Vorstellungen im Theater am Gärterplatze hat nach Maßgabe der hiefür bestehenden besonderen Fahrordnung z. Zt. vor dem Hauptportale von der westlichen Seite her (Seite Klenzestraße) am Seiteneingang an der Klenzestraße von Südwesten her, die Abfahrt der leeren Wagen in östlicher Richtung (Seite Reichenbachstraße) zu erfolgen.

II Zum Zwecke der Abfahrt der Theaterbesucher haben die Privat- und die vorausbestellten öffentlichen Fuhrwerke in der Klenzestraße (Theaterseite) längs der Gehbahn — Pferdeköpfe gegen den Gärtnerplatz —, die anderen öffentlichen Fuhrwerke auf dem Gärtnerplatz längs der äußeren Gehbahn, mit den Hinterrädern am Gehbahnrand anstoßend, Aufstellung zu nehmen.

III Die unbestellten öffentlichen Kraftfahrzeuge stellen sich am Gärtnerplatz zwischen der äußeren Reichenbach- und der äußeren Corneliusstraße mit den Hinterrädern an der Gehbahn auf.

IV Die Einmündung der Reichenbachstraße in den Gärtnerplatz beim Theater muß stets freigelassen werden.

§ 40. Schauspielhaus. I Die An- und Abfahrt der Wagen hat ausschließlich in der Maximilianstraße zu erfolgen.

II Die Aufstellung der leeren Wagen vor Schluß der Vorstellungen hat in der Maximilianstraße — Theaterseite — längs der Gehbahn in einer Reihe zu geschehen.

§ 41. Deutsches Theater. I Die Einfahrt in die Passage des Theaters darf nur von der Schwanthalerstraße, die Ausfahrt nur nach der Landwehrstraße erfolgen. Das Nebeneinanderfahren in der Passage ist verboten.

II Zum Zwecke der Abfahrt haben die unbestellten Pferdedroschken westlich, die sämtlichen Kraftfahrzeuge östlich der Einfahrt an der Schwanthalerstraße in einer Reihe hintereinander längs der südlichen Gehbahn der Straße — Richtung gegen die Einfahrt — Aufstellung zu nehmen; bestellte Pferdefuhrwerke stellen sich in der Höhe der unbestellten Pferdedroschken entlang der nördlichen Gehbahn der Straße auf.

III Abs. IV des § 36 findet sinngemäße Anwendung.

§ 42. Bahnhofplatz. Der Durchgangsverkehr zwischen Arnulf- und Bayerstraße an der Ostseite des Hauptbahnhofgebäudes entlang ist für Fuhrwerke verboten.

§ 43. Südliche Auffahrts-Allee und Notburgastraße. Es ist verboten, ohne dringende Veranlassung in der südlichen Auffahrts-Allee und in der Notburgastraße Fuhrwerke aufzustellen oder warten zu lassen.

§ 44. Südlicher Friedhof. Die Zufahrt zum Leichenhause des südlichen Friedhofes hat von der Thalkirchnerstraße, die Abfahrt nach der Pestalozzistraße zu erfolgen.

§ 45. Ausnahmebestimmungen usw. I Abweichungen von den Vorschriften in §§ 31 mit 44 bleiben für besondere Anlässe vorbehalten; den diesbezüglichen polizeilichen Anordnungen bzw. den Anordnungen der Polizeiorgane ist Folge zu leisten.

II Auf den Verkehr in den öffentlichen Anlagen finden außerdem die besonderen Vorschriften der §§ 85 und 91 Anwendung.

h) Besondere Bestimmungen über den Lastfuhrwerksverkehr.

§ 46. Schweres Lastfuhrwerk. I Innerhalb der durch nachbezeichneten Straßengürtel begrenzten Stadtteile, sowie in den nachfolgend aufgeführten Straßen dürfen nur Personenfuhrwerke und solche Lastfuhrwerke, welche nicht im Schritt zu fahren haben, andere Fuhrwerke nur zum Zwecke des Auf- und Abladens verkehren:

1. von der Ecke der Theatiner- und Briennerstraße durch die Theatiner-, dann die Maffei- und Windenmacherstraße, die Löwengrube, den Frauenplatz, die Augustinerstraße, den Färbergraben, die Hotter- und Hackenstraße, die Sendlingerstraße — diese ihrer ganzen Ausdehnung nach —, dann durch das Rosental um den Viktualienmarkt herum (einschließlich der denselben durchziehenden Teile der Reichenbach- und Blumenstraße), durch die Hl. Geiststraße über das Tal und von hier aus durch die Maderbräu-, Lederer- und Orlandostraße über das Platzl und das Kosttor, über die Maximilianstraße und den Marstallplatz durch die Hofgartenstraße zur Briennerstraße mit Einschluß der den Ring bildenden Straßen, Straßenecken und Plätze,

2. in der Dürnbräustraße, in den Straßen der Isarauen, in der Küchelbäckerstraße, in der Langerstraße, im Lueg ins Land, in der Maximilianstraße zwischen Stern-, Steinsdorfstraße und Max Josephplatz, in der Pflugstraße, in der Praterstraße, am Rochusberg, in der Rochusstraße, in der Sammtstraße, im Schlichtingerbogen (Einmündung der Lederer- in die Burgstraße), in der Schloßstraße, in der

Singlspielerstraße, in der Skellstraße zwischen Langer- und äußerer Maximilianstraße und in der Sterneckerstraße.

II Schwere Lastfuhrwerke, deren Ladung die Länge von 6 m übersteigt, dürfen innerhalb dieses Ringes und in den vorbezeichneten Straßen auch zum Zwecke des Auf- und Abladens nur von 7 Uhr abends bis 10 Uhr vormittags verkehren; Möbelwagen sind hievon ausgenommen. Weitere Ausnahmen können in besonderen Fällen polizeilich gestattet werden.

III Die Theatinerstraße zwischen Perusastraße und Odeonsplatz darf mit Lastfuhrwerken, welche im Schritte zu fahren haben, in der Zeit von 10 Uhr vormittags bis 7 Uhr nachmittags im Durchgangsverkehr nicht befahren werden.

§ 47. Weitere Beschränkungen bezüglich einzelner Straßen. I In der Goethestraße zwischen Bayer- und Pettenkoferstraße ist der Durchgangsverkehr beladener Heu- und Strohfuhrwerke nicht gestattet.

II In der Schrammerstraße ist der Verkehr mit schweren Lastfuhrwerken, welche dort auf- oder abzuladen haben, auf die Zeit von 7 Uhr nachmittags bis 7 Uhr vormittags beschränkt.

III In der äußeren Prinz-Regentenstraße vom Friedensdenkmal bis zur Ismaningerstraße, in der Maria Theresia-, Siebert-, Höchl- und Möhlstraße — in letzterer von der äußeren Prinz-Regentenstraße bis zur Hompeschstraße — in der Föhringer-Allee, in der Kolbergerstraße zwischen Mauerkircher- und Poschingerstraße dürfen nur Lastfuhrwerke verkehren, welche dort auf- oder abzuladen haben.

IV Das Befahren der südlichen Auffahrts-Allee mit Lastfuhrwerken ist verboten; ausgenommen sind Ökonomie- und Lastfuhrwerke, welche diese Allee überqueren müssen, oder dort auf- oder abzuladen haben, oder welche in Anwesen an dieser Allee unterzubringen sind.

V In der Kaufinger- und Rosenstraße, auf dem Marienplatz, in der Wein- und Theatinerstraße, sowie in der Diener- und Residenzstraße darf die Bierzufuhr mittels Bierwagen (§ 13) nur von 5 Uhr nachmittags bis 10 Uhr vormittags erfolgen.

i) Schlitten.

§ 48. Die Bestimmungen der §§ 1 mit 47 finden auch Anwendung, soferne an Stelle der Wagen Schlitten verwendet werden.

II. Verkehr mit Hand- und Hundewagen, sowie mit Karren.

§ 49. Führer. I Personen, welche wegen körperlicher Gebrechen oder wegen zu hohen oder zu jugendlichen Alters die erforderliche Kraft und Sicherheit nicht besitzen, sind von der Führung ausgeschlossen.

II Strafbar ist auch, wer solchen Personen die Führung von Hand- und Hundewagen oder Karren überläßt.

§ 50. Art der Führung. I Hand- und Hundewagen, sowie Karren, deren Bauart oder Ladung den Führer im freien Blicke nach vorne behindert, sowie alle vierräderigen Handwagen, mit Ausnahme der Kinderwagen (§ 56), müssen gezogen werden.

II Bei Hand- und Hundewagen hat der Führer während der Fahrt die Deichsel beständig in der Hand zu halten.

§ 51. Allgemeine Fahrordnung. I Mit Hand- und Hundewagen, sowie mit Karren darf nur auf den für den Fuhrwerksverkehr bestimmten Fahrbahnen und unter gleichmäßiger Beachtung der für den Fuhrwerksverkehr geltenden allgemeinen Vorschriften (§§ 20 mit 32 und § 42) gefahren werden. — Auf den Verkehr in den öffentlichen Anlagen finden außerdem die besonderen Vorschriften der §§ 85 mit 91 Anwendung.

II Die Hand- und Hundewagen, sowie Karren haben außer den in Ziffer 1 mit 3 des § 26 bezeichneten Fällen auch überall im Schritte zu fahren, wo die Bahn abschüssig ist.

III Verboten ist das Aufsitzen des Lenkers bei abwärts führender Fahrbahn.

§ 52. Besonderes Fahrverbot. I Das Fahren mit Hand- und Hundewagen, sowie mit Karren ist, abgesehen von den Fällen besonderer Berechtigung, verboten:

1. in der K. Residenz,
2. in der Residenzstraße von der Feldherrnhalle bis zur Preysingstraße während der Ablösung der K. Residenzwache einschließlich der Zeit, in welcher die Parademusik auf der Feldherrnhalle spielt,
3. über die Rampe des K. Hof- und Nationaltheaters, sowie des Prinz-Regenten-Theaters,
4. zwischen dem sog. Stern auf dem Max Josephplatze, der K. Residenz, dem K. Residenztheater und dem K. Hof- und Nationaltheater,
5. in den Anlagen der Isarauen.

II Die Theatinerstraße zwischen Perusastraße und Odeonsplatz darf mit Handwagen und Karren in der Zeit von 10 Uhr vormittags bis 7 Uhr nachmittags im Durchgangsverkehr nicht befahren werden.

III Handwagen, Karren und Transporträder dürfen in der Theatinerstraße nur dann anhalten, wenn bei dem Anwesen, bei welchem sie auf- oder abzuladen haben, sich keine Einfahrt oder kein Hofraum befindet, in welche sie eingefahren werden können, und wenn nicht der Auf- und Abladeverkehr unmittelbar von einer Seiten- oder Parallelstraße betätigt werden kann.

§ 53. Besondere Vorschriften für Hundewagen. I Hunde dürfen zum Zuge nur mit polizeilicher Erlaubnis und unter den bei der Bewilligungserteilung besonders gestellten Bedingungen verwendet werden.

II Die Verwendung eines Doppelgespannes von Hunden ist verboten.

III Das Gewicht der Ladung und des Wagens zusammen muß im richtigen Verhältnis zur Leistung des Gespannes stehen.

IV Das Aufsitzen des Lenkers oder anderer Personen auf den Wagen während der Fahrt ist verboten.

§ 54. Ladung. I Die Bestimmungen der §§ 1 Abs. I, 11, 12, 14, 15, 16 und 18 finden sinngemäße Anwendung.

II Rohre, Schienen, Stangen, Latten, Leitern und ähnliche langgestreckte Gegenstände dürfen nur so gefahren werden, daß der Verkehr weder gefährdet noch beeinträchtigt wird.

III Soferne diese Gegenstände eine Länge von mehr als 6 m haben, finden die Bestimmungen des § 46 Anwendung.

IV Bauschutt, Kies, Lehm, Sand, Erde und anderes loses Material ist beim Transport gegen das Herabfallen entsprechend zu verwahren.

§ 55. Schlitten. Vorstehende Vorschriften finden sinngemäße Anwendung, soferne an Stelle der Hand- und Hundewagen und der Karren Schlitten verwendet werden.

III. Verkehr mit Kinderwagen und Fahrstühlen.

§ 56. Kinderwagen. I Unter Kinderwagen im Sinne dieser Vorschriften sind ausschließlich Wagen begriffen, welche zum Transport von Kindern bestimmt und hiezu tatsächlich in Verwendung sind.

II Personen, welche Kinderwagen nicht sicher leiten können, sind von der Führung oder Beaufsichtigung ausgeschlossen. Strafbar ist auch, wer solchen Personen die Führung von Kinderwagen überläßt.

III Kinderwagen dürfen auf den Gehbahnen und sonstigen Fußwegen nicht stehen gelassen oder nebeneinander gefahren werden.

IV Auf Gehbahnen und Fußwegen, sowie auf den Fahrbahnen muß jeweils die der Fahrtrichtung nach rechtsseitige Hälfte eingehalten werden.

V Den zur Regelung des Verkehrs, namentlich zur Vermeidung von Verkehrsstörungen, an Ort und Stelle ergehenden Anordnungen der Polizeiorgane ist Folge zu geben.[1])

VI Verboten ist das Fahren mit Kinderwagen in der Hofgartenstraße zwischen der K. Residenz und dem K. Hofgarten und in der Verbindungsstraße zwischen Hofgarten und Galeriestraße.

VII Bezüglich des Verkehrs in den öffentlichen Anlagen gelten außerdem die besonderen Vorschriften der §§ 85 mit 91.

VIII Die Theatiner- und Weinstraße darf mit Kinderwagen nur befahren werden, um Kinder zu den Anwesen dieser Straßen zu bringen oder von dort wegzufahren.

IX Vorstehende Vorschriften finden sinngemäße Anwendung, soferne an Stelle der Kinderwagen Schlitten verwendet werden.

§ 57. Fahrstühle. Die Vorschriften des § 56 Abs. II mit V, VII und IX finden auch auf den Verkehr mit Fahrstühlen sinngemäße Anwendung.

IV. Verkehr mit Transportfahrrädern.

§ 58. Allgemeine Bestimmungen. I Jedes drei- und mehrräderige Transportfahrrad, gleichviel ob es zum Transporte von Personen oder Gegenständen dient, muß während des Gebrauches mit einer sicherwirkenden Hemmvorrichtung und einer Signalglocke ver-

[1]) Siehe Anhang, unten S. 48.

sehen sein. Das Führen und der Gebrauch von Signalpfeifen, Hupen und beständig tönenden Glocken (Schlittenschellen u. dgl.) sowie von sog. Radlaufglocken ist untersagt. Der Fahrer hat sich entgegenkommenden oder zu überholenden Menschen, insbesondere Führern von Fuhrwerken und Treibern von Vieh, mit der Glocke rechtzeitig bemerklich zu machen; mit dem Glockensignale ist sofort aufzuhören, sobald dadurch Pferde oder andere Tiere unruhig oder scheu werden.

II Das Transportfahrrad darf in seiner Gesamtlänge 2,50 m nicht übersteigen und nicht derart hoch beladen sein, daß die Ladung den Fahrer am freien Ausblick behindert. Das Gewicht der Ladung muß im richtigen Verhältnis zur Leistungsfähigkeit des Fahrers, und zwar auch unter Berücksichtigung der Konstruktion des Rades und der jeweiligen Wege- und Witterungsverhältnisse stehen.

III Personen, welche wegen Schwächlichkeit oder körperlicher Gebrechen zur Fortbewegung eines Transportrades nicht hinreichend imstande sind, sowie Personen, welche das 15. Lebensjahr noch nicht vollendet haben, dürfen mit der Leitung von Transportfahrrädern nicht betraut werden.

IV Im übrigen finden auf den Verkehr mit drei- und mehrräderigen Transportfahrrädern die Bestimmungen der §§ 3 Abs. I und II, Ziff. 2, 11 Abs. I, 12, 14 mit 16, 20 Abs. I und V, 21 mit 23, 26 Abs. II, 27 Abs. I mit IV, 28 mit 32, 42, 52 Abs. III und 54 Abs. II, III und IV, sowie des § 2 der oberpolizeilichen Vorschriften vom 27. Oktober 1892, betreffend Erhaltung der Sicherheit des Verkehrs auf öffentlichen Wegen, Straßen und Plätzen,[1]) sinngemäße Anwendung. — Bezüglich des Verkehrs in den öffentlichen Anlagen gelten außerdem die besonderen Vorschriften der §§ 85 mit 91.

V In den in § 26 Abs. III bezeichneten Fällen ist rechtzeitig Signal mit der Glocke zu geben.

VI Untersagt ist, bei der Fahrt Hunde an der Leine mitzuführen.

§ 59. Besonderes Fahrverbot. Das Fahren mit drei- und mehrräderigen Transportfahrrädern ist, abgesehen von den Fällen besonderer Berechtigung verboten:

1. in der K. Residenz,
2. in der Residenzstraße von der Feldherrnhalle bis zur Preysingstraße während der Ablösung der K. Residenzwache einschließlich der Zeit, in welcher die Parademusik auf der Feldherrnhalle spielt,
3. über die Rampe des K. Hof- und Nationaltheaters, sowie des Prinz-Regenten-Theaters,
4. zwischen dem sog. Stern auf dem Max Josephplatze, der K. Residenz, dem K. Residenztheater und dem K. Hof- und Nationaltheater.

V. Verkehr mit Personenfahrrädern.

§ 60. Allgemeine Bestimmungen. I Für den Verkehr mit Fahrrädern sind die oberpolizeilichen Vorschriften über den Radfahrverkehr vom 29. September 1907[2]) maßgebend.

---

[1]) Siehe oben S. 5.

[2]) Siehe Samml. S. 106.

II Das Fahren auf den Gehbahnen und sonstigen Fußwegen, das Ausfahren aus Häusern, Höfen, Toren und Grundstücken, sowie das Einfahren in diese über Gehbahnen und sonstige Fußwege ist verboten.

III Das Schieben von Fahrrädern ist auf allen Gehbahnen ausnahmslos, auf den sonstigen Fußwegen nur innerhalb der zusammenhängend bebauten Stadtteile untersagt.

IV In den für den Fuhrwerksverkehr geschlossenen Straßen (§ 31) ist auch das Radfahren verboten.

V Soferne für einzelne Straßen eine bestimmte Fahrtrichtung vorgeschrieben ist (§ 32) darf auch der Radfahrverkehr nur in dieser Richtung erfolgen.

VI Die allgemeinen Vorschriften hinsichtlich des Fuhrwerksverkehrs, nämlich §§ 6, 20, Abs. I und V, 21 Abs. I mit VIII, 22, 23, 26, 29 und 30 haben sinngemäße Anwendung zu finden.

VII Verboten ist, auf Personenfahrrädern Gegenstände zu transportieren, welche erheblich länger sind als das Fahrrad selbst oder welche die Bewegungsfähigkeit des Fahrers oder des Rades erheblich beeinträchtigen oder das Gleichgewicht des Fahrenden gefährden.

VIII Untersagt ist endlich, bei der Fahrt Hunde an der Leine mitzuführen.

§ 61. Besondere örtliche Verbote. I Das Fahren mit Personenfahrrädern ist, abgesehen von den Fällen besonderer Berechtigung, verboten:

1. in der K. Residenz,
2. in der Residenzstraße von der Feldherrnhalle bis zur Preysingstraße während der Ablösung der K. Residenzwache einschließlich der Zeit, in welcher die Parademusik auf der Feldherrnhalle spielt,
3. über die Rampe des K. Hof- und Nationaltheaters, sowie des Prinz-Regenten-Theaters,
4. zwischen dem sog. Stern auf dem Max Josephplatze, der K. Residenz und dem K. Hof- und Nationaltheater,
5. durch den Schlichtingerbogen (Einmündung der Lederer- in die Burgstraße),
6. auf den von der Wolfratshauserstraße und der Ludwigshöhe zu Tal führenden Bergstraßen mit Ausnahme des sog. Schmidberges und des Greinerberges in Thalkirchen,
7. im K. Englischen Garten, mit Ausnahme der für den allgemeinen Lastfuhrwerksverkehr eröffneten Straßen,
8. in den K. Anlagen der Hirschau,
9. im K. Hofgarten einschließlich der Hofgartenarkaden,
10. auf der der Ostseite des K. Hofgartens entlang führenden Fahrstraße zwischen der Hofgarten- und der Galeriestraße,
11. in dem zum K. Schloß Nymphenburg gehörigen Hofgarten,
12. in den K. Maximiliansanlagen rechts der Isar nördlich des Maximilianeums,
13. im Bavariapark und in den Anlagen der Ruhmeshalle,
14. auf der Theresienwiese mit Ausnahme der in der Verlänge-

rung der Mozartstraße und der Bavariastraße zur Bavaria führenden Straßen.

II Im K. Englischen Garten, in den K. Anlagen der Hirschau, im K. Hofgarten einschließlich der Hofgartenarkaden und in dem zum K. Schloß Nymphenburg gehörigen Hofgarten ist auch das Schieben und Stehenlassen von Fahrrädern verboten.

III Beim Befahren der beiden Auffahrtstraßen zum Terrassenbau an der Luitpoldbrücke muß jeweils der in der Fahrtrichtung rechts liegende Straßenzug eingehalten werden.

IV Diese Auffahrtstraßen sowie die äußere Prinz-Regentenstraße zwischen der Terrasse (dem Friedensdenkmal) und der Maria Theresiastraße dürfen nur im langsamen Tempo befahren werden.

V Auf dem Wege zwischen Arnulf- und Bayerstraße entlang der Ostseite des Hauptbahnhofgebäudes ist der Durchgangsverkehr untersagt, desgleichen auf dem nördlichen Straßenzuge im Forum der Maximilianstraße zwischen Seitz- und Adelgundenstraße.

§ 62. Zeitliche Fahrbeschränkungen. I Der Viktualienmarkt einschließlich der denselben durchziehenden Teile der Reichenbach- und Blumenstraße — jedoch mit Ausnahme des Straßenzuges vom Tal zur nördlichen Blumenstraße — darf von 7 bis 11 Uhr vormittags nicht befahren werden; desgleichen das Hofgartentor am Odeonsplatz in der Zeit von 7 Uhr vormittags bis 7½ Uhr nachmittags.

II Für gewisse Kategorien von Personen können polizeilich Ausnahmen gestattet werden.

VI. Verkehr mit Kraftfahrzeugen einschließlich sonstiger durch eigene Kraft bewegter Fahrzeuge.

§ 63. Allgemeine Fahrvorschriften. I Die Vorschriften der §§ 1 mit 30 finden auf den Verkehr mit Kraftfahrzeugen sinngemäße Anwendung, soweit nicht in den oberpolizeilichen Vorschriften über den Verkehr mit solchen[1]) etwas anderes angeordnet ist.

II Kraftfahrzeuge, welche der Beförderung schwerer Lasten dienen, unterliegen den Bestimmungen über den Verkehr mit schweren Lastfuhrwerken (§§ 46 und 47).

§ 64. Fahrverbote und besondere Bestimmungen. I Die für den allgemeinen Fuhrwerksverkehr geschlossenen Straßen und Örtlichkeiten (§§ 31, 33 und 35) sind auch für den Verkehr mit Kraftfahrzeugen aller Art verboten.

II Das gleiche und zwar nur hinsichtlich des Durchgangsverkehrs gilt für das Fahren auf dem Wege zwischen Arnulf- und Bayerstraße entlang der Ostseite des Hauptbahnhofgebäudes.

III Untersagt ist ferner das Fahren mit Kraftfahrzeugen:

1. in der Dürnbräustraße,
2. in der Küchelbäckerstraße,
3. in der Pflugstraße,

---

[1]) Vgl. Samml. S. 110, 112, 122, siehe auch unten S. 49.

4. durch den Schlichtingerbogen (Einmündung der Lederer- in die Burgstraße),

5. in der Singlspielerstraße,

6. in der Sterneckerstraße,

7. in der Thiereckstraße,

8. auf dem Viktualienmarkt einschließlich der denselben durchziehenden Teil der Reichenbach- und Blumenstraße — und zwar hier von 7 bis 11 Uhr vormittags,

9. über die Rampe des K. Hof- und Nationaltheaters, außer für Theaterbesucher sowie des Prinz-Regenten-Theaters,

10. im Forum der Maximilianstraße auf dem nördlichen Straßenzuge zwischen Seitz- und Adelgundenstraße (dem Regierungsgebäude entlang), — jedoch nur im Durchgangsverkehr,

11. im K. Englischen Garten mit Ausnahme der für den allgemeinen Lastfuhrwerksverkehr eröffneten Straßen,

12. in den K. Anlagen der Hirschau,

13. im Biedersteinpark,

14. in den K. Maximiliansanlagen rechts der Isar,

15. in dem zum K. Schloß Nymphenburg gehörigen Hofgarten,

16. auf der der Ostseite des K. Hofgartens entlang führenden Fahrstraße zwischen der Hofgarten- und der Galeriestraße, sowie auf der Hofgartenstraße zwischen dem Hofgartentor am Odeonsplatze und dem Marstallplatze,

17. in der Föhringer Allee,

18. in der Harlachingerstraße im Durchgangsverkehr,

19. in den Isarauen links der Isar zwischen der Isar und dem großen Stadtbache einschließlich der Flaucheranlagen.

IV Bei dem Befahren der beiden Auffahrtstraßen zum Terrassenbau an der Luitpoldbrücke muß jeweils der in der Fahrtrichtung rechts liegende Straßenzug eingehalten werden. Diese Auffahrtstraßen, sowie die äußere Prinz-Regentenstraße zwischen der Terrasse (dem Friedensdenkmal) und der Maria Theresiastraße dürfen nur im langsamen Tempo befahren werden.

V Die Fahrverbote in Abs. I mit III finden keine Anwendung auf Kraftfahrzeuge, welche in einer der bezeichneten Straßen oder Örtlichkeiten untergebracht sind, jedoch nur für die betreffende Straße oder Örtlichkeit zum Zwecke des Ein- und Ausfahrens in den Unterbringungsraum bzw. aus demselben.

VI Soferne für einzelne Straßen und Örtlichkeiten eine bestimmte Fahrtrichtung vorgeschrieben ist (§§ 32, 34, 41 und 44), darf auch der Verkehr mit Kraftfahrzeugen nur in dieser Richtung erfolgen.

VII Untersagt ist, ohne dringende Veranlassung in der südlichen Auffahrts-Allee und in der Notburgastraße Kraftfahrzeuge aufzustellen oder warten zu lassen.

VIII In der Forstenriederstraße darf auf der Strecke bis zur Waldfriedhofstraße auch außerhalb geschlossener Ortsteile eine Fahrgeschwindigkeit von 25 km in der Stunde nicht überschritten werden.

VII. Reitverkehr, Führen von Reit- und Zugtieren.

§ 65. Reiter, Führer. I Personen, welche des Reitens unkundig oder infolge körperlicher Gebrechen oder wegen zu hohen oder zu jugendlichen Alters zum Reiten oder zum Führen von Reit- und Zugtieren unfähig sind, dürfen nicht reiten oder Reit- oder Zugtiere führen.

II Strafbar ist auch, wer solchen Personen Reit- oder Zugtiere zu den bezeichneten Zwecken überläßt.

§ 66. Allgemeine Bestimmungen. I Der Reitverkehr und das Führen von Reit- und Zugtieren hat sich ausschließlich auf die für den Fuhrwerksverkehr bestimmten Fahrbahnen bzw. der Reitverkehr auf die als solche kenntlich gemachten Reitwege zu beschränken.

II In den für den Fuhrwerksverkehr geschlossenen Straßen (§ 31) ist auch das Reiten und das Führen von Reit- oder Zugtieren verboten.

III Soferne für einzelne Straßen eine bestimmte Fahrtrichtung vorgeschrieben ist (§ 32), darf auch das Reiten und das Führen von Reit- oder Zugtieren nur in dieser Richtung erfolgen. Die berittene Schutzmannschaft ist im Dienste von dieser Anordnung ausgenommen.

IV Die als Reitwege bezeichneten Wege oder Straßenteile sind für jeden anderweitigen Verkehr, insbesondere auch für den Fußgängerverkehr, verboten.

V Die allgemeinen Vorschriften hinsichtlich des Fuhrwerksverkehrs, nämlich §§ 20 Abs. IV und V, 21 Abs. I mit VIII, 22, 23, 26 Abs. III, 27 Abs. I mit V, 29, 30 und 42, finden sinngemäße Anwendung.

VI Bezüglich des Verkehrs in den öffentlichen Anlagen gelten außerdem die besonderen Vorschriften der §§ 85 mit 91.

§ 67. Führen von Handpferden. I Das Führen von mehr als einem Handpferde ist nicht gestattet.

II Das Handpferd muß am linken Zügel gehalten werden, der rechte Zügel aber stramm an der Gurte befestigt (ausgebunden) sein.

III Handpferde und ledige Gespanne dürfen nur im Schritte geführt werden.

§ 68. Einfahren, Zureiten, Vorführen. Das Einfahren und Zureiten von Pferden, dann das Vorführen von Pferden und Vorreiten zum Zwecke des Vorführens — dieses, soweit damit Gefahr für das Publikum verbunden ist — ist verboten.

§ 69. Besonderes Verbot. Das Reiten und das Führen von Reit- oder Zugtieren ist, abgesehen von den Fällen besonderer Berechtigung, verboten:

1. durch die K. Residenz,
2. über die Rampe des K. Hof- und Nationaltheaters, sowie des Prinz-Regenten-Theaters,
3. zwischen dem sog. Stern auf dem Max Josephplatze, der K. Residenz, dem K. Residenztheater und dem K. Hof- und Nationaltheater,
4. auf der Theresienwiese mit Ausnahme der in der Verlänge-

rung der Mozartstraße und der Bavariastraße zur Bavaria führenden Straßen.

VIII. Treiben von Tieren.

§ 70. Treiber. I Personen, welche des Treibens von Tieren unkundig, sowie Personen, welche hiezu infolge körperlicher Gebrechen oder wegen zu hohen oder zu jugendlichen Alters nicht befähigt sind, dürfen sich mit dem Treiben von Tieren nicht befassen.

II Strafbar ist auch, wer solchen Personen das Treiben von Tieren überläßt.

§ 71. Allgemeine Bestimmungen. I Das Treiben von Tieren hat sich ausschließlich auf die für den Fuhrwerksverkehr bestimmten Fahrbahnen zu beschränken.

II Soferne eine bestimmte Fahrtrichtung vorgeschrieben ist, hat auch das Treiben von Tieren in der gleichen Richtung zu erfolgen. Die allgemeinen Vorschriften hinsichtlich des Fuhrwerksverkehrs, nämlich §§ 20 Abs. II mit V, 21 Abs. I mit IV, V Ziff. 1 und 3, VI mit IX, 22, 23, 27 Abs. I mit III, 28 mit 30 und 42 finden sinngemäße Anwendung.

III Bezüglich des Verkehrs in den öffentlichen Anlagen gelten außerdem die besonderen Vorschriften der §§ 85 mit 91.

§ 72. Örtliche Beschränkungen. Das Treiben von Tieren ist verboten:

1. in allen Straßen, in welchen der Fuhrwerksverkehr ausgeschlossen ist (§ 31),
2. in den im § 46 bezeichneten Stadtteilen sowie in den dort noch besonders bezeichneten Straßen,
3. in der äußeren Prinz-Regentenstraße vom Friedensdenkmal bis zur Ismaningerstraße, in der Maria Theresia-, Siebert-, Höchl- und Möhlstraße — in letzterer von der äußeren Prinz-Regentenstraße bis zur Hompeschstraße —, in der Föhringer-Allee, in der Kolbergerstraße zwischen Mauerkircher- und Pöschingerstraße,
4. in der südlichen Auffahrts-Allee, soferne dieselbe nicht lediglich überquert wird, oder die Tiere nicht in Anwesen an dieser Allee unterzubringen sind.

§ 73. Pferde. I Der Pferdetrieb darf nur in Koppeln von höchstens 3 Stück nebeneinander oder in Koppeln zu höchstens 3 Paaren hintereinander und nur im Schritte stattfinden.

II Jeder Koppel ist mindestens ein Führer beizugeben.

§ 74. Rindvieh. I Rindvieh darf nur in festen Koppeln zu nicht mehr als 3 Stück nebeneinander oder in Koppeln zu höchstens 4 Paaren hintereinander getrieben werden.

II Jeder Koppel ist mindestens ein Treiber beizugeben.

III Stiere, sowie stößige oder bösartige Tiere dürfen nur einzeln getrieben werden und müssen hiebei die Augen verbunden haben, sowie mit Fußseilen derart gefesselt sein, daß sie nicht entspringen oder Schaden anrichten können.

IV Alles Rindvieh, welches zum Schlacht- und Viehhofe gebracht wird, muß an Ketten oder festen Strängen geführt werden.

V Die Verwendung von Hunden zum Treiben ist nicht gestattet.

§ 75. Kälber, Schweine, Schafe, Geflügel. I Das Treiben von Kälbern, Schweinen, Schafen und Geflügel jeder Art ist verboten.

II In den Stadtbezirken XIV mit XXVI ist jedoch der Schaf-, Schweine- und Gänsetrieb von den Stallungen zu den Weideplätzen und zur Schwemme, sowie von dort zurück zu den Stallungen gestattet.

III Der Schaftrieb zum Schlacht- und Viehhofe und der Rücktrieb der Tiere von dort zu den Stallungen ist in den Stadtbezirken XIV mit XXVI allgemein, im IX. Stadtbezirk nur durch die Straße von der Bavaria zum Bavariaring und die Kobellstraße, im X. Stadtbezirk nur durch die Kapuzinerstraße, über den Kapuzinerplatz, durch die Tumblinger- und Zenettistraße, sowie durch die Thalkirchnerstraße zwischen Ehrengut- und Zenettistraße und im XI. Stadtbezirk nur über die Wittelsbacherbrücke, durch die Auen-, Ehrengut- und Ruppertstraße zulässig.

IV Der Schaftrieb über die Wittelsbacherbrücke darf nur erfolgen:

1. vom 15. März bis 14. Oktober von 5—6 Uhr vormittags und von 8—9 Uhr nachmittags,

2. vom 15. Oktober bis 14. März von 5—6 Uhr vormittags und von 5—6 nachmittags.

IX. Fußgängerverkehr.

§ 76. Allgemeine Bestimmungen. I Fußgänger haben sich soweit möglich und ganz besonders da, wo lebhafter Fahrverkehr stattfindet, auf den Gehbahnen und sonstigen Fußwegen zu halten und jedenfalls alles zwecklose Stehenbleiben auf den Fahrbahnen zu vermeiden. Das Überschreiten der Fahrbahnen hat soweit möglich unter Benützung der Traversen bzw. in senkrechter Richtung zu erfolgen.

II Die Fußgänger haben sich gegenseitig nach rechts auszuweichen. Auf den Gehbahnen und sonstigen Fußwegen ist rechts zu gehen. Nebeneinandergehen mehrerer Personen in der vollen Breite der Gehbahnen und sonstigen Fußwege, sowie verkehrsstörendes Stehenbleiben auf denselben ist verboten.

III Durch polizeilichen Anschlag kann die Benützung der rechtsseitigen Gehbahn einer Straße oder Brücke angeordnet werden.

IV Den zur Regelung des Verkehrs, namentlich zur Vermeidung von Verkehrsstörungen an Ort und Stelle ergehenden Anordnungen der Polizeiorgane, auch wenn diese Anordnungen nur durch Zeichen erfolgen, ist Folge zu geben.[1])

V Die als Radfahrwege bezeichneten Wege oder Straßenteile sind für den Fußgängerverkehr verboten.

VI Auf den Verkehr in den öffentlichen Anlagen finden außerdem die besonderen Vorschriften der §§ 85 mit 91 Anwendung.

---

[1]) Siehe Anhang, unten S. 48.

§ 77. Begehen der Gehbahnen und sonstigen Fußwege in geschlossenen Reihen oder Abteilungen. Das Begehen der Gehbahnen und sonstigen Fußwege in geschlossenen Reihen und Abteilungen ist — unbeschadet der allgemeinen Bestimmungen in § 76 Abs. IV — nur in Reihen von nicht mehr als zwei Personen nebeneinander und nur auf solchen Gehbahnen und Fußwegen gestattet, auf welchen neben solchen Abteilungen noch genügender Raum für den ungehinderten Verkehr von mindestens zwei Personen nebeneinander erübrigt.

§ 78. Tragen von Gegenständen usw. I Auf den Gehbahnen und sonstigen Fußwegen, sowie vorbehaltlich besonderer Berechtigung durch die K. Residenz und deren Höfe ist das Tragen von Lasten und umfangreichen Gegenständen wie Tragkörben, größeren Handkörben, Kisten, Ballen und Mulden, ferner von Äxten, Hacken, Sensen u. dgl. schneidigen oder spitzen Gegenständen, endlich von Rohren, Schienen, Stangen, Latten, Leitern und ähnlichen langgestreckten, leicht hin- und herschwankenden Gegenständen verboten. Derartige Gegenstände dürfen nur auf der Fahrbahn und nur so getragen werden, daß der Verkehr weder gefährdet noch gehemmt wird.

II Metallwaren oder sonstige Gegenstände, welche beim Tragen ein starkes Geräusch verursachen, müssen hiegegen entsprechend verwahrt sein. Das geräuschvolle Niederlegen solcher Metallwaren, sowie schwerer Gegenstände ist verboten.

III Unreine und leicht beschmutzende Gegenstände, wie Farben, Pinsel u. dgl. dürfen nur in geschlossenen Behältnissen bzw. vollständig umhüllt getragen werden, so daß hiedurch jede Beschmutzung anderer Personen ausgeschlossen ist.

IV Verboten ist das Begehen der öffentlichen Straßen, Wege und Plätze mit blutbefleckter Schürze.

V Das Tragen von Stöcken, Schirmen usw. in einer die Passanten gefährdenden oder belästigenden Weise ist verboten.

VI Mit brennenden Fackeln jeglicher Art oder Lampions zu gehen oder Aufstellung zu nehmen, ist, abgesehen von der herkömmlichen Begleitung bei Leichenkondukten, von besonderer polizeilicher Erlaubnis abhängig.

VII Hutnadeln oder andere an der Kleidung befestigte spitze Gegenstände sind auf öffentlichen Straßen und Plätzen, in Straßenbahnwagen und Omnibussen derart verwahrt zu tragen, daß Gefahren für Personen nicht entstehen können.

§ 79. Hundeführen auf Gehbahnen und sonstigen Fußwegen. I Das Führen von Hunden an der Leine ist auf den Gehbahnen und sonstigen Fußwegen bei lebhaftem Verkehr verboten.

II Die Führer von Hunden, welche Menschen oder Pferde anzubellen oder anzuspringen pflegen, haben diese Hunde daran zu behindern und dieselben erforderlichenfalls an kurzer Leine zu führen.

§ 80. Andrängen bei Festnahmen und Unfällen. I Es ist verboten, bei Festnahmen oder sonstigen polizeilichen Diensthandlungen sich anzudrängen, Festgenommene zu begleiten, vor dem Polizeidirektionsgebäude oder vor Polizeiwachen Gruppen zu bilden oder in Gruppen dort stehen zu bleiben.

II Ferner ist das ruhe- und verkehrsstörende Zudrängen in den Straßen bei Unfällen verboten.

§ 81. Aufspringen auf Fuhrwerke usw. I Auf Fuhrwerke während der Fahrt unbefugt aufzuspringen oder aufzusitzen oder sich an solche anzuhalten ist untersagt.

II Verboten ist ferner, Führer von Fuhrwerken, von Wagen und Karren aller Art, Reiter, Radfahrer und Treiber von Tieren im Verkehr mutwillig zu hemmen oder ihnen die Befolgung der verkehrspolizeilichen Vorschriften zu erschweren.

§ 82. Eisschleifen, Schlittschuhlaufen, Eisschießen, Tummeln von Kindern. I Das Eisschleifen, Schlittschuhlaufen, Eisschießen, das Werfen mit Schneeballen, das Steigenlassen von sog. Drachen und Ballons, das Abbrennen von Feuerwerkskörpern aller Art ist untersagt. Das Tummeln der Kinder auf öffentlicher Fahrbahn ist verboten.

II Für Einhaltung dieser Vorschriften durch Kinder sind die zu deren Beaufsichtigung verpflichteten Personen verantwortlich.

§ 83. Verhalten gegenüber geschlossenen Abteilungen und Zügen. Geschlossene Truppenkörper oder geschlossene Abteilungen der Schutzmannschaft oder der Feuerwehr und Sanitätskolonnen sowie öffentliche Aufzüge dürfen in ihrer Bewegung von Fußgängern nicht durchbrochen oder gehemmt werden.

X. Verkehr an den Bahnhöfen.

§ 84. I Die Leiter aller Fuhrwerke der Privat-, Gasthof- und öffentlichen Fuhrwerke, ebenso die Gasthofbediensteten, Dienstmänner, Fremdenführer u. dgl. haben bezüglich der An- und Abfahrt, der Aufstellung und des Verhaltens an den An- und Abfahrtstellen, sowie auf den Warteplätzen an den Bahnhöfen den bekanntgemachten polizeilichen Anordnungen oder den durch Polizeiorgane an Ort und Stelle ergehenden Weisungen Folge zu geben, auch wenn letztere nur durch Zeichen[1]) erfolgen.

II Vor den Bahnhöfen, sowie in deren näheren und, soweit sich die Einwirkung des Bahnhofverkehrs erstreckt, auch in deren weiteren Umgebung zum Zwecke des Vermietens von Zimmern und Schlafstellen sich aufzustellen oder solche dortselbst auch nur anzupreisen, ist untersagt; dies gilt insbesondere auch für die Bediensteten von Pensionen, für gewerbsmäßige Zimmervermieter und deren Beauftragte. Den durch besondere Abzeichen auf der Kopfbedeckung oder der Kleidung kenntlich gemachten Bediensteten der Gasthöfe ist es jedoch gestattet, sich auf den nach Maßgabe des Abs. I für sie bestimmten Plätzen aufzustellen; jedoch ist auch diesen Bediensteten überlautes Ausrufen, sowie jede Aufdringlichkeit und Belästigung den Reisenden gegenüber, ferner das Verfolgen der letzteren verboten.

---

[1]) Siehe Anhang, unten S. 48.

III Alle Fuhrwerke einschließlich der Gepäckwagen und Packträgerkarren dürfen an den Anfahrtstellen nur so lange Halt machen, als zur Absetzung der Fahrgäste, zum Abladen der Gepäckstücke usw. unbedingt notwendig ist.

IV Das Aufstellen von Handwagen und Karren an den Anfahrtstellen der Bahnhöfe und zwischen den auf dem Platze vor dem Hauptbahnhofe (Bahnhofplatz) befindlichen beiden Gehbahninseln ist verboten.

Zweiter Abschnitt.

Besondere Vorschriften zur Sicherstellung der öffentlichen Anlagen.[1])

I. Vorschriften für sämtliche Anlagen.

§ 85. I In allen öffentlichen Anlagen ist vorbehaltlich besonderer Berechtigung verboten:

1. Wiesen- und Rasenflächen, Blumenbeete, Gebüsche und Pflanzungen zu betreten, sowie überhaupt Weggrenzen zu überschreiten und Einfassungen oder Einfriedungen (Gitter, Zäune, Mauern u. dgl.) zu übersteigen, ferner außerhalb der Wege zu fahren oder zu reiten,
2. Bäume oder Sträucher zu beschädigen, insbesondere in dieselben einzuschneiden, Äste, Zweige, Blüten und Früchte abzureißen oder abzuschneiden, ferner Blumen oder Pflanzen abzupflücken, auszugraben oder zu beschädigen,
3. Zierpflanzungen oder Blumenbeete durch Hunde oder Geflügel betreten, sowie Rasenflächen durch Tiere beschädigen zu lassen,
4. Bauwerke, Denkmäler, Statuen, Gemälde, Brunnen, Brücken, Stege, Bänke, Tische, Einfassungen, Warnungstafeln und ähnliche Gegenstände zu verunreinigen oder zu beschädigen, sowie Namen, Inschriften, Zeichnungen usw. an denselben anzubringen, ferner Hunde auf Bänke oder Tische springen, sich auf diese setzen oder legen zu lassen,
5. Wege zu verunreinigen, Papier, Speisereste, Abfälle von Obst u. dgl. wegzuwerfen,
6. die Gewässer (Seen, Kanäle, Bäche, Bassins usw.) und Brunnenbecken durch Hineinwerfen von Steinen oder anderen Gegenständen zu trüben oder sonstwie zu verunreinigen, dortselbst zu baden, Schnee einzuwerfen, Hunde zu schwemmen oder sonst dortselbst ins Wasser gehen zu lassen, ferner an den Brunnen und Quellen Hunde mittels der dort angebrachten, zum Gebrauche für Menschen bestimmten Gefäße zu tränken,
7. Wäsche aufzuhängen oder auszubreiten, ferner Gegenstände irgendwelcher Art, insbesondere Teppiche, auszustäuben oder auszuklopfen,
8. Plakate anzubringen,
9. die nicht für den allgemeinen Verkehr zugelassenen Wege zu benützen,
10. Gespanne einzufahren oder Pferde zuzureiten,
11. Vögel zu fangen oder Vogelnester auszunehmen, zu schießen, zu fischen und zu jagen,

---

[1]) Strafbestimmung: Art. 95 PStGB.

12. Feuer, sowie Feuerwerkskörper anzuzünden,

13. Laub zu rechen oder Holz zu sammeln,

14. zum Zwecke des Feilbietens und Verkaufens von Waren irgendwelcher Art (insbesondere auch von Obst, Gemüse, Beeren usw.), des Anbietens von Dienstleistungen und gewerblichen Leistungen, der Ankündigung von Lustbarkeiten, Versammlungen, Vorträgen und sonstigen Vorgängen, des Verkaufens und Verteilens von Druckschriften, anderen Schriften oder Bildwerken, sowie des Feilbietens von Eintrittskarten zu Theatern, Konzerten und sonstigen öffentlichen Schau- und Vorstellungen sich aufzustellen oder umherzuziehen (auf- und abzugehen, umherzufahren usw.).

II Das Stehenlassen von Kinderwagen ist nur an den zum Aufenthalte für Kinder zugelassenen Plätzen gestattet.

III Den zur Abstellung von Zuwiderhandlungen ergehenden Aufforderungen der Polizeiorgane, sowie der für die einzelnen Anlagen aufgestellten Wächter ist Folge zu geben.

IV Für die Einhaltung der in bezug auf die öffentlichen Anlagen erlassenen Vorschriften durch Kinder sind die zu deren Beaufsichtigung verpflichteten Personen verantwortlich.

II. Weitere Vorschriften für einzelne Anlagen.

§ 86. K. Hofgarten, Hofgartenarkaden und Anlagen vor der K. Residenz. I Im K. Hofgarten, in den Hofgartenarkaden und in den Anlagen vor der K. Residenz ist vorbehaltlich besonderer Berechtigung verboten:

1. mit Wagen aller Art, mit Karren, Fahrstühlen, Transport- und Personenfahrrädern und mit Kraftfahrzeugen zu fahren, zu reiten, Zugtiere zu führen oder Tiere zu treiben, Fahrräder zu schieben oder stehen zu lassen,

2. mit Kinderwagen zu fahren, ausgenommen auf dem Fußwege nördlich der Hofgartenstraße und längs des Fahrweges zwischen Hofgarten- und Galeriestraße, wobei ein Aufenthalt oder eine Belästigung des Publikums nicht stattfinden darf,

3. Kinder innerhalb der Gartenanlagen und in der Rotunde spielen zu lassen, ausgenommen auf dem freien Platze entlang der Ostseite des K. Hofgartens; jedoch ist auch dort jedes Scharren und Graben untersagt,

4. unreine oder leicht beschmutzende Gegenstände zu tragen,

5. an den Brunnen Hausgeräte zu reinigen, die Röhren zu verstopfen oder Wasser umherzuschütten,

6. in den Arkaden offene Regen- oder Sonnenschirme zu tragen,

7. Hunde im K. Hofgarten, sowie in den Anlagen vor der K. Residenz frei laufen zu lassen,

8. Brennholz zu zerkleinern,

II Für den Bedarf der Anwohner des K. Hofgartens darf die An- und Abfuhr und der Transport von Lasten (Waren, Einrichtungsgegenständen, Brennmaterialien usw.) zu bzw. von den Wohnungen nur erfolgen:

a) in der Zeit vom 15. März bis 14. Oktober von 8 Uhr nachmittags bis 11 Uhr vormittags,

b) in der Zeit vom 15. Oktober bis 14. März von 4 Uhr nachmittags bis 11 Uhr vormittags.

III Die An- und Abfuhr darf nur längs der Arkaden in einer Breite von 4 m von diesen ab gerechnet erfolgen; der Transport von Lasten ist nur auf diesem Wege und in den Arkaden gestattet. Für besonders gelagerte Fälle können seitens des K. Obersthofmeisterstabes Ausnahmen zugelassen werden.

IV Das Befahren des Fahrweges zwischen Hofgarten und Galeriestraße ist nur mit Personenpferdefuhrwerken gestattet.

§ 87. K. Englischer Garten und K. Anlagen der Hirschau. I Im K. Englischen Garten und in den K. Anlagen der Hirschau ist vorbehaltlich besonderer Berechtigung verboten:

1. mit Lastfuhrwerken aller Art, mit Hand- und Hundewagen, Karren, Fahrstühlen, Transport- und Personenfahrrädern, Kraftfahrzeugen aller Art zu fahren, Transport- und Personenfahrräder zu schieben oder stehen zu lassen, Handpferde mitzuführen, Zugtiere zu führen oder Tiere zu treiben, ausgenommen auf den für den allgemeinen Lastfuhrwerksverkehr eröffneten Straßen,
2. mit Traberrennpferden zu reiten oder mit zweiräderigen Rennwagen oder mit Rennschlitten zu fahren,
3. Feldstühle aufzustellen,
4. Schwäne und Enten zu beunruhigen oder zu verfolgen, oder deren Eier wegzunehmen,
5. im K. Englischen Garten über die Brücken anders als in gemäßigter Gangart zu fahren oder zu reiten,
6. im K. Englischen Garten an den Inseln im See zu landen oder dieselben zu betreten,
7. in den K. Anlagen der Hirschau Hunde frei laufen zu lassen.

II Das Betreten der Eisflächen des Kleinhesseloher Sees ist nur während der Zeiten, während welcher diese Eisfläche für das Schlittschuhlaufen geöffnet ist, von den als Zugänge kenntlich gemachten und bezeichneten Stellen und zwar nur solchen Personen gestattet, welche sich im Besitze eines ordnungsmäßigen Zutrittsausweises befinden. Im übrigen ist das Betreten dieser Eisfläche verboten. Desgleichen ist verboten das Werfen von Gegenständen auf die Eisfläche, um dieselbe zu beschädigen oder ihre Benützung zu beeinträchtigen.

§ 88. K. Hofgarten Nymphenburg, Schloßrondell und Kanal zwischen letzterem und der Waisenhausstraße. I Im K. Hofgarten Nymphenburg ist vorbehaltlich besonderer Berechtigung verboten:

1. mit Wagen aller Art, mit Karren, mit Kinderwagen und Fahrstühlen, mit Transport- und Personenfahrrädern und mit Kraftfahrzeugen zu fahren, zu reiten, Zugtiere zu führen oder Tiere zu treiben, Fahrräder zu schieben oder stehen zu lassen,
2. Fisch- und Jagdgeräte zu tragen,
3. Hunde frei laufen zu lassen,

4. Kinder ohne Begleitung von Erwachsenen zu belassen,

5. das Federvieh zu beunruhigen oder dessen Eier wegzunehmen,

6. die Eisflächen, insbesondere zum Zwecke des Schlittschuhlaufens, Eisschießens u. dgl. zu betreten oder auf dieselben Steine und andere Gegenstände zu werfen,

7. während der Nachtzeit oder nach Schließung des K. Hofgartens in demselben zu verweilen oder dort einzubringen.

II Das Verbot in Ziff. 5 und 6 findet auch auf das Schloßrondell und den Kanal zwischen diesem und der Waisenhausstraße Anwendung. Außerdem ist verboten in diesem Kanal Wäsche und andere Gegenstände zu reinigen.

§ 89. K. Maximiliansanlagen rechts der Isar einschließlich des Terrassenbaues an der Luitpoldbrücke und der beiden Auffahrtstraßen. I In den K. Maximiliansanlagen r. J. einschließlich des Terrassenbaues an der Luitpoldbrücke und der beiden Auffahrtstraßen ist vorbehaltlich besonderer Berechtigung verboten:

1. mit anderem Fuhrwerk als Personenfuhrwerk, mit Karren aller Art und mit Transportfahrrädern zu fahren, Handpferde mitzuführen, Zugtiere zu führen oder Tiere zu treiben,

2. mit Traberrennpferden zu reiten oder mit zweiräderigen Rennwagen oder Rennschlitten zu fahren; ferner ist verboten:

3. in den K. Maximiliansanlagen mit Kraftfahrzeugen und — ausgenommen auf der Fahrstraße vom K. Maximilaneum zur inneren Wienerstraße — mit Personenfahrrädern zu fahren,

4. Feldstühle aufzustellen und Fußwege mit Fahrstühlen zu befahren,

5. in der äußeren Prinz-Regentenstraße von der Maria Theresiastraße bis zum Friedensdenkmal (einschließlich deren Kreuzung mit der Anlagen-Parkstraße), sowie auf den beiden Auffahrtstraßen der Terrasse anders als in gemäßigter Gangart zu fahren,

6. auf der Terrasse Lasten, sowie Gegenstände, welche durch ihren Umfang den Verkehr zu belästigen geeignet sind oder welche die Terrasse verunreinigen können, zu tragen.

II Beim Befahren der beiden Auffahrtstraßen zur Terrasse muß jeweils die in der Fahrtrichtung rechts liegende Straße eingehalten werden.

III Beim Treppen-Anstieg und -Abstieg ist jeweils die in der Gehrichtung rechts liegende Treppe zu benützen.

§ 90. Biedersteinpark. Im Biedersteinpark ist vorbehaltlich besonderer Berechtigung verboten:

1. mit Lastfuhrwerken und Kraftfahrzeugen aller Art zu fahren, Handpferde mitzuführen, Zugtiere zu führen oder Tiere zu treiben,

2. durch den Park schneller als in gemäßigter Gangart zu fahren und zu reiten,

3. Hunde frei laufen zu lassen.

§ 91. Bavariapark. Im Bavariapark ist vorbehaltlich besonderer Berechtigung verboten:

1. mit Wagen aller Art, mit Karren, Fahrstühlen, Transport- und Personenfahrrädern und mit Kraftfahrzeugen zu fahren, zu reiten, Zugtiere zu führen oder Tiere zu treiben,

2. mit Kinderwagen zu fahren, ausgenommen auf dem von den beiden Eingangstoren je zum nächstgelegenen Kinderspielplatz direkt führenden Wege,

3. Hunde frei laufen zu lassen,

4. während der Nachtzeit oder nach Schließung des Parks in demselben zu verweilen oder dort einzudringen.

Dritter Abschnitt.

Sonstige Vorschriften für Sicherheit, Bequemlichkeit und Ruhe des öffentlichen Verkehrs.

I. Herstellung und Unterhaltung der Gehbahnen.

§ 92. Allgemeine Verpflichtungen. I Zur Herstellung und Unterhaltung von gepflasterten Gehbahnen sind die Besitzer der an die Straßen und Plätze der Stadt angrenzenden Anwesen bzw. Grundstücke längs ihres Besitztums verpflichtet:

a) an allen Straßen und Plätzen, soweit diese gepflastert oder mit Abzugskanälen oder Abzugsrinnen versehen sind,

b) an den übrigen Straßen und Plätzen dann, wenn entweder ein Neubau aufgeführt oder an einem schon bestehenden Gebäude eine Veränderung der Höhe, Länge oder Breite oder ein Umbau vorgenommen oder neue Wohnräume hergestellt werden, desgleichen, wenn an einer Straße oder an einem Platze die Gehbahnen überwiegend gepflastert sind,

c) auf Grund besonderer polizeilicher Anordnung.

II Vor Herstellung der Gehbahnen ist dem Stadtmagistrat Anzeige zu erstatten, dessen Anordnungen in bezug auf Richtung und Höhenlage der Randsteine, sowie auf Höhenlage und Neigung des Pflasters genau zu befolgen sind.

III Bei eintretender Änderung der Höhen- oder Breitenverhältnisse einer Straße oder eines Platzes oder der Fahrbahnen einer Straße oder eines Platzes sind auch die Gehbahnen entsprechend abzuändern.

IV Das gleiche hat zu geschehen, wenn bei nachträglicher Randsteinsetzung (§ 93 Abs. I) eine Änderung im Niveau der Pflasterung notwendig wird.

V Ebenso ist bei Regulierung, Reparatur oder Auswechslung von Randsteinen das Pflaster stets wieder vorschriftsmäßig herzustellen.

§ 93. Randsteine. I Alle zu pflasternden Gehbahnen sind mit Randsteinen nach den Normalien des Stadtmagistrats einzufassen. Die Randsteinsetzung kann in besonderen Fällen polizeilich nachgelassen werden.

II Versenkungen in der Randsteinlinie dürfen nur zum Zwecke der Herstellung von Einfahrten in Anwesen oder Grundstücke angebracht werden; eine Unterbrechung der Gehbahnen durch querliegende Randsteine oder in anderer Weise, sowie die Herstellung von Brückchen von den Randsteinen über die Straßenrinne ist unstatthaft.

III Für Herstellung von Anfahrten über die Gehbahnen zu den Häusern ist polizeiliche Genehmigung erforderlich.

§ 94. Pflasterung. I Die Gehbahnen sind in der Regel in ihrer ganzen Breite, d. h. von der Bau- bzw. Vorgartenlinie bis zum Randstein, zu pflastern. In besonderen Fällen wird die Ausdehnung der Pflasterung polizeilich festgesetzt.

II Die Pflasterung der Gehbahnen hat, unbeschadet etwa bestehender besonderer Verpflichtungen, mit Asphalt oder mit dunkel gebrannten Klinkern zu erfolgen; letztere müssen eine mindestens 8 cm starke Unterlage von gutem Beton erhalten.

III Die Verwendung anderer Materialien, desgleichen die Einlassung von Glas- und ähnlichen Platten, von Metallbuchstaben u. dgl., ferner von Schienen in das Pflaster ist von polizeilicher Genehmigung abhängig.

IV Bei bereits bestehenden Gehbahnen hat die Herstellung des Pflasters nach Maßgabe des Abs. II zu erfolgen, sobald eine Reparatur notwendig wird, welche sich auf mehr als die Hälfte der Gehbahnfläche vor dem jeweiligen Anwesen erstreckt.

§ 95. Unterhaltung der Gehbahnen. Die Gehbahnen, gleichviel ob sie gepflastert sind oder nicht, sind von den Anwesens- bzw. Grundbesitzern, soweit ihr Besitztum reicht, stets in gutem, für das Begehen sicherem und bequemem Zustand zu erhalten.

§ 96. Abzugsrinnen. I Die Ableitung des Dachwassers hat unter der Gehbahn zu erfolgen.

II Soferne noch offene Abzugsrinnen vorhanden sind, ist die Ableitung in vorbezeichneter Weise herzustellen, wenn eine Reparatur der Gehbahn notwendig wird, welche sich auf mehr als die Hälfte der Gehbahnfläche vor dem jeweiligen Anwesen erstreckt.

III Die Dachrinnen sind von allen Hindernissen des Wasserablaufes frei zu halten; haben sich solche Hindernisse gebildet, so sind sie mit der nach Lage des Falles möglichsten Beschleunigung zu beseitigen.

II. Beseitigung von Schnee und Eis.[1])

§ 97. Die Besitzer von Anwesen bzw. Grundstücken an öffentlichen oder dem öffentlichen Verkehr dienenden Straßen, Wegen und Plätzen bzw. deren Stellvertreter haben, soweit ihr Besitztum an solche angrenzt, bezüglich der Beseitigung von Schnee und Eis nachstehende Verpflichtungen:

1. Die Gehbahnen, gleichviel ob gepflastert oder nicht, sind in ihrer ganzen Breite bis zum Rande der Fahrbahn stets von Schnee und Eis frei zu halten. Der während der Nacht gefallene Schnee ist bis spätestens 7 Uhr vormittags abzuräumen. Ist wegen andauernden starken Schneefalles die vollständige Freihaltung nicht möglich, so muß die Abräumung innerhalb der Zeit von 7 Uhr vormittags bis 7 Uhr nachmittags mindestens alle 3 Stunden erfolgen.

[1]) Siehe unten S. 99.

Der von den Gehbahnen abgeräumte Schnee ist auf der Fahrbahn tunlichst nahe dem Rande derselben auf Haufen zu bringen, wobei Straßenrinnen sowie Hydranten und, falls anderweitig Platz vorhanden ist, Straßenecken, Traversen und Hauseingänge frei zu halten sind.

Angefrorener Schnee und Eisplatten sind, soferne die Abräumung ohne Beschädigung des Gehbahnpflasters nicht sofort erfolgen kann, jedenfalls bei eintretendem Tauwetter, soweit dessen Wirkung reicht, unverzüglich abzulösen und in der in Abs. III bezeichneten Weise auf Haufen zu bringen.

2. Wenn auf den Gehbahnen Glatteis oder infolge andauernden Schneefalles, infolge Frosteinwirkung oder aus anderen Ursachen eine gefährlich zu begehende Schneedecke sich gebildet hat, oder die Gehbahnen sonstwie schwer zu begehen sind, so sind dieselben in ihrer ganzen Breite mit feinem, mit Lehm nicht verunreinigtem Quarzsand ausgiebig zu bestreuen; haben sich Schnee oder Eisbuckel gebildet, so ist durch Abminderung ihrer Höhe eine Ebnung der Gehbahnflächen herbeizuführen und sind diese sodann zu besanden.

Das Aufsanden der Gehbahnen ist zu wiederholen, sobald an denselben wieder glatte Stellen entstanden sind.

Das Aufstreuen von anderem Materiale (Kies, Salz oder Salzmischungen, Asche, Sägemehl usw.) ist verboten.

3. Von den Fahrbahnen sämtlicher Straßen und Plätze einschließlich der Straßenrinnen und etwaiger Reit- und Radfahrwege und Gehbahninseln ist der Schnee und zwar bei Straßen bis zur Mitte der Fahrbahn, bei Plätzen und Straßen mit sogenannter geteilter Fahrbahn auf eine Breite von 6 m von den Randsteinen ab bei Tag jeweils sofort, der während der Nacht gefallene Schnee bis spätestens 7 Uhr vormittags abzuräumen und in der in Ziff. 1 dritter Absatz bezeichneten Weise auf Haufen zu bringen. Die Räumungspflicht der Anlieger wird im übrigen dadurch weder beschränkt noch aufgehoben, daß zwischen Gehbahnen und Fahrbahnen oder innerhalb der Geh- oder Fahrbahnen Rasenflächen, Anlagen, Radfahr- oder Reitwege, Fußgängerinseln oder ähnliche Anlagen sich befinden, welche von der Stadtgemeinde hergestellt oder unterhalten werden.

Bei andauerndem starken Schneefalle sind vorbehaltlich weitergehender polizeilicher Anordnungen wenigstens die Traversen und Straßenrinnen in den gleichen Zwischenräumen wie die Gehbahnen (Ziff. 1 Abs. II) frei zu halten.

Von den Fahrbahnen der gepflasterten Straßen und Plätze ist auf die gleiche Ausdehnung, wie unter gegenwärtiger Ziff. 3 Abs. I angegeben, der angefrorene Schnee und das Eis jedenfalls bei eintretendem Tauwetter, soweit dessen Wirkung reicht, unverzüglich zu beseitigen und auf Haufen zu bringen; frühere Beseitigung hat auf Grund besonderer polizeilicher Anordnung zu erfolgen.

Als Plätze im Sinne dieser Vorschriften sind nur jene zu verstehen, welche als solche amtliche bezeichnet oder anerkannt sind.

Ergeben sich Zweifel über die auf die einzelnen Besitzer der angrenzenden Anwesen bzw. Grundstücke treffenden Reinigungsflächen, so werden die Grenzen polizeilich festgesetzt.

4. Die Abfuhr des zu Haufen gebrachten Schnees hat innerhalb der jeweils polizeilich bestimmten Frist zu erfolgen.[1])

Innerhalb der gleichen Frist ist zugleich die Abfuhr des nach Ziff. 1 Abs. IV von den Gehbahnen und nach Ziff. 3 Abs. III von den Fahrbahnen abgeräumten Schnees und Eises zu betätigen; ist eine solche Frist nicht festgesetzt oder die festgesetzte Frist bereits abgelaufen, so hat diese Abfuhr spätestens bis 10 Uhr vormittags des auf die Abräumung folgenden Tages zu geschehen. Das gleiche gilt bezüglich des zusammengeräumten Schnees, wenn mit Rücksicht auf die Geringfügigkeit des Schneefalls keine Abfuhrtermine angesetzt werden.

5. Vorstehende Bestimmungen finden auf öffentliche Durchgänge entsprechende Anwendung.

Die Verpflichtungen nach Ziff. 2 und 4 erstrecken sich auch auf die zwischen Gehbahnen und Baulinie befindlichen Flächen, insoweit das Liegenlassen von Schnee und Eis auf diesen den Verkehr auf der Gehbahn zu beeinträchtigen geeignet ist.

6. Von Dachungen, Dachgesimsen, Rinnen, Balkonen u. dgl. ist Schnee und Eis bei drohendem Abrutschen oder Abfallen, dann — soweit nach Lage des Falles ausführbar —, wenn unter Einwirkung von Tauwetter Schneewasser in größeren Mengen auf die Geh- oder Fahrbahnen herabtropft, unter Absperrung der betreffenden Gehbahnstrecken abzuräumen und unter Beachtung der Vorschriften in Ziff. 1 Abs. III und Ziff. 4 auf Haufen zu bringen und abzufahren.

7. Verboten ist, Schnee oder Eis an anderen als den hiefür öffentlich bekanntgegebenen oder für besondere Ausnahmsfälle polizeilich zugelassenen Plätzen, insbesondere in Vorgärten oder Hofräumen, abzuladen oder dahin zu verbringen.

8. Seitens der Besitzer von Anwesen bzw. Grundstücken, sowie deren Stellvertreter können mit der Erfüllung der in Ziff. 1 mit 7 festgesetzten Verpflichtungen andere Personen, Gesellschaften oder Anstalten beauftragt werden; in diesem Falle sind die Beauftragten, für Gesellschaften oder Anstalten deren Leiter, hinsichtlich Einhaltung der Vorschriften verantwortlich. Neben denselben bleiben jedoch auch die Besitzer der Anwesen oder Grundstücke bzw. deren Stellvertreter verantwortlich, wenn sie es bei der Auswahl oder der Beaufsichtigung der Beauftragten an der nötigen Sorgfalt haben fehlen lassen.

9. In entlegenen oder spärlich bebauten Teilen des Burgfriedens können die in Ziff. 1 mit 7 festgesetzten Verpflichtungen polizeilich ermäßigt werden.

10. Bezüglich derjenigen Straßenstrecken und Plätze, deren Fahrbahnen mit Holz oder Asphalt gepflastert sind, gelten für die Beseitigung von Schnee und Eis, soferne nicht in vorstehendem weitergehende

---

[1]) Siehe unten S. 104.

Anordnungen getroffen sind, die Bestimmungen der ortspolizeilichen Vorschrift über die Handhabung der Straßenreinlichkeit auf den mit Holz oder Asphalt gepflasterten Straßenstrecken und Plätzen.[1])

11. Bei Frostwetter darf Wasser nur unmittelbar in die Kanalöffnungen gegossen werden; das Auslaufenlassen oder Ausschütten von Wasser auf Geh- und Fahrbahnen ist verboten.

III. Vornahme von Bauarbeiten.

§ 98. (Gerüste, Baueinfänge, Aufgrabungen.) [I] Die Errichtung von Gerüsten aller Art (Leiter-, Bolzen-, Schragengerüsten, Schutzdächern usw.), die Aufziehung von Malerflößen, die Herstellung von Baueinfängen, sowie die Vornahme von Aufgrabungen in oder an den öffentlichen Straßen, Wegen und Plätzen darf — Notfälle ausgenommen — nur mit verkehrspolizeilicher Genehmigung erfolgen.

[II] Aufgrabungen, welche durch die Stadtgemeinde München oder für dieselbe unter Verantwortung und Aufsicht ihrer Organe vorgenommen werden, bedürfen verkehrspolizeilicher Genehmigung nicht; dagegen sind auch in solchen Fällen die zur Aufrechterhaltung des Verkehrs erforderlichen Maßnahmen auf Verlangen der Verkehrspolizeibehörde zu treffen.

[III] Bezüglich der Aufgrabungen in den mit Asphalt belegten Fahrbahnen finden außerdem die jeweils geltenden besonderen Vorschriften[2]) Anwendung.

§ 99. (Bauholz, Bausteine, Eisenschienen.) [I] Das Bearbeiten von Bauholz, Bausteinen, Eisenschienen usw. auf öffentlichen Straßen, Wegen und Plätzen ist verboten, soweit nicht in Ausnahmefällen hiezu besondere polizeiliche Erlaubnis erteilt wird.

[II] Die Lagerung von Baumaterialien aller Art dortselbst ist von polizeilicher Genehmigung abhängig.

[III] Die Bestimmungen des § 98 Abs. II finden auch auf Materiallagerungen, welche durch die Stadtgemeinde München oder für dieselbe unter Verantwortung und Aufsicht ihrer Organe vorgenommen werden, entsprechende Anwendung.

§ 100. (Aufziehen von Baumaterialien.) [I] Verboten ist das Aufziehen von Tramen, Bauhölzern, Eisenträgern und ähnlichen Baumaterialien mittels Zugtieren bei Bauten in den in § 46 bezeichneten Stadtteilen mit Einschluß der den Gürtel bildenden Straßen, Straßenstrecken und Plätze, sowie in allen Straßen und Plätzen mit Straßenbahnverkehr, vorbehaltlich besonderer polizeilicher Genehmigung.

[III] Bei allen Bauten ist während des Aufziehens von Baumaterialien die Aufzugstelle — d. h. der Raum von wo aus die Materialien in die Höhe gehen —, soweit dieselbe an öffentlichen Straßen, Wegen und Plätzen gelegen ist, entsprechend abzusperren.

§ 101. (Abladen von Kalk.) Das Abladen von Kalk hat unmittelbar von den Fuhrwerken aus in die Häuser bzw. Baustellen oder Bauplätze zu erfolgen.

---

[1]) Siehe unten S. 99. — [2]) Siehe unten S. 109.

§ 102. (Arbeiten an oder auf Gebäuden, Reinigen von Fenstern.) [I] Bei allen Arbeiten an oder auf Gebäuden, welche den öffentlichen Verkehr zu gefährden oder zu beeinträchtigen geeignet sind, wie Fassaden-Reparaturen, Dacharbeiten usw., sind unbeschadet der Vorschriften in § 98 auf den Gehbahnen in gut sichtbarer Weise entsprechende Warnungszeichen anzubringen und ist das Herabfallen von Gegenständen durch genügende Schutzvorrichtungen zu verhüten.

[II] Dasselbe gilt, soferne Gefahr des Einsturzes oder Absturzes von Gebäudeteilen besteht und diese Gefahr nicht sofort beseitigt werden kann.

[III] Das Abwaschen von Fassaden darf nur mit polizeilicher Genehmigung erfolgen.

[IV] Das Reinigen der Fenster, deren Brüstung mehr als 2 m über dem Erdboden liegt, von außen durch Herausbiegen oder Heraustreten aus dem Fenster ist verboten. Sollte mit Rücksicht auf die Konstruktion der Fenster ein Reinigen der Fenster auf ander Weise als durch Herausbiegen oder Heraustreten aus dem Fenster nicht möglich sein, so muß die mit der Reinigung des Fensters befaßte Person entweder ausreichend und zweckentsprechend angeseilt oder durch Anwendung eines sicheren Schutzgürtels oder einer anderen von der K. Polizeidirektion zugelassenen Schutzvorrichtung vor der Gefahr des Abstürzens sichergestellt werden. Für die Einhaltung dieser Bestimmung durch Dienstboten oder Angestellte ist die Dienstherrschaft mit verantwortlich.

§ 103. (Schuttlagerung usw.) [I] Schutt darf auf öffentlichen Straßen, Wegen und Plätzen nur mit polizeilicher Genehmigung gelagert werden.

[II] Der gelagerte Schutt ist täglich vor Eintritt der Dunkelheit zu entfernen; Ausnahmen können polizeilich zugelassen werden.

[III] Das Werfen von Schutt, Kies oder Sand an öffentlichen Straßen, Wegen und Plätzen ist gleichfalls von polizeilicher Erlaubnis abhängig.

§ 104. (Beleuchtung von Gerüsten, Baueinfängen, Aufgrabungen, Materiallagerungen usw.) [I] Gerüste, Baueinfänge, Aufgrabungen, sowie Lagerungen von Baumaterialien und Schutt sind vom Eintritt der Dunkelheit an zur Vermeidung von Unfällen ausreichend zu beleuchten.

[II] Die Dunkelheit bestimmt sich im Zweifel nach der Zeit, während welcher die Straßenlaternen brennen.

IV. Handel und Gewerbebetrieb: Plakat- und Reklamewesen.

§ 105. (Auslagekästen, Automaten, Warenauslagen usw.) [I] Die Benützung von öffentlichem Verkehrsgrund für gewerbliche Zwecke ist nur mit polizeilicher Erlaubnis zulässig, insbesondere ist das Anbringen von beweglichen, einen untrennbaren Bestandteil von Gebäuden nicht bildenden Auslagekästen aller Art, von Verkaufsautomaten und von sonstigen innerhalb der Höhe bis zu 2,20 m vom Gehbahnniveau auf die Gehbahn hereinragenden Gegenständen ohne polizeiliche Erlaubnis verboten.

II Strafbar ist auch, wer, abgesehen von den Märkten und den für deren Abhaltung bestimmten Plätzen, ohne polizeiliche Erlaubnis Waren und andere bewegliche Sachen vor Gebäuden, Türen, Fenstern, Umzäunungen oder sonstigen Umfriedungen an öffentlichen Straßen, Wegen, Plätzen und Durchgängen, oder in solcher Nähe derselben, daß der öffentliche Verkehr gefährdet oder beeinträchtigt wird, offen auslegt, aushängt oder aufstellt oder dort Verkaufsstände oder Handelsstellen errichtet.

§ 106. (Versteigerungen und Warenanpreisungen.) I Die Abhaltung von Versteigerungen auf öffentlichen Straßen, Wegen und Plätzen ist verboten.

II Ebenso ist das Ausbieten von Versteigerungsgegenständen, sowie das Anpreisen und Anbieten von Waren oder das Anlocken von Kunden von den Geschäftslokalen aus, vor und in der Nähe derselben untersagt.

§ 107. (Straßengewerbe, Ankündigungen auf öffentlichen Straßen usw.) I Das Sichaufstellen und Umherziehen zum Zwecke des Feilbietens von Waren aller Art, des Anbietens von Dienstleistungen und gewerblichen Leistungen, der Ankündigung von Lustbarkeiten, Versammlungen, Vorträgen und sonstigen Vorgängen, des Verkaufens und Verteilens von Druckschriften, anderen Schriften oder Bildwerken, sowie des Feilbietens von Eintrittskarten zu Theatern, Konzerten und sonstigen Vorstellungen auf öffentlichen Straßen, Wegen und Plätzen, sowie von Hauseingängen und Einfahrten aus ist vorbehaltlich besonderer Berechtigung oder polizeilicher Erlaubnis verboten:

1. im I., II., III., IV. und IX. Stadtbezirk,

2. in der Dachauerstraße zwischen Bahnhof- und Stiglmaierplatz, in der Arnulfstraße zwischen Bahnhofplatz und Seidlstraße, in der Pfeffer-, Lämmer- und Hirtenstraße, in der Karlstraße zwischen Dachauer- und Augustenstraße, in der Augustenstraße von der Dachauer- bis zur Heßstraße, in der Prielmayerstraße, in der Luitpoldstraße, in der Elisenstraße, in der Luisenstraße zwischen Bahnhofplatz und Karlstraße, in der Sophienstraße von der Arcisstraße bis zur Einmündung in die Luisenstraße,

in der Maximiliansstraße, auf dem Isartorplatz, in der Reichenbachstraße und auf dem Gärtnerplatze, in der Rumfordstraße, in der Utzschneiderstraße, in der Buttermelcherstraße zwischen der Reichenbach- und Klenzestraße, auf der platzartigen Erweiterung an der Kreuzung der Reichenbach-, Rumford- und Buttermelcherstraße,

in der Corneliusstraße zwischen Gärtnerplatz und Müllerstraße,

in der Kapuzinerstraße zwischen Kapuziner- und Baldeplatz und auf dem Kapuzinerplatz, in der Zweibrückenstraße, in der Frauenhoferstraße zwischen Baaderstraße und Reichenbachbrücke und auf der platzartigen Erweiterung der Kreuzung der Frauenhofer- mit der Baader- und Reichenbachstraße,

in der Thalkirchnerstraße von der Müllerstraße bis zum städtischen Schlachthof, auf dem Stephansplatz und in der Lindwurmstraße zwischen Sendlingertor- und Goetheplatz,

3. auf den Brücken, in den Unterfahrten und in unmittelbarer Nähe der Brücken und Unterfahrten;

4. an allen Straßenecken und Straßenkreuzungen, sowie in unmittelbarer Nähe derselben;

5. auf den Gehbahnen, sonstigen Fußwegen und den Traversen der übrigen Straßen und Plätze.

II Das gleiche Verbot hat allgemein auch bezüglich der Fahrbahnen insoweit Geltung, als der Verkehr gestört oder beeinträchtigt wird.

III Die Verbote der Ziff. 1 und 2 des Abs. I finden keine Anwendung auf das Feilhalten und den Verkauf der Tageszeitungen ohne Verwendung von Wagen, Karren, Körben oder anderen umfangreichen Transport- bzw. Tragmitteln. Die Verkäufer haben sich jedoch allen polizeilichen Anordnungen in bezug auf die Wegweisung von Aufstellungsplätzen oder Straßenecken oder auf die Anweisung von solchen Plätzen und Strecken unweigerlich zu fügen.

IV Insoweit sich der Straßenhandel mittels Wagen, Handkarren oder anderer Fahrzeuge vollzieht, haben für denselben außerdem die allgemeinen Bestimmungen dieser Vorschriften über den Fuhrwerksverkehr Geltung; das Anhalten ist überall da, wo das Umherziehen zum Zwecke des Feilbietens von Waren nach Maßgabe der vorstehenden Bestimmungen überhaupt zulässig erscheint, nur während der Dauer der Verhandlungen mit dem Käufer und der für die Abgabe der Ware und die Empfangnahme des Kaufpreises unbedingt erforderlichen Zeit gestattet.

V Zum Straßenhandel mit Obst, Südfrüchten und Gemüse — mit Ausnahme der Kartoffeln — im Umherfahren dürfen nur Handkarren und zwar nur solche, deren Brücken nicht über 2,10 m lang und 1 m breit sind, verwendet werden. Auf der rechten Seite der Karren muß Vor- und Zuname derjenigen Person, welche diesen Handel mittels des Karrens ausübt, in deutlicher Schrift und in stets sichtbarer Weise bezeichnet sein.

VI Auf den Markt- und Dultverkehr finden die jeweils geltenden besondern Vorschriften Anwendung.

VII Das Feilhalten und Verkaufen von Eintrittskarten, Textbüchern, Theaterzetteln, Programmen usw. ist, abgesehen von der Vorschrift in Abs. I des gegenwärtigen Paragraphen, auch vor und in der Nähe von Theatern und sonstigen öffentlichen Vergnügungslokalen auf öffentlichen Straßen, Wegen und Plätzen untersagt.

§ 108. (Lärmender Straßenhandel.) Das Anpreisen und Anbieten von Waren aller Art (insbesondere auch von Obst, Gemüse, Beeren usw.), von Druckschriften, Dienstleistungen usw., ferner die Bekanntgabe von Verkaufsgelegenheit (Hadernsammeln usw.) auf öffentlichen Straßen, Wegen und Plätzen, in offenen Hauseingängen und Einfahrten, in Vorgärten und in Pavillonzwischenräumen, durch Ausrufen, Zeichen mit der Glocke oder dergleichen lärmenden Instrumenten oder durch Ansprechen der Passanten ist verboten. Dieses Verbot erstreckt sich auch auf das Anpreisen oder Anbieten in Hofräumen in der Weise, daß dieses auf die Straße heraus gehört werden kann.

§ 109. (Plakat- und Reklamewesen.) [I] Das Anbringen von Plakattafeln an Gebäuden, Umzäunungen oder sonstigen Umfriedungen, welche an öffentliche Straßen, Wege, Plätze und dem öffentlichen Verkehr dienenden Durchgänge angrenzen, sowie das Aufstellen von Plakattafeln, Plakatsäulen oder ähnlichen Vorrichtungen auf öffentlichen Straßen, Wegen und Plätzen bzw. in den dem öffentlichen Verkehr dienenden Durchgängen oder in so unmittelbarer Nähe von solchen, daß hierdurch der öffentliche Verkehr gefährdet wird, ist nur mit polizeilicher Genehmigung gestattet.

[II] Plakate aller Art dürfen auf öffentlichen Straßen, Wegen, Plätzen und in den dem öffentlichen Verkehr dienenden Durchgängen lediglich an die polizeilich genehmigten Vorrichtungen (Plakattafeln, Plakatsäulen usw.), und zwar nur mit Bewilligung des Verfügungsberechtigten angeschlagen, angeklebt oder sonst befestigt werden (Art. 37 Abs. I Ziff. 2 des PStGB.). Diese Anordnung bezieht sich jedoch nicht auf die Bekanntmachungen der öffentlichen Behörden und nicht auf diejenigen Privatankündigungen, welche seitens der Eigentümer, Pächter oder Mieter von Anwesen bzw. Grundstücken oder Teilen derselben an diesen in eigener Sache angeschlagen oder angeheftet werden. Die Bestimmung in Artikel 12 des Ausführungsgesetzes zur Reichs-Strafprozeßordnung vom 18. August 1879 wird durch gegenwärtige Vorschrift nicht berührt.

[III] Der Verkehr mit Reklamewagen ist verboten; für jede andere Art beweglicher Reklame auf öffentlichen Straßen, Wegen und Plätzen, insbesondere für das Umhertragen und Umherfahren von Plakaten, Bildern und sonstigen Gegenständen, sowie für das Aufstellen von Personen zu Reklame- oder ähnlichen Zwecken, ist polizeiliche Genehmigung erforderlich.

[IV] Reklamevorrichtungen oder Ausstellungen außerhalb der öffentlichen Straßen, Wege und Plätze, welche durch ihre Betriebs- oder Ausstellungsart den öffentlichen Verkehr zu beeinträchtigen geeignet sind, können polizeilich untersagt werden.

V. Ablieferung und Zurichten von Brennmaterialien und Nutzeis.

§ 110. (Abladen von Brennmaterialien.) [I] Das Abladen von zerkleinertem Holz, von Torf, Kohlen und ähnlichen Brennmaterialien hat unmittelbar von den Fuhrwerken in die Häuser zu geschehen; in besonderen Fällen können polizeilich Ausnahmen zugelassen werden.

[II] Der Gebrauch seitlich vom Fuhrwerke abstehender Ladebretter und ähnlicher Vorrichtungen, sowie von sog. Rutschen ist ohne polizeiliche Erlaubnis nicht gestattet.

§ 111. (Spalten und Zerkleinern von Holz.) [I] Das Spalten von ungeschnittenem Brennholz (insbesondere von sog. Bäckerholz) auf öffentlichen Straßen, Wegen und Plätzen ist verboten.

[II] Das Zerkleinern von Brennholz ist verboten:

1. auf Straßen und Plätzen mit Holz- oder Asphaltpflaster, falls

nicht die Zerkleinerungsarbeit auf einem Holzstock vorgenommen wird, dessen Durchmesser mindestens 35 cm beträgt,

2. auf Straßen und Plätzen mit Straßenbahnverkehr da, wo der Abstand der Gehbahnen vom Geleise nicht mindestens 4 m beträgt,

3. im K. Hofgarten,

4. im I. bis einschließlich XIII. Stadtbezirk auf Straßen mit einer Fahrbahnbreite unter 6 m,

5. in den übrigen Stadtbezirken auf Straßen mit einer Fahrbahnbreite unter 4 m.

III In den Straßen des I. bis einschließlich XIII. Stadtbezirkes mit einer Fahrbahnbreite zwischen 6 und 7 m, ferner in den Straßen des übrigen Stadtgebietes mit einer Fahrbahnbreite zwischen 4 und 7 m ist das Zerkleinern von Brennholz jeweils nur auf einer Straßenseite und zwar auf Seite der Hausnummer 1 an den ungeraden, auf der anderen Straßenseite an den geraden Monatstagen gestattet.

IV Aus verkehrspolizeilichen Gründen kann das Zerkleinern von Brennholz polizeilich noch in weiteren als den obenbezeichneten Straßen verboten werden.

§ 112. (Lagerung und Verarbeitung von Brennholz.) Die Lagerung und Verarbeitung des Brennholzes auf öffentlichen Straßen, Wegen und Plätzen hat am Rande der Fahrbahn unter Freihaltung der Hydranten zu geschehen und darf keinen größeren Raum als einen Meter Breite, vom Rande der Gehbahn ab gerechnet, beanspruchen; der Verkehr auf der Gehbahn darf nicht gestört werden.

§ 113. (Abladen und Zertrümmern des Nutzeises.) I Das Abladen von Nutzeis hat unmittelbar von den Fuhrwerken in die Häuser zu erfolgen.

II Der Gebrauch seitlich vom Fuhrwerke abstehender Ladebretter und ähnlicher Vorrichtungen, sowie von sog. Rutschen ist ohne polizeiliche Erlaubnis nicht gestattet.

III Das Zertrümmern des Nutzeises auf Gehbahnen oder Fahrbahnen ist verboten.

VI. Aufhängen von Wäsche, Ausklopfen und Ausstäuben von Bettstücken rc.

§ 114. I Auf öffentlichen Straßen, Wegen und Plätzen, in den Vorgärten, sowie an Türen, Fenstern und Balkonen, welche gegen öffentliche Straßen, Wege und Plätze ausmünden, ist das Aufhängen von Wäsche, das Ausklopfen und Ausstäuben von Bettstücken, Decken, Teppichen, Tüchern, Kleidungsstücken und anderen Gegenständen untersagt.

II Das gleiche gilt bezüglich des Auslegens und Aushängens von Bettstücken, soferne diese hiebei in den freien Luftraum hinausragen.

VII. Beeinträchtigung des Verkehrs durch sonstige Handlungen und Unterlassungen.

§ 115. (Türen, Läden, Fenster.) I Türen, Läden und Fenster der Erdgeschoße, welche nach der Straße hin aufgehen, sind derart zu öffnen und stets in solcher Weise zu befestigen, daß hiedurch der Verkehr weder gestört noch gefährdet wird.

II Nach außen und nach Seite der Straße zu öffnende Fenster und Läden müssen in sämtlichen Stockwerken so befestigt werden, daß dieselben vom Winde nicht zugeschlagen oder herabgeworfen werden können.

§ 116. (Vordächer und Marquisen.) I Vordächer und Marquisen müssen in allen ihren Teilen einschließlich der Seitenflügel so angebracht werden, daß mindestens eine Höhe von 2,20 m vom Niveau der Gehbahn gerechnet frei bleibt, und dürfen nicht in die Fahrbahn hineinragen; Marquisen dürfen auch nicht unter das bezeichnete Höhenmaß herabgelassen werden, und müssen bei Regenwetter und zur Nachtzeit aufgezogen werden.

II In besonderen Fällen kann die Polizeibehörde Ausnahmen von den Bestimmungen in Abs. I zulassen.

§ 117. (Beleuchtungsvorrichtungen.) Beleuchtungsvorrichtungen jeder Art an oder vor Gebäuden und Umfriedungen sind in allen ihren Teilen in einer Höhe von mindestens 2,40 m vom Niveau der Gehbahn anzubringen, und sind zur Vermeidung des Herabfallens von Glasstücken bzw. Herabfließens von Brennstoff mit Schutzvorrichtungen zu versehen.

§ 118. (Weitere an Gebäuden usw. angebrachte Gegenstände.) Gegenstände, wie Fahnen, Firmenschilder, Gewerbszeichen, Blumentöpfe, Vasen, Vogelkäfige, welche an oder auf Häusern, an Fenstern, auf Gesimsen, Balkonen usw. angebracht oder aufgestellt werden, sind gegen das Herabfallen nach öffentlichen Straßen, Wegen und Plätzen durch genügende Vorrichtungen zu sichern, und dürfen nur in solcher Höhe angebracht werden, daß jede Belästigung oder Gefährdung des Verkehrs ausgeschlossen ist.

§ 119. (Stacheldrähte.)[1] I Die Verwendung von Stacheldraht zur Einfriedung oder zum Schutze von Grundstücken an oder in der Nähe von öffentlichen Straßen, Wegen und Plätzen in einer Höhe von weniger als 2 m von der Erde gemessen ist verboten.

II In anderen Fällen kann die Verwendung polizeilich untersagt werden.

§ 120. (Beschneiden von Bäumen und Gesträuchen.) Bäume und Gesträuche, deren Äste und Zweige auf die öffentliche Straße hinausragen, sind auf besondere polizeiliche Anordnung bis zu einer Höhe von 3,50 m vom Niveau der Gehbahn gerechnet auszuschneiden.

§ 121. (Unbespannte Wagen, Karren.) I Verboten ist, unbespannte Wagen aus Einfahrten, Höfen und Umfriedungen auf öffentliche Straßen, Wege und Plätze rasch auszustoßen oder laufen zu lassen.

II Desgleichen ist untersagt, unbespannte Wagen jeder Art, sowie Karren auf öffentliche Straßen, Wegen und Plätzen — außer zum

---

[1]) Vgl. hierher Samml. S. 105.

Zwecke des sofortigen und ununterbrochenen Auf- und Abladens — stehen zu lassen. In den äußeren Stadtteilen können Ausnahmen polizeilich zugelassen werden, wenn der öffentliche Verkehr durch das Stehenlassen eines Fahrzeuges nicht beeinträchtigt wird.

III Bleibt mit polizeilicher Genehmigung oder infolge eines Notfalles ein Wagen oder Karren über Nacht stehen, so ist die Wagendeichsel auszuhängen oder aufzurichten und entsprechend zu sichern, sowie der Wagen bzw. Karren mit einer Sturmlaterne in der Fahrtrichtung zu beleuchten.

§ 122. (Liegenlassen von Gegenständen.) Fässer, Kisten und andere Gegenstände, welche den freien Verkehr zu stören oder zu gefährden geeignet sind, auf öffentlichen Straßen, Wegen und Plätzen aufzustellen, stehen oder liegen zu lassen, ist vorbehaltlich polizeilicher Erlaubnis verboten.

§ 123. (Rollen von Fässern, Treiben von Rädern und Reifen.) Verboten ist das Rollen und Rollenlassen von Fässern, sowie das Treiben von Rädern und Reifen auf öffentlichen Straßen, Wegen und Plätzen; zum Zwecke des Beladens oder Entladens von Fuhrwerken ist das Rollen von Fässern über die Gehbahnen oder über Schanzen oder andere Vorrichtungen, welche auf oder über die Gehbahn gelegt werden, insoweit gestattet, als hiedurch der Verkehr nicht beeinträchtigt wird.

§ 124. (Transport von Spiegeln usw.) Spiegel und ähnliche starkglänzende Gegenstände dürfen auf öffentlichen Straßen, Wegen und Plätzen nur verhüllt befördert werden.

§ 125. (Scheinwerfer, Reflektoren.) Das Anbringen von Scheinwerfern und Reflektoren mit Wirkung auf öffentliche Straßen, Wege und Plätze ist von polizeilicher Erlaubnis abhängig.

§ 126. (Dampfpfeifen.) Der Gebrauch von Dampfpfeifen ohne vorherige polizeiliche Genehmigung ist verboten. Der Gebrauch der bei Erlaß dieser Bestimmung (18. Februar 1911) in Betrieb befindlichen Dampfpfeifen kann untersagt werden oder nur unter Beschränkungen zugelassen bleiben.

§ 127. (Weitere verkehrbeeinträchtigende Handlungen und Unterlassungen auf öffentlichen Straßen, Wegen und Plätzen.) I Verboten ist das rasche Herunterlassen der Rolläden, das Auslassen von Dampf aus Maschinen oder das geräuschvolle Heizen von solchen in der Nähe von Zug- oder Reittieren, das Abschießen von Knallbüchsen und ähnlichem Spielzeug, ferner das Wegwerfen von Papier, Speiseresten, Abfällen von Obst, Gemüse u. dgl.

II Untersagt ist ferner, Hunde in den Becken und Bassins öffentlicher Brunnen zu schwemmen oder sonst dortselbst ins Wasser gehen zu lassen, sowie Hunde auf die für den öffentlichen Gebrauch bestimmten Bänke oder Tische springen, sich auf diese setzen oder legen zu lassen.

III Verboten sind endlich alle sonstigen Handlungen und Unterlassungen, welche starke Staubentwicklung verursachen, Tiere scheu zu machen oder den öffentlichen Verkehr zu beeinträchtigen geeignet sind.

VIII. Beleuchtung der dem öffentlichen Verkehr dienenden Durchgänge und Privatwege.

§ 128. Durchgänge und Privatwege sind, insoferne oder insolange sie dem öffentlichen Verkehr dienen und nicht von der Stadtgemeinde beleuchtet werden, während der Dunkelheit von den Grundeigentümern ausreichend zu beleuchten. Die Dunkelheit bestimmt sich im Zweifel nach der Zeit, während welcher die Straßenlaternen brennen.

Vierter Abschnitt.

Schlußbestimmungen.

§ 129. I Gesuche um die polizeilichen Bewilligungen und Genehmigungen zum Vollzuge vorstehender Vorschriften sind in den Fällen der §§ 53, 61, 78 und 109 Abs. III bei der K. Polizeidirektion, in allen anderen Fällen bei den K. Polizeiämtern bzw. bei den Polizeibezirkskommissären anzubringen.

II Bewilligungen und Genehmigungen sind jederzeit widerruflich; die hiebei gestellten Bedingungen sind einzuhalten.

III Soferne durch Anschläge besondere Anordnungen oder Beschränkungen getroffen werden, sind diese zu beachten.

München, 18. Februar u. 18. August 1911. K. Polizeidirektion.

Vorstehende ortspolizeiliche Vorschriften wurden durch Entschließung der K. Regierung von Oberbayern, Kammer des Innern, vom 2. März l. Js. Nr. 12 343 und vom 23. August 1911 Nr. 52 016 für vollziehbar erklärt.

München, 11. März u. 30. August 1911. K. Polizeidirektion.

Anhang zu den ortspolizeilichen Vorschriften über den Straßenverkehr und den Verkehr in öffentlichen Anlagen. — Weisungen durch Zeichen zur Regelung des Straßenverkehrs.

Wichtig für Fuhrwerkslenker, Radfahrer und Fußgänger.

Die zur Regelung des Straßenverkehrs an Ort und Stelle nötigen Weisungen der Polizeiorgane werden, soweit sie durch Zeichen erfolgen, künftig einheitlich in folgender Weise gegeben:

a) „Langsam fahren", „Vorsicht"; (letzteres für Fußgänger) Hochheben des rechten Armes, die offene Handfläche demjenigen, den das Zeichen angeht, zugewendet.

b) „Anhalten", „Absitzen"; (letzteres für Radfahrer): Hochheben des rechten Armes mit darauffolgender rascher Bewegung zum Boden. Ist, wenn nötig, zu wiederholen.

c) „Straße gesperrt", „Fahrbahn unpassierbar": Hochheben des Armes und Bewegung desselben nach rechts und links (in abweisender Form). Schon auf weitere Entfernung anzuwenden.

d) „Rechtsfahren“: Seitwärtsführen des in der Schulterhöhe erhobenen Armes nach der betreffenden Seite.

e) „Zufahren“, „Anfahren“: Aneiferndes Zuwinken mit dem Arm in der Vorwärtsrichtung des betreffenden Fuhrwerkes. Kann auch für ängstliche Fußgänger als Aufforderung zum Überschreiten einer freien Fahrbahn angewendet werden. (Siehe auch lit. a.)

f) „Unterlassung einer bestimmten Handlung“, wie Abspringen von der Straßenbahn, Vorfahren usw. Abwinken mit der rechten Hand, welche zu diesem Zwecke hoch erhoben wird und bei dieser Gelegenheit raschdrehende Bewegungen im Handgelenk (in abweisender Form) ausführt.

g) „Anhalten der Wagenreihe: Hereintreten in die Fahrbahn, den Rücken der Fahrtrichtung der Fuhrwerke zugekehrt. (Im Anschluß an lit. b.)

Bei entsprechender Nähe werden die Zeichen durch lauten Zuruf wie: „Langsam fahren“, „nicht vorfahren“, „rechts fahren“, „halten“, „absitzen“ (bei Radfahrern), „nicht abspringen“ (bei der Straßenbahn) begleitet.

Die Wagenlenker, Radfahrer und Fußgänger werden ersucht, die Zeichen genau zu beachten. Die Nichtbefolgung der Zeichen ist nach den ortspolizeilichen Vorschriften mit Strafe bedroht.

---

4. Anordnung der K. Polizeidirektion vom 21. April 1910 über den Verkehr mit Kraftfahrzeugen im Stadtbezirke München.

(MAB. 1910 S. 175).

Die K. Polizeidirektion München verfügt auf Grund des § 18 Abs. II Satz 3 der Bundesratsverordnung vom 3. Februar 1910 über den Verkehr mit Kraftfahrzeugen und der Bestimmungen der Ministerialvollzugsbekanntmachung gleichen Betreffs vom 17. März 1910[1]) zu § 18 a. a. O.:

„Im Stadtbezirke München dürfen Kraftfahrzeuge ohne Anhängewagen, deren Gesamtgewicht nicht mehr als 5,5 Tonnen beträgt, innerhalb geschlossener Ortsteile auf übersichtlichen Straßenstrecken — und vorbehaltlich der nach Absatz I und III des § 18 der Bundesratsverordnung über den Verkehr mit Kraftfahrzeugen vom 3. Februar 1910 bestehenden Verpflichtung, vorsichtig und langsam zu fahren — mit einer Fahrgeschwindigkeit bis zu 20 km in der Stunde verkehren.“

München, 21. April 1910. K. Polizeidirektion.

[1]) Samml. S. 112.

---

5. Anordnung der Polizeidirektion vom 25. Oktober 1911 zur Regelung der An- und Abfahrt am Hauptbahnhof. (Warteplatzliste).

(MAB. 1912 S. 26).

Auf Grund des § 4 der Ordnung für das öffentliche Fuhrwerk[1]) für die K. Haupt- und Residenzstadt München wird für die öffentlichen Fuhrwerke unter Aufhebung der Warteplatzliste vom 15. Juni 1909 samt Nachträgen folgende neue Warteplatzliste, welche am 20. Januar 1912 in Wirksamkeit zu treten hat, festgesetzt:

F. Regelung der An- und Abfahrt am Hauptbahnhof.

§ 1. I Die Anfahrt für alle Fahrzeuge mit Ausnahme der Hotelomnibusse zur Gepäckaufgabe Richtung Rosenheim über Grafing, Simbach, Lindau und Herrsching hat im südlichen Posthofe, die Anfahrt zur Gepäckaufgabe Richtung Augsburg, Ingolstadt und Landshut hat im nördlichen Posthofe stattzufinden. Den Hotelomnibussen ist die Einfahrt in die Posthöfe nicht gestattet.

II Droschken, Automobile, Privatfuhrwerke, Handkarren, Transporträder, welche Reisegepäck zur Aufgabe bringen, haben in den beiden genannten Posthöfen an- und von dort in der Richtung nach der Arnulf- bzw. Bayerstraße hin abzufahren.

Die Anfahrten bei den Eingängen zu den Gepäckaufgaben sind — insbesondere von Handkarren und Transportfahrrädern — frei zu halten.

III Die Anfahrt zum nördlichen Posthofe darf nur nördlich der am Bahnhofplatze aufgefahrenen Hotelomnibusse, die Anfahrt in den südlichen Posthof nur durch die Einfahrt zu diesem Posthofe an der Bayerstraße erfolgen.

IV In der Anfahrt zu den Gepäckaufgaben der übrigen von München ausgehenden, in Abs. I nicht bezeichneten Bahnstrecken tritt eine Änderung nicht ein.

§ 2. I Die Anfahrt der Wagen mit Reisenden nach den in § 1 Abs. I bezeichneten Richtungen, welche kein Reisegepäck zur Aufgabe bringen, am Mittelbau des Hauptbahnhofes vollzieht sich wie bisher. Die Anfahrt hat zwischen den dortigen Gehbahninseln und zwar in der Richtung von Süden nach Norden (also in der Fahrtrichtung von links nach rechts) zu erfolgen.

II In der gleichen Weise erfolgt die Anfahrt der Hotelomnibusse am Mittelbau zur Gepäckaufgabe nach beiden Richtungen.

§ 3. Die Abfahrt vom Mittelbau hat sich zwischen der nördlichen Gehbahninsel und dem Aufstellungsplatze der Hotelomnibusse zu vollziehen.

§ 4. I Die Aufstellung der Pferdedroschken hat südlich der Anfahrt zum Mittelbau in drei Reihen mit je neun Droschken hintereinander

[1]) Siehe unten S. 68.

und derart zu erfolgen, daß der Verkehr vom Mittelbau zur südlichen Gehbahninsel für das Publikum vollständig frei bleibt. Die erste Reihe steht zunächst dem Bahnhofgebäude, Richtung gegen Norden; zweite Reihe, äußere, Richtung gegen Süden; dritte und mittlere Reihe, Richtung gegen Norden. Die Reihen haben unter sich einen seitlichen Abstand von $1/2$ m einzuhalten.

II Die Kraftdroschken haben sich in drei Reihen nebeneinander zwischen der südlichen Gehbahninsel und dem nördlich des Straßenbahnwartehäuschens befindlichen Beleuchtungsmast aufzustellen. Die ersten zwei Reihen mit je 14 Fahrzeugen, die dritte Reihe mit 10 Fahrzeugen, Richtung der Fahrzeuge nach dem Telegraphengebäude. Vier Kraftdroschken stehen entlang der südlichen Gehbahninsel — nördliche Seite — mit Richtung gegen das Bahnhofgebäude. Die Ergänzung dieser vier Fahrzeuge vollzieht sich aus der ersten Reihe des Hauptwarteplatzes.

§ 5. Das Einrücken der Kraft- und Pferdedroschken in die vorbezeichneten Warteplätze am Bahnhofplatze hat von Süden, d. h. von der Richtung Bayerstraße her zu erfolgen.

§ 6. Die Aufstellung der Hotelomnibusse am Bahnhofplatze hat sich zwischen der Einfahrt zum nördlichen Posthofe — diese Einfahrt freilassend — und der nördlichen Gehbahninsel — von dieser ist ein Abstand von 4 m für die Abfahrt der Droschken freizulassen — zu vollziehen. Die Auffahrt hat in drei Reihen, Wagen nebeneinander und mit Richtung nach Osten zu erfolgen. Weitere Hotelwagen können in Reserve am nördlichen Bahnhofplatz an der Arnulfstraße — bisheriger Warteplatz — Aufstellung nehmen.

§ 7. Die Omnibusse haben in der Richtung nach Osten abzufahren.

§ 8. I Die Wagen, denen nach Maßgabe der vorstehenden Vorschriften bestimmte Warteplätze angewiesen sind, dürfen diese Warteplätze zur Aufnahme der Fahrgäste bzw. Reisenden und deren Gepäck nicht verlassen.

II Ein Aufstellen von Fahrzeugen zwischen der Front des Bahnhofgebäudes und den Aufstellungsplätzen ist nicht gestattet.

München, 25. Oktober 1911. K. Polizeidirektion.

---

6. Ortspolizeiliche Vorschriften der K. Polizeidirektion München für den Betrieb der elektrischen Straßenbahnen in München vom 11. Februar 1903 und 25. Juni 1906.

(MAB. 1903 S. 81 und 1906 S. 483.)

Die K. Polizeidirektion München erläßt auf Grund des § 366 Ziff. 10 des Reichsstrafgesetzbuches, Art. 2 Ziff. 6 und Art. 152 Ab. 1 des Polizeistrafgesetzbuches, dann § 17 der K. Allerhöchsten Verordnung vom 2. Oktober 1869, die Ausscheidung der Zuständigkeiten der K. Polizeidirektion usw. betreffend, folgende den Betrieb der elektrischen Trambahn in München regelnde ortspolizeiliche Vorschriften:

I. Pflichten des Unternehmers und dessen Stellvertreters hinsichtlich

A. des Betriebspersonals.

§ 1. I Beim Betriebe der elektrischen Straßenbahn dürfen im Kontroll- und Fahrdienst nur Personen beschäftigt werden, welche durch die K. Polizeidirektion die Bestätigung (Legitimationskarte) erhalten haben und handgelübdlich in Pflicht genommen worden sind.

II Die Legitimationskarte wird nur Personen erteilt, welche mindestens 21 Jahre alt, unbescholtenen Rufes, nüchtern, zuverlässig, im Besitze eines gesunden Gesichts- und Gehörvermögens und nicht mit auffälligen körperlichen oder geistigen Gebrechen behaftet sind.

III Wagenführer haben überdies auf Verlangen nachzuweisen, daß sie des Fahrens kundig und mit der elektrischen Fahreinrichtung sowie mit der Bedienung der Bremse vertraut sind.

IV Die Annahme oder Entlassung der vorgenannten Angestellten hat der Unternehmer binnen 24 Stunden der K. Polizeidirektion schriftlich anzuzeigen.

§ 2. Über das in § 1 Abs. 1 bezeichnete Betriebspersonal hat der Unternehmer nach Anleitung der K. Polizeidirektion ein Verzeichnis zu führen. Dasselbe ist jederzeit auf Verlangen zur Einsicht vorzulegen. Die Richtigkeit der in dem Verzeichnisse enthaltenen Angaben hat der Unternehmer zu vertreten.

§ 3. Der Unternehmer ist verpflichtet, die an das Kontroll- und Fahrpersonal ergehenden polizeilichen Vorladungen und Verfügungen unter eigener Verantwortlichkeit für die richtige und pünktliche Bestellung entgegenzunehmen und den Betreffenden zu behändigen, welcher den bezüglichen Weisungen pünktlich Folge zu leisten hat.

§ 4. Für das in § 1 Abs. 1 bezeichnete Betriebspersonal hat der Unternehmer eine Dienstkleidung einzuführen. Dieselbe unterliegt hinsichtlich der Form, Farbe und Abzeichen der Genehmigung der K. Polizeidirektion. Als notwendiges Abzeichen ist jedem Schaffner und Wagenführer eine bestimmte Nummer beizulegen, welche vorne an der Kopfbedeckung und am Rockkragen getragen wird.

B. des Betriebsmaterials.

§ 5. I Die für den Betrieb zu benutzenden Wagen müssen haltbar gebaut und derart eingerichtet sein, daß das Ein- und Aussteigen gefahrlos und bequem erfolgen kann.

II Die Plattformen der Motor- und Anhängewagen sind während der Fahrt abzuschließen und auf der inneren Geleiseseite abzusperren.

III Jeder Wagen muß versehen sein mit:

1. genügender innerer Beleuchtung,
2. einer kräftig wirkenden Bremsvorrichtung,
3. einer Vorrichtung, mittels welcher ein Signalverkehr zwischen Schaffner und Wagenführer stattfinden kann,
4. einer Schutzvorrichtung, die tunlichst verhindert, daß Personen unter die Räder kommen.

IV Die Motorwagen müssen überdies auf ihrer Stirnseite mit einer nach außen weithin leuchtenden Vorrichtung versehen sein.

V Alle Wagen müssen stets reinlich und in vollkommen betriebsfähigem Zustande erhalten werden.

VI Die Wagen erhalten fortlaufende Nummern.

VII Jeder Wagen wird vor seiner Einstellung in den Betrieb einer polizeilichen Prüfung in bezug auf seine Konstruktion und Einrichtung sowie auf seine Betriebssicherheit unterstellt. Zahl und Verteilung der Plätze werden von der K. Polizeidirektion bestimmt.

VIII Vor polizeilicher Genehmigung dürfen Wagen nicht in Betrieb gesetzt werden.

§ 6. I An der Außenseite des Wagens ist seine Nummer, im Innenraum ist die Zahl der vorhandenen Sitz- und Stehplätze und auf den Plattformen die Zahl der vorhandenen Stehplätze in augenfälliger Schrift anzubringen. Im Innenraum ist der geltende, mit dem Siegel der K. Polizeidirektion versehene Fahrplan nebst Tarif sowie ein Abdruck der Bestimmungen der §§ 33—39 gegenwärtiger Vorschriften anzubringen.

II Jeder Motorwagen ist mit einer die Bezeichnung der Linie in großer Schrift tragenden Tafel sowie mit einem Schilde, auf welchem die der Linie entsprechende Nummer in gut kenntlicher Weise anzugeben ist, zu versehen.

C. des Betriebes.

§ 7. I Der Betrieb regelt sich nach dem Fahrplan.

II Die Fahrpreise werden durch den Tarif festgestellt.

III Fahrplan und Tarif unterliegen der Genehmigung der K. Polizeidirektion. Abweichungen von dem bestehenden Fahrplane sind nur insoferne gestattet, als zwischen die fahrplanmäßigen Wagen, jedoch ohne Verminderung oder Verlegung derselben noch andere Wagen, je nach dem vorhandenen Verkehrsbedürfnis, eingelegt werden.

IV Abweichungen vom Tarife sind nicht gestattet.

V Ausdehnungen des ordentlichen Betriebes, sowie etwa hiebei eintretende Tariferhöhungen bedürfen der Zustimmung der K. Polizeidirektion. Sonderfahrten außerhalb der Zeiten des ordentlichen Betriebes sind derselben, soweit möglich, vorgängig anzuzeigen.

VI Von allen erheblichen Betriebsstörungen und Unfällen hat der Unternehmer binnen 24 Stunden der K. Polizeidirektion schriftliche Anzeige zu erstatten.

§ 8. I Dem Hauptwagen (Motorwagen) darf, insoweit nicht Ausnahmen ausdrücklich genehmigt sind, nur e i n weiterer Wagen angehängt werden.

II Der Anhängewagen darf nur im Notfalle und an Ausweichestellen geschoben werden.

III In diesen Fällen hat ein Bediensteter dem Wagen vorauszugehen und durch geeignete Zeichen den Wagenführer zu verständigen, ob die Bahnstrecke frei ist.

IV Jedem Wagen ist ein Schaffner, dem Motorwagen überdies ein Wagenführer beizufügen. Bei Mitführung von zwei Anhängewagen ist der zweite Anhängewagen außerdem mit einem Bremser zu besetzen. Der Schaffner des Motorwagens ist Zugführer, ihm ist das übrige Zugspersonal untergeordnet.

V Mehrere nacheinander fahrende Motorwagen haben unter sich entsprechenden Abstand zu halten. Derselbe muß mindestens so groß sein, daß bei unvermitteltem Halten des vorderen Wagens der nachfolgende auch bei nassen und schlüpfrigen Geleisen, ohne einen Zusammenstoß zu verursachen, rechtzeitig zum Stehen gebracht werden kann.

§ 9. I Während der Zeit, in welcher der regelmäßige Betrieb ruht, dürfen keine Wagen auf dem Bahnkörper stehen.

II Auf den Endstationen dürfen während der Betriebszeit Schaffner und Wagenführer den Wagen nicht gleichzeitig verlassen. Der Wagen muß vielmehr stets unter Aufsicht stehen.

§ 10. I An den Haltestellen, die ihrer Zahl, Lage und Art nach von der K. Polizeidirektion festgesetzt werden, sind für jede Fahrtrichtung Tafeln anzubringen, welche tunlichst rechtwinklig zur Straßenachse zu stehen haben; diese Tafeln haben und zwar auf beiden Seiten in deutlicher, weithin kenntlicher Weise an Haltestellen, an welchen nach Bedarf anzuhalten ist (Bedarfshaltestellen), die Aufschrift „Bedarfshaltestelle", an solchen Haltestellen, an welchen ohne Rücksicht auf den Bedarf zu halten ist (ständige Haltestellen), die Aufschrift „ständige Haltestelle" gleichfalls unter Beisatz des entsprechenden Richtungs- und Linienvermerkes zu tragen. Hiebei ist auch die Linie und Fahrtrichtung tunlichst geeignet kenntlich zu machen.

II Auf Verlangen der K. Polizeidirektion sind an den von ihr bezeichneten Stellen besondere Sicherheitsvorkehrungen, z. B. eigene Bahnwärter, aufzustellen, welche den an sie ergehenden polizeilichen Weisungen pünktlich Folge zu leisten haben.

§ 11. Die Signale erfolgen nach näherer Anordnung der K. Polizeidirektion entweder durch die Pfeife oder durch die Glocke.

§ 12. Für die Reinhaltung der Haltplätze hat der Unternehmer zu sorgen. Die Bahnstrecken sowie die Haltplätze zwischen Trottoir und Geleise sind vom Unternehmer fortwährend in gutem Zustande zu erhalten und von Schnee und Eis freizuhalten. Die abgeräumten Eis- und Schneemassen dürfen nicht auf dem Straßenkörper angehäuft, sondern müssen alsbald auf die hierzu bestimmten Plätze abgefahren werden.

II. Pflichten des Betriebspersonals.

A. Gemeinsame.

§ 13. Polizeilich verpflichtete Straßenbahnbedienstete dürfen keinem Dritten ihre Legitimationskarte zur Benützung überlassen.

§ 14. Während der Dienstausübung haben dieselben

a) ihre Legitimationskarte bei sich zu führen,

b) die Dienstkleidung zu tragen.

§ 15. I Das Betragen des gesamten Personals dem Publikum gegenüber muß höflich und bescheiden sein. Das Rauchen im Dienste ist untersagt.

II Die Straßenbahnbediensteten haben — unbeschadet gewissenhafter Befolgung dieser Vorschriften und ihrer Dienstesobliegenheiten — dafür Sorge zu tragen, daß der Betrieb sich möglichst beschleunigt vollzieht und unnötige Verzögerungen vermieden werden; hienach haben sie nicht nur ihr persönliches Verhalten zu bemessen, sondern auch auf die Fahrgäste entsprechend einzuwirken.

B. Besondere.

a) des Schaffners.

§ 16. I Das Zeichen zur Abfahrt darf nicht eher gegeben werden, als bis alle Mitfahrenden eingestiegen sind, bzw. die Aussteigenden den festen Boden erreicht haben und soweit weggetreten sind, daß sie von den Wagen nicht mehr erfaßt werden können.

II Bei besonders lebhaftem Verkehr auf dem Bahnkörper, oder bei Menschengedränge hat der Schaffner vor dem Wagen einher zu gehen und die Fahrbahn freizuhalten.

III Das Gleiche gilt, falls ein Rückwärtsfahren des Wagens notwendig wird.

§ 17. Der Schaffner hat dafür zu sorgen, daß sein Wagen

a) die planmäßigen Abfahrts- und Ankunftszeiten einhält und die Ausweichungen rechtzeitig berührt,

b) während der Dunkelheit sowohl im Innern als auch nach außen zweckentsprechend beleuchtet ist,

c) im Innern reinlich erhalten wird,

d) an ständigen Haltestellen jedesmal, an Bedarfshaltestellen dann anhält, wenn dort Personen ein- oder aussteigen wollen und im ersteren Falle der Wagen noch nicht besetzt ist; nach der Abfahrt oder dem Passieren jeder Haltestelle hat der Schaffner jedesmal den Namen der nächstfolgenden Haltestelle deutlich auszurufen und bei Bedarfshaltestellen sich hiebei darüber zu vergewissern, ob Personen aussteigen wollen.

§ 18. Bei drohender Gefahr, Entgleisungen, Rad- oder Achsenbrüchen der Wagen oder ähnlichen Vorkommnissen, ferner um den im Feuerlöschdienste verwendeten Fahrzeugen freie Bahn zu schaffen, haben die Schaffner dem Wagenführer das Zeichen zum Halten zu geben und den Wagenführer beim Bremsen nötigenfalls zu unterstützen.

§ 19. I Trunkene Personen und solche, welche durch ekelerregende Krankheiten oder Gebrechen, durch Unreinlichkeit oder unanständiges Betragen Anstoß geben, sind nicht aufzunehmen und wenn sie aufgenommen sind, sofort oder auf der nächsten Haltestelle von der Weiterfahrt auszuschließen, ohne daß dieselben einen Anspruch auf Rückvergütung des bezahlten Fahrgeldes haben.

II Die Beförderung von Personen, welche Bahrtücher tragen, ist verboten.

III Fahrgäste mit Hunden oder anderen Tieren sowie mit Gepäckstücken, die durch ihren Umfang, durch üblen Geruch oder schmutzige Beschaffenheit lästig werden können, dürfen nicht aufgenommen werden.

§ 20. I Der Schaffner hat dafür zu sorgen, daß im Innern eines Wagens nicht mehr Personen sich befinden, als Sitz- und Stehplätze vorhanden sind, ferner daß auf der vorderen und hinteren Plattform nur die vorschriftsmäßige Zahl von Personen steht.

II Nur an den Haltestellen sowie wenn der Wagen nicht in Bewegung ist, dürfen Fahrgäste aufgenommen und abgesetzt werden.

III Den Fahrgästen, namentlich Kindern, weiblichen, alten und schwächlichen Personen hat der Schaffner beim Ein- und Aussteigen behilflich zu sein.

§ 21. Unter keinen Umständen darf der Schaffner höhere als die tarifmäßigen Fahrpreise fordern.

§ 22. Der Schaffner hat Fahrgäste, welcher seiner Weisung ungeachtet den Vorschriften in §§ 33 mit 39 zuwiderhandeln oder die Mitfahrenden durch Rohheiten und Unanständigkeiten belästigen, nötigenfalls unter Mitwirkung der polizeilichen Organe aus dem Wagen zu entfernen.

§ 23. Sofort nach dem Eintreffen des Wagens auf den Endpunkten der Linie hat der Schaffner denselben genau zu untersuchen und zurückgebliebene Gegenstände den betreffenden Fahrgästen alsbald auszuhändigen oder soferne dies nicht mehr tunlich, sorgsam zu verwahren und spätestens am nächsten Tage dem Unternehmer zur weiteren Veranlassung nach §§ 979—981 Bürgerliches Gesetzbuch zu übergeben.

b) des Wagenführers.

§ 24. I Der Wagenführer darf während der Fahrt seinen Platz auf der vorderen Plattform des Wagens nicht verlassen.

II Demselben ist es verboten, während der Fahrt mit den Fahrgästen sich zu unterhalten.

§ 25. Die Fahrgeschwindigkeit richtet sich nach den diesbezüglichen polizeilichen Anordnungen.

§ 26. I Das Anfahren darf erst nach gegebenem Glockenzeichen des Schaffners erfolgen.

II Ein Rückwärtsfahren ist nur, wenn nötig, sowie lediglich auf ganz kurze Strecken und nur im Schrittempo gestattet. Das Anfahren darf in diesem Falle erst auf ein Zeichen des Schaffners erfolgen, welches durch Zuruf, Handbewegung oder durch die Signalpfeife gegeben werden kann. (Vgl. § 16 Abs. II und III.)

§ 27. I Der Wagenführer ist während der Fahrt für Nichtüberschreitung der vorgeschriebenen Fahrgeschwindigkeit verantwortlich.

II Derselbe hat langsam zu fahren:

a) an den ihm besonders bezeichneten Stellen,

b) bei jeder Anfahrt,

c) wenn sich Menschen, Tiere oder Verkehrshindernisse auf der Strecke befinden,

d) bei abschüssiger Bahn,

e) bei Straßenkreuzungen, Kurven und Weichen.

III Bei besonders lebhaftem Verkehr oder bei Menschengedränge darf nur in Schrittgeschwindigkeit gefahren werden.

§ 28. I Der Wagenführer hat zu halten:

a) an jeder ständigen Haltestelle,

b) an Bedarfshaltestellen, wenn an der Haltestelle weilende Personen einsteigen wollen und die Absicht der Mitfahrt durch Zeichen zu erkennen geben, und wenn der Wagen noch nicht besetzt ist, dann wenn ihm zur Kenntnis kommt, daß Fahrgäste aussteigen wollen,

c) bei Geleisekreuzungen sowie bei Geleiseabzweigungen und Geleisewechseln, deren Zungen gegen die Fahrtrichtung stehen, wenn dortselbst Wagen zu kreuzen haben,

d) sobald der Schaffner das Haltsignal gibt,

e) bei drohender Gefahr,

f) bei Herannahen der im Feuerlöschdienste verwendeten Fahrzeuge und zwar, soweit es nötig ist, um denselben freie Bahn zu schaffen.

II Bei nassen oder schlüpfrigen Geleisen ist zu diesem Behufe die Bremse besonders rechtzeitig anzuwenden und Sand zu streuen.

III Wenn in der Nähe befindliche Pferde und andere Tiere sich unruhig zeigen, hat der Wagenführer zunächst langsam zu fahren und erforderlichen Falles so lange zu halten, bis die Tiere vorübergegangen sind.

§ 29. Auf doppelgeleisigen Bahnstrecken haben die Wagen regelmäßig das in ihrer Fahrtrichtung rechtsliegende Geleise zu befahren.

§ 30. I Abzweigungen und Weichen dürfen nur im Schrittempo und erst dann befahren werden, wenn der Wagenführer von der richtigen Stellung der Weichenzunge sich überzeugt hat.

II Das Kreuzen zweier Motorwagen auf Weichen, deren Zungen gegen die Fahrtrichtung stehen, auf Geleiseabzweigungen und auf Geleisekreuzungen ist verboten. Beim Begegnen von Motorwagen an solchen Weichen, an Geleiseabzweigungen und Geleisekreuzungen haben die Wagenführer die ihnen für diese Fälle in der Fahrdienstinstruktion erteilten besonderen Anweisungen bezüglich des Anhaltens und des Rechts der Vorfahrt strengstens zu beobachten.

§ 31. I Der Wagenführer hat die Signale rechtzeitig zu geben.

II Die Signale werden gegeben:

a) beim Abfahren der Wagen von den Endpunkten der Bahn und von den Haltstellen,

b) beim Passieren von Straßenkreuzungen und Straßeneinmündungen,

c) sobald Hindernisse auf der Bahn bemerkt werden,

d) beim Kreuzen mit Motorwagen.

§ 32. Bei in Ruhe stehenden Wagen müssen die Bremsen angezogen sein. Wagen, welche außerhalb des Wagenschuppens und des dazu gehörigen Hofraumes sich befinden, müssen stets unter Aufsicht stehen.

III. Bestimmungen für die Fahrgäste.

§ 33. I Das Besteigen und Verlassen der Wagen während der Fahrt ist verboten.

II Das Ein- und Aussteigen darf nur auf der rechten Seite der Wagen erfolgen.

III Auf den Motorwagen ist der Platz zwischen der Türe und dem rechtseitigen Auftritt der rückwärtigen Plattform zum Ein- und Aussteigen freizulassen.

IV Es ist verboten, einen Wagen zu besteigen, welchen der Schaffner als besetzt bezeichnet, im Innern der Wagen zwischen den Sitzbänken zu stehen, sich auf den Plattformen, wenn dieselben bereits mit der zugelassenen Zahl von Fahrgästen besetzt sind, einzudrängen oder auf den Trittbrettern mitzufahren. Desgleichen ist das Sitzen auf den Brüstungen und Abschlußvorrichtungen der Plattformen und auf den Lehnen der Sitzplätze sowie das Hinausbeugen aus dem Wagen verboten. Personen, welche einen besetzten Wagen oder eine besetzte Wagenabteilung auf Aufforderung des Betriebspersonals nicht verlassen oder welche sonstigen Bestimmungen dieser ortspolizeilichen Vorschriften nicht Folge leisten, sind strafbar und können unter polizeilicher Beihilfe aus dem Wagen entfernt werden.

§ 34. I Das Rauchen im Innern der Motorwagen ist nicht gestattet; es ist verboten, in die Wagen zu spucken, ferner ist es untersagt, Hunde in die Wagen mitzunehmen oder, soferne sie nicht zu den Tieren größerer Gattung gehören, neben oder hinter den Wagen herlaufen zu lassen.

II Den Fahrgästen ist es verboten, während der Fahrt mit dem Wagenführer sich zu unterhalten."

§ 35. I Singen, Pfeifen, Musizieren und Lärmen, das Beschmutzen, Beschreiben und Bemalen der Wagen, das Besteigen und Besteigenlassen der Sitzbänke sowie das Berühren der die Stromzuführung vermittelnden oder regulierenden Einrichtungen ist untersagt.

II Die zur Aufrechterhaltung der Ordnung oder zur Durchführung des Betriebes notwendigen Weisungen des Betriebspersonals sind zu befolgen.

§ 36. Feuergefährliche Gegenstände, größere Tragkörbe oder solche Gepäckstücke, welche durch ihren Umfang, üblen Geruch oder schmutzige Beschaffenheit den Fahrgästen lästig werden können, dürfen weder in das Innere noch auf die Plattformen der Wagen mitgenommen werden.

§ 37. I Die Ausgabe der Fahrscheine erfolgt durch den Schaffner; demselben ist das tarifmäßige Fahrgeld zu entrichten: Fahrtberechtigungsausweise und Umsteigfahrscheine sind ihm ohne Verzögerung und ohne Aufforderung offen vorzuzeigen.

II Es kann verlangt werden, daß das Fahrgeld abgezählt bereit gehalten wird.

§ 38. Beschwerden können bei der K. Polizeidirektion mündlich oder schriftlich angebracht werden.

§ 39. Der Fahrschein bzw. Fahrtberechtigungsausweis ist dem Schaffner oder den Kontrollorganen während der Fahrt auf Verlangen offen vorzuzeigen. Wer ohne Fahrschein betroffen wird, hat einen solchen auf Verlangen sofort nachzulösen.

IV. Bestimmungen für das Publikum.

§ 40. I Beim Ertönen der Signale hat das Publikum die Bahn sofort frei zu machen und von derselben sich ferne zu halten.

II Reiter, Fuhrwerke, Viehtransporte haben vollständig und so rechtzeitig auszuweichen, daß die verkehrenden Straßenbahnwagen nicht gefährdet oder aufgehalten werden.

§ 41. I Es ist verboten, Holz, Steine, Gerüste, Leitern und andere Gegenstände, welche dem Straßenbahnverkehr hinderlich sind oder dem Fahrpersonal und den Fahrgästen gefährlich werden können, auf dem Straßenbahnkörper oder in geringerer Entfernung als einen Meter von demselben niederzulegen oder aufzustellen.

II In gleicher Weise ist die Vornahme aller den Betrieb störenden oder gefährdenden Handlungen verboten.

III Es ist verboten, die Wagen an Bedarfshaltestellen, ohne daß Personen ein- oder aussteigen wollen, mutwillig zum Anhalten zu bringen.

§ 42. Verboten ist jede Beschädigung der Straßenbahn und der dazu gehörigen Anlagen oder der Betriebsmittel nebst Zubehör, die Verstellung oder Versperrung der Weichen und sonstiger Abzweigvorrichtungen, das Besteigen der für die elektrische Bahn aufgestellten Maste, das Behängen der letzteren sowie der Quer- und Stromleitungsdrähte mit irgend welchen Gegenständen, das Berühren der elektrischen Leitungen sowie die Nachahmung der Straßenbahnsignale.

§ 43. Ebenso ist verboten, Kinder auf dem Straßenbahnkörper oder in dessen unmittelbarer Nähe spielen zu lassen.

§ 44. An Gebäuden oder an Masten angebrachte Fahnen dürfen die Drähte der elektrischen Bahn nicht berühren.

V. Polizeiliche Beaufsichtigung.

§ 45. Den auf den Bahnbetrieb bezüglichen Weisungen der K. Polizeidirektion oder der Organe derselben haben die Straßenbahnbediensteten nachzukommen.

§ 46. Zur Bestreitung der polizeilichen Aufsichtskosten ist von dem Unternehmer alljährlich und zwar im Laufe des Monats Januar für jeden im Betrieb stehenden Wagen eine Gebühr von 5 Mark an das Taxamt der K. Polizeidirektion zu entrichten.

VI. Straßenbahnpostwagen.

§ 47. Auf den Verkehr der Straßenbahnpostwagen sowie auf das Verhalten der diese Wagen führenden Bediensteten finden diese Vorschriften entsprechende sinngemäße Anwendung.

VII. Strafbestimmungen.

§ 48. II Übertretungen gegenwärtiger Vorschriften unterliegen den gesetzlichen Strafen. Abgesehen von diesen Strafen werden polizeilich verpflichtete Straßenbahnbedienstete durch Entziehung der Legitimationskarte von der Beschäftigung beim Bahnbetriebe ausgeschlossen, wenn die Unrichtigkeit der Nachweise dargetan wird, auf Grund deren die Legitimationskarte erteilt wurde oder wenn aus Handlungen oder Unterlassungen des Inhabers der Mangel der erforderlichen und bei Erteilung der Erlaubnis vorausgesetzten Eigenschaften klar erhellt, insbesondere, wenn der Inhaber:

a) während des Dienstes in trunkenem Zustande betroffen wird,
b) gegen Fahrgäste sich ungebührlich benimmt,
c) den Tarif überfordert,
d) den Vorschriften des § 23 zuwider die Ablieferung gefundener Effekten unterläßt,
e) andere Bestimmungen dieser Vorschriften wiederholt übertritt.

II Die Ausschließung erfolgt durch Beschluß der K. Polizeidirektion.

III Polizeilich verpflichtete Straßenbahnbedienstete, denen die Legitimationskarte entzogen wurde, dürfen in dieser Eigenschaft insolange nicht mehr verwendet werden, als sie nicht eine neue Bestätigung seitens der K. Polizeidirektion erwirkt haben.

VIII. Schlußbestimmung.

§ 49. I Die gegenwärtigen ortspolizeilichen Vorschriften treten mit dem Tage ihrer Verkündigung durch das Münchener Amtsblatt in Kraft.

II Mit diesem Zeitpunkte werden die bisherigen ortspolizeilichen Vorschriften über den Betrieb der elektrischen Trambahn in München vom 15. Mai 1895 und 5. November 1900 außer Wirksamkeit gesetzt.

München, 11. Februar 1903 u. 25. Juni 1906.

K. Polizeidirektion.

Vorstehende ortspolizeiliche Vorschriften wurden durch Entschließungen der K. Regierung von Oberbayern, Kammer des Innern, vom 14. Februar 1903 Nr. 7885 und 25. Oktober 1906 Nr. 55 424 für vollziehbar erklärt.

München, 17. Februar 1903 u. 27. Oktober 1906.

K. Polizeidirektion.

7. Ortspolizeiliche Vorschrift über den Omnibusbetrieb in München vom 4. Mai 1878 in der revidierten Fassung vom 13. Februar 1896.

(MAB. 1896 S. 252).

Die K. Polizeidirektion München erläßt auf Grund des § 366 Ziff. 10 des Reichsstrafgesetzbuches und Art. 152 Abs. I des Polizeistrafgesetzbuches, ferner der §§ 37, 76 und 148 Ziff. 8 der Reichsgewerbeordnung[1]) folgende ortspolizeiliche Vorschrift:

I. Berechtigung zum Omnibusbetriebe.

§ 1. I Wer auf öffentlichen Straßen und Plätzen Omnibusfuhrwerk zu Jedermanns Gebrauch bereit halten will, bedarf hiezu der Bewilligung der K. Polizeidirektion.

II Diese Bewilligung ist unübertragbar und erlischt mit Ablauf der in der Erlaubnisurkunde festgesetzten Frist; außerdem kann die Bewilligung von der K. Polizeidirektion widerrufen werden, wenn der Unternehmer den ihm nach den ortspolizeilichen Vorschriften obliegenden oder bei der Konzessionserteilung auferlegten besonderen Verpflichtungen nicht nachkommt.

III Der Inhaber der Erlaubnis oder, im Falle dieselbe einer Gesellschaft erteilt ist, die von der Gesellschaft als verantwortlicher Vertreter aufgestellte Persönlichkeit, hat zur Sicherung der in der Erlaubnisurkunden vorgesehenen und durch Entgegennahme derselben als verbindlich anerkannten Konventionalstrafen, sowie der dem Dienstpersonal gegen den Unternehmer zustehenden Ansprüche eine von der K. Polizeidirektion nach Art und Betrag zu bestimmende Kaution zu stellen und auf Konzessionsdauer stets ungeschmälert aufrecht zu erhalten. Die K. Polizeidirektion ist jederzeit berechtigt, eine angemessene Erhöhung der Kaution zu verlangen.

IV Für Omnibusunternehmungen mit Motorenbetrieb bleibt die Erlassung der im Interesse der öffentlichen Sicherheit, sowie der Sicherheit des Betriebes erforderlichen besonderen Vorschriften vorbehalten.

II. Pflichten des Unternehmers und dessen Stellvertreters hinsichtlich

A. des Betriebspersonals.

§ 2. I Bei dem Omnibusbetriebe dürfen als Kondukteure, Kontrolleure und Kutscher nur Personen beschäftigt werden, welche durch die K. Polizeidirektion die Bestätigung (Fahrschein) erhalten haben.

II Der Fahrschein wird nur Personen erteilt, welche mindestens 18 Jahre alt, zuverlässig und nicht mit körperlichen oder geistigen Gebrechen behaftet sind. Kutscher haben überdies nachzuweisen, daß sie des Fahrens und der Behandlung der Pferde kundig sind.

III Die Annahme und Entlassung von Kondukteuren, Kontrolleuren und Kutschern hat der Unternehmer binnen 24 Stunden der K. Polizeidirektion schriftlich anzuzeigen.

---

[1]) Samml. S. 284, 300, 330.

IV Personen, denen der Fahrschein entzogen wird (§ 32), dürfen beim Betriebe nicht mehr beschäftigt werden.

§ 3. I Über das Betriebspersonal (Kondukteure, Kontrolleure und Kutscher) hat der Unternehmer nach den von der K. Polizeidirektion gegebenen Anleitungen ein Verzeichnis zu führen. Dasselbe ist jederzeit auf Verlangen zur Einsicht vorzulegen.

II Die Richtigkeit der in dem Verzeichnisse enthaltenen Angaben hat der Unternehmer zu vertreten.

§ 4. An Kondukteure, Kontrolleure und Kutscher ergehende polizeiliche Vorladungen und Verfügungen ist der Unternehmer verpflichtet unter eigener Verantwortlichkeit für die richtige und pünktliche Bestellung entgegen zu nehmen und dem Betreffenden zu behändigen, welcher den bezüglichen Weisungen pünktlich Folge zu leisten hat.

§ 5. Für Kondukteure, Kontrolleure und Kutscher hat der Unternehmer eine Dienstkleidung einzuführen. Dieselbe unterliegt hinsichtlich der Form, Farbe und Abzeichen der Genehmigung der K. Polizeidirektion. Als notwendiges Abzeichen ist jedem Kondukteur und Kutscher eine bestimmte Nummer beizulegen, welche vorn an der Kopfbedeckung getragen wird.

B. des Betriebsmaterials.

a) Wagen.

§ 6. I Die Wagen müssen haltbar gebaut und derart eingerichtet sein, daß das Ein- und Aussteigen gefahrlos und bequem erfolgen kann. Ihre Höhe darf 4,66 m, ihre Breite $2\frac{1}{2}$ m und ihre Länge 7 m nicht übersteigen.

II Jeder Wagen muß versehen sein mit

a) einer Zugleine oder ähnlichen Vorrichtung, mittelst welcher ein Signalverkehr zwischen dem Kondukteur und dem Kutscher stattfinden kann;

b) einer kräftig wirkenden Bremsvorrichtung, welche leicht und wirksam gehandhabt werden kann.

III Bei Nacht ist der Wagen im Innern und an der äußern Vorderseite gehörig zu beleuchten.

IV Die Wagen erhalten fortlaufende Nummern.

V Behufs der Feststellung, ob Bauart und Einrichtung diesen Vorschriften entsprechen, sowie der Bestimmung über Zahl und Verteilung der Plätze, ferner der Art der Bespannung wird jeder Wagen einer polizeilichen Prüfung unterstellt. Vor polizeilicher Genehmigung dürfen Wagen nicht in Betrieb gesetzt werden.

§ 7. I An der Außenseite des Wagens ist die Nummer desselben in augenfälliger Schrift anzubringen. Jeder Wagen ist mit einer Tafel, auf welcher mit großer Schrift die Route angegeben, zu versehen.

II Bei Nacht sind an den Laternen nach den einzelnen Routen verschiedene farbige Gläser anzubringen.

III Im Innern ist der geltende, mit dem Siegel der K. Polizeidirektion versehene Fahrplan nebst Tarif, sowie ein Abdruck der Bestimmungen der §§ 25—29 gegenwärtiger Vorschriften anzuschlagen.

b) Pferde und Geschirre.

§ 8. I Die Pferde müssen vollkommen diensttauglich sein. Als untauglich gelten namentlich solche, welche mit ansteckenden Krankheiten oder äußeren Schäden behaftet, schwach, lahm oder abgetrieben sind.

II Die Geschirre müssen haltbar und zweckdienlich eingerichtet sein.

§ 9. Betriebsmaterial, dessen Zustand den vorstehenden Vorschriften nicht entspricht, wird vom Betriebe ausgeschlossen.

C. des Betriebes.

§ 10. I Der Betrieb regelt sich nach dem Fahrplan.

II Die Fahrpreise werden durch den Tarif festgestellt. Fahrplan und Tarif unterliegen der jederzeit widerruflichen Genehmigung der K. Polizeidirektion. Sie werden in ortsüblicher Weise durch die öffentlichen Blätter bekannt gemacht.

III Abweichungen vom bestehenden Fahrplan sind nur insofern gestattet, als zwischen die fahrplanmäßigen Fahrten, jedoch ohne Verminderung oder Verlegung derselben, noch andere Fahrten, je nach dem vorhandenen Verkehrsbedürfnis eingelegt werden.

IV Abweichungen vom Tarif sind nicht gestattet.

§ 11. I Die Signale erfolgen durch die Pfeife oder Glocke.

II In den Wintermonaten (vom 1. November bis 31. März) sind die Pferde mit einem helltönenden Schellengeläute zu versehen.

§ 12. Für die Reinhaltung der Haltplätze hat der Unternehmer zu sorgen.

III. Pflichten des Betriebspersonal.

A. Gemeinsame.

§ 13. Kondukteure, Kontrolleure und Kutscher dürfen keinen Dritten ihren Fahrschein zur Benützung überlassen.

§ 14. Während der Dienstausübung haben dieselben ihren Fahrschein bei sich zu führen und die Dienstkleidung zu tragen.

§ 15. I Ihr Betragen gegen das Publikum muß höflich und bescheiden sein.

II Das Anrufen um jemand zur Mitfahrt zu veranlassen, sowie das Tabakrauchen während des dienstlichen Verkehrs mit dem Publikum ist untersagt.

B. Besondere.

a) des Kondukteurs.

§ 16. Der Kondukteur hat dafür zu sorgen, daß sein Wagen:

a) die planmäßigen Abfahrts- und Ankunftszeiten einhält,

b) während der Dunkelheit sowohl im Innern als nach außen vollständig beleuchtet ist,

c) während der Fahrt im Innern reinlich erhalten wird.

§ 17. I Außer Personen, welche betrunken sind oder die Mitfahrenden durch abstoßende Krankheitserscheinungen oder unreinliches Äußere belästigen würden, darf der Kondukteur Keinem die Mitfahrt verweigern; dagegen hat er auch dafür zu sorgen, daß die vorschriftsmäßige Zahl der Fahrgäste unter keinen Umständen überschritten wird.

II Auch darf er weder die Mitnahme von Hunden noch von Gepäck, welches durch Umfang, üblen Geruch oder schmutzige Beschaffenheit den Fahrgästen lästig werden könnte, gestatten, ebensowenig, daß weibliche Personen die Deckplätze einnehmen.

§ 18. Das Zeichen der Weiterfahrt darf er nicht eher geben, als bis der Einsteigende Platz genommen, bzw. der Aussteigende den Boden erreicht hat. Den Fahrgästen, namentlich Kindern, weiblichen, alten oder schwächlichen Personen hat er beim Ein- und Aussteigen behilflich zu sein.

§ 19. Unter keinem Vorwande darf der Kondukteur höhere als die tarifmäßigen Fahrpreise fordern.

§ 20. Der Kondukteur hat auf die Beobachtung der §§ 25—29 gegenwärtiger Vorschriften mit Strenge zu halten; Fahrgäste, welche seiner Weisungen ungeachtet denselben zuwiderhandeln oder die Mitfahrenden durch Rohheiten oder Unanständigkeiten belästigen, nötigenfalls unter Mitwirkung der polizeilichen Organe, aus dem Wagen zu entfernen.

§ 21. Sofort nach dem Eintreffen des Wagens auf den Endpunkten der Linie hat der Kondukteur denselben genau zu durchsuchen und zurückgebliebene Effekten den betreffenden Fahrgästen sofort zu behändigen oder, soferne dies nicht mehr tunlich, sorgsam zu verwahren und spätestens am Abend dem Unternehmer zu übergeben.

b) des Kontrolleurs.

§ 22. Der Kontrolleur hat zum Vollzuge der polizeilichen Vorschriften über den Omnibusbetrieb kräftigst mitzuwirken.

c) des Kutschers.

§ 23. Der Kutscher hat die allgemein gültigen polizeilichen Vorschriften über die Fahrordnung genau zu beachten; insbesondere darf er während der Fahrt seinen Wagen nicht verlassen, ferner an Straßenecken, sowie auf Straßenübergängen (Traversen) nicht anhalten. Derselbe hat ferner möglichst darauf zu achten, ob Personen mitzufahren begehren und erforderlichen Falles anzuhalten oder langsamer zu fahren.

§ 24. Den Weisungen des Kondukteurs, insbesondere hinsichtlich des schnelleren und langsameren Fahrens und des Anhaltens hat der Kutscher pünktlich Folge zu leisten.

IV. Bestimmungen für Fahrgäste.

§ 25. Während der Fahrt darf nur an der hinteren Plattform des Wagens ein- und ausgestiegen werden.

§ 26. Das Stehen auf den Trittbrettern ist verboten.

§ 27. Die Deckplätze dürfen von weiblichen Personen nicht besetzt werden.

§ 28. Das Lärmen und Singen der Fahrgäste ist untersagt.

§ 29. Das tarifmäßige Fahrgeld ist der Kondukteur beim Einsteigen der Fahrgäste zu erheben berechtigt. Die Fahrbillets sind während der Fahrt auf Verlangen dem Kontrolleur vorzuzeigen.

V. Polizeiliche Beaufsichtigung.

§ 30. Den auf den Omnibusbetrieb bezüglichen Weisungen der Polizeibeamten haben Kondukteure, Kontrolleure und Kutscher unbedingt nachzukommen.

§ 31. Zur Bestreitung der polizeilichen Aufsichtskosten ist, wie bisher, von dem Unternehmer alljährlich und zwar im Laufe des Monats Januar für jeden im Betriebe stehenden Wagen eine Gebühr von 3,50 Mk. an das Taxamt der K. Polizeidirektion zu entrichten.

VI. Strafbestimmungen.

§ 32. I Übertretungen gegenwärtiger Vorschriften unterliegen den gesetzlichen Strafen. Abgesehen von diesen Strafen werden Kondukteure, Kontrolleure und Kutscher durch Entziehung des Fahrscheines von der Beschäftigung beim Omnibusbetriebe ausgeschlossen, wenn die Unrichtigkeit der Nachweise, auf Grund deren der Fahrschein erteilt worden, oder wenn aus Handlungen oder Unterlassungen des Inhabers der Mangel der erforderlichen und bei Erteilung der Erlaubnis vorausgesetzten Eigenschaften klar erhellt, insbesondere wenn der Inhaber:

a) während des Dienstes in trunkenem Zustande betroffen wird;

b) gegen die Fahrgäste sich ungebührlich beträgt;

c) den Tarif überschreitet;

d) der Vorschrift des § 21 zuwider die Ablieferung gefundener Gegenstände unterläßt;

e) andere Bestimmungen dieser Vorschrift wiederholt übertritt.

II Die Ausschließung erfolgt durch Beschluß der K. Polizeidirektion.

Vorstehende ortspolizeiliche Vorschrift wurde mit Entschließung der K. Regierung von Oberbayern, Kammer des Innern, vom 21. Juni 1878 und 29. April 1896 für vollziehbar erklärt.

München, 30. Juni 1878 und 8. Mai 1896.

K. Polizeidirektion.

8. Ortspolizeiliche Vorschriften vom 16. Februar 1909, 29. Mai und 12. Oktober 1911, über die Ordnung für das öffentliche Fuhrwerk.[1])

(MAB. 1909 S. 140, 538, 1911 S. 393, 698.)

Die K. Polizeidirektion München erläßt auf Grund der §§ 37 und 76 der Reichsgewerbeordnung,[2]) der §§ 18 u. 34 der Allerh. Verordnung hiezu vom 29. März 1892, des Art. 152 Abs. I PStGB. und des § 366 Ziffer 10 RStGB. nachstehende ortspolizeiliche Vorschrift.

Ordnung für das öffentliche Fuhrwerk.

A. Betrieb des öffentlichen Fuhrwerkes.

§ 1. Berechtigung zum Betriebe öffentlicher Fuhrwerke. I Die Berechtigung zum Betriebe eines öffentlichen Fuhrwerkes im Stadtbezirke München wird von der K. Polizeidirektion erteilt.

II Öffentliches Fuhrwerk im Sinne dieser Vorschrift ist dasjenige, welches zu jedermanns Gebrauch für beliebige Fahrten auf öffentlichen Straßen und Plätzen in Betrieb gestellt wird.

III Die Erteilung der Erlaubnis zum Fuhrwerksbetriebe liegt im freien Ermessen der K. Polizeidirektion. Die Erlaubnis kann insbesondere versagt werden:

a) wenn gegen den Antragsteller Tatsachen vorliegen, die seine Unfähigkeit oder Unzuverlässigkeit in Beziehung auf den Betrieb des öffentlichen Fuhrwerkes dartun;

b) wenn der Antragsteller nicht unbescholten ist;

c) wenn derselbe nicht im Besitze der zum nachhaltigen ordnungsmäßigen Betriebe des Gewerbes erforderlichen Mittel und nicht Eigentümer eines den Anforderungen entsprechenden Fahrmaterials ist;

d) wenn nach dem Urteile der K. Polizeidirektion durch Erteilung der Berechtigung eine über das Bedürfnis hinausgehende Vermehrung der öffentlichen Fuhrwerke eintreten würde;

e) wenn der Gesuchsteller im Besitze einer öffentlichen Fuhrwerksberechtigung war, auf die er gegen Entgelt zugunsten eines anderen Erwerbers verzichtet hat und wenn seit dieser Verzichtserklärung nicht wenigstens fünf Jahre verflossen sind.

IV Die Berechtigung ist streng persönlich und stets widerruflich. Sie kann insbesondere zurückgenommen werden:

a) wenn gegen den Berechtigten Tatsachen nachträglich bekannt werden oder eintreten, welche seine Unfähigkeit oder Unzuverlässigkeit in Beziehung auf den Gewerbebetrieb dartun, namentlich wenn diese Unfähigkeit oder Unzuverlässigkeit durch mehrfach vorsätzliche Zuwiderhandlungen gegen die Ordnung für das öffentliche Fuhrwerk dargetan wird;

b) wenn er den ihm nach § 7 Abs. I obliegenden Verpflichtungen nachzukommen nicht mehr imstande ist.

---

[1]) Droschkenordnung genannt.
[2]) Samml. S. 284, 300.

V Die Berechtigung zum Betriebe des öffentlichen Fuhrwerkes gewährt die Befugnis zur wahlweisen Inbetriebsetzung eines ein- oder zweispännigen Fuhrwerkes oder einer Kraftdroschke.

VI Der K. Polizeidirektion bleibt es jedoch vorbehalten, im Wege allgemeiner Anordnung die Einstellung von Kraftwagen mit Motoren von mehr als bestimmter Stärke in den Betrieb des öffentlichen Fuhrwerks ganz auszuschließen oder nur beschränkt zuzulassen, oder die Einstellung von Kraftwagen auf solche zu beschränken, deren Antrieb durch bestimmte Betriebsmittel erfolgt oder endlich den Übergang vom Pferdebetrieb zum Kraftwagenbetrieb nur unter bestimmten Bedingungen und Voraussetzungen, die sich insbesondere auch auf den Nachweis der für die Anschaffung des Fahrmaterials und den nachhaltigen ordnungsmäßigen Betrieb mittels derselben erforderlichen Mittel erstrecken können, zuzulassen.

VII — — — — —

VIII Wer die Berechtigung mittels Kraftfahrzeuges betreibt, muß für diesen Betrieb gegen die Haftung aus Beschädigungen von Sachen und Personen versichert sein. Die Höhe der durch Versicherung zu deckenden Haftsumme wird im Einzelfalle durch die K. Polizeidirektion bestimmt, welcher die Versicherungsverträge zur Billigung vorzulegen sind.

IX Mit der Berechtigung wird eine Nummer für das Fahrzeug verliehen.

X Die gleichzeitige Inbetriebsetzung mehrerer Fahrzeuge auf Grund einer verliehenen Nummer ist verboten; Zuwiderhandlung hat die sofortige Einziehung der Berechtigung zur Folge.

XI Die zivilrechtliche Übertragung der Ausübung einer öffentlichen Fuhrwerksberechtigung ohne vorgängige oder gleichzeitige Genehmigung der K. Polizeidirektion ist verboten.

XII Bei Verkauf eines öffentlichen Fuhrwerkes wird dem Käufer die Berechtigung zum Betriebe dieses Fuhrwerkes im allgemeinen nur dann erteilt, wenn der Verkäufer wenigstens fünf Jahre im dauernden Besitze des Fuhrwerkes war, es sei denn, daß dem Verkäufer besondere den früheren Verkauf rechtfertigende Billigkeitsgründe zur Seite stehen.

XIII Für die Zulassung und den Betrieb der Fuhrwerke, welche auf öffentlichen Straßen und Plätzen ihre Dienste zur Beförderung von Personen unter Einhaltung bestimmter Fahrpläne und Routen anbieten — Omnibusse und Fremdenrundfahrtwagen — sind die Bestimmungen der ortspolizeilichen Vorschriften über den Omnibusbetrieb[1]) und bzw. über den Gewerbebetrieb der Fremdenführer und der Unternehmer der Fremdenrundfahrtwagen[2]) maßgebend.

§ 2. Persönliche Berechtigung zur Leitung eines öffentlichen Fuhrwerkes. I Ein öffentliches Fuhrwerk dürfen nur solche Personen leiten, welchen ein auf ihren Namen lautender Fahrerlaubnisschein von der K. Polizeidirektion ausgestellt worden ist.

[1]) Siehe oben S. 61.
[2]) Siehe unten S. 168.

II Die Fahrerlaubnis ist stets widerruflich und wird nur gut beleumundeten Bewerbern erteilt und belassen, die mindestens 17 Jahre alt, körperlich tauglich, ohne besonders auffällige oder abstoßende Äußerlichkeiten, nüchtern und zuverlässig, der Leitung des Fuhrwerkes kundig und mit der Örtlichkeit vertraut sind, sowie hinreichende Kenntnis der Ordnung für das öffentliche Fuhrwerk und insbesondere der Tarifbestimmungen besitzen. Die Erlaubnis zur Leitung eines Kraftfahrzeuges wird in der Regel nur erteilt, wenn der Gesuchsteller das 21. Lebensjahr vollendet hat.

III Die Fahrerlaubnisscheine sind von ihren Inhabern alljährlich in der Zeit zwischen dem 15. und 31. Dezember der K. Polizeidirektion (Verkehrsreferat) zu Kontrollzwecken vorzulegen; die erfolgte Vorlage wird auf dem Scheine durch Vermerk der fortdauernden Gültigkeit für das nächste Kalenderjahr ersichtlich gemacht. Wer ohne einen mit Vermerk für das laufende Kalenderjahr versehenen oder in diesem Kalenderjahre ausgestellten Fahrschein ein öffentliches Fuhrwerk leitet, ist strafbar.

IV Inhaber öffentlicher Fuhrwerksberechtigungen dürfen sich zum Betriebe derselben nur solcher Wagenlenker bedienen, welche mit den vorgeschriebenen Fahrerlaubnisscheinen versehen sind.

§ 3. Fahrgebiet und Geltungsbereich. I Das Fahrgebiet umfaßt den Stadtbezirk sowie die Wegestrecken zu den in den Tarifbestimmungen besonders bezeichneten Orten einschließlich dieser Orte.

II Für die Art der Ausführung der Fahrten, das Verhalten der Wagenführer, die Fahrgeldberechnung und die Entrichtung des Fahrgeldes finden die Bestimmungen dieser Ordnung für das öffentliche Fuhrwerk, insbesondere §§ 14, 17, 18, 19, 25 bis 30 einschließlich, überdies Anwendung, solange ein Fuhrwerk sich im öffentlichen Dienste befindet, also auch außerhalb des Fahrgebietes.

§ 4. Warteplätze. I Das öffentliche Fuhrwerk darf nur auf den von der K. Polizeidirektion bestimmten Warteplätzen Aufstellung nehmen.

II Das Umherfahren in den Straßen und das Umkreisen der Warteplätze, um Fahrten zu erlangen, ist verboten.

III Eine Liste der Warteplätze wird nach Bedarf öffentlich bekanntgegeben.[1]) Diese Liste enthält für jeden Warteplatz die Höchstzahl der aufzustellenden Fahrzeuge, sowie die Anordnungen über die Art, in welcher die Aufstellung und die An- und Abfahrt usw. zu erfolgen hat.

IV Jene Warteplätze, auf welchen Pflichtturnus einzuhalten ist, werden in der Turnustabelle bzw. in den Nachträgen zu derselben jeweils bestimmt.

V Die sämtlichen in den Warteplatzlisten enthaltenen sonstigen einschlägigen Vorschriften gelten als Bestimmungen dieser Ordnung für das öffentliche Fuhrwerk.

VI Bei großer Hitze ist es gestattet, die Fuhrwerke reihenweise längs der dem ordentlichen Aufstellungsplatze naheliegenden Häuser

[1]) Siehe MAB. 1912 S. 11.

im Schatten aufzustellen. Die Aufstellung hat so zu geschehen, daß der Verkehr nicht gestört wird; den hiewegen ergehenden polizeilichen Weisungen ist sofort und unweigerlich Folge zu leisten.

VII Die Aufstellung von öffentlichen Fuhrwerken ist ferner während der Dauer und insbesondere bei Schluß von Theatervorstellungen, Konzerten, Bällen und sonstigen Festlichkeiten vor den betreffenden Lokalen gestattet; die nähere Bestimmung über die jeweilige Aufstellung an diesen Orten wird, soweit nicht besondere Vorschriften bestehen,[1]) von den polizeilichen Aufsichtsorganen getroffen.

VIII Außerhalb der vorbehandelten Aufstellungsplätze dürfen vorbehaltlich der Bestimmungen des § 27 der straßenpolizeilichen Vorschriften vom 18. Februar 1911 [2]) öffentliche Fuhrwerke nur dann anhalten, wenn sie auf Fahrgäste dort zu warten haben. Den im Verkehrsinteresse ergehenden polizeilichen Weisungen, sich in Bewegung zu setzen oder auszuweichen, haben sie auch in diesem Falle zu entsprechen.

IX Den Anordnungen der polizeilichen Aufsichtsorgane über zeitweilige Verlegung oder Räumung von Warteplätzen ist Folge zu leisten.

§ 5. Verhalten auf den Warteplätzen. I Auf den Warteplätzen hat die Auffahrt so zu geschehen, daß kein Wagen den anderen an der Abfahrt hindert. Ist ein Wagen abgefahren, so rücken die andern nach.

II Zwischen den einzelnen Wagen muß ein Raum von wenigstens $1/2$ m freibleiben.

III Auf denjenigen Warteplätzen, auf welchen die Fuhrwerke nebeneinander Aufstellung zu nehmen haben, ist den anfahrenden Wagenführern freigestellt, auf welcher Seite sie die Spitze bilden wollen.

IV Straßenkreuzungen, Traversen und Einfahrten sind stets frei zu lassen.

V Den Fahrgästen steht die Wahl unter den auf den Warteplätzen aufgestellten Fuhrwerken frei; wird ein Fuhrwerk herbeigerufen, ohne daß ein bestimmter Wagen bezeichnet wird, so hat je der erste, oder, wenn eine bestimmte Wagenart gewünscht wird, der erste dieser Wagenart in der Reihe dem Rufe zu folgen.

VI Bei telephonischer Bestellung eines Wagens mittels des am Warteplatz befindlichen Läutwerkes hat der betreffende Wagenführer den Bestellzettel zu holen und sofort auf dem kürzesten Wege nach dem Bestellungsorte zu fahren.

VII Jeder Wagenführer hat ständig bei seinem Wagen zu verbleiben, darf jedoch nicht in demselben sich aufhalten oder auf dem Bocke eine lässige Haltung annehmen oder schlafen.

VIII Das Zechen auf oder neben dem Warteplatz, das gruppenweise Zusammenstehen auf den Trottoirs und das gegenseitige Necken oder Streiten ist verboten.

IX Die Fütterung der Pferde am Warteplatz darf nur mittels sogenannter Futtersäcke geschehen.

X Die Bestimmungen dieses Paragraphen finden auch in den Fällen des § 4 Abs. VI, VII und VIII entsprechende Anwendung.

---

[1]) Siehe MAB. 1912 S. 22 ff.

[2]) Siehe oben S. 14.

XI Wegen ungebührlichen oder streitsüchtigen Benehmens kann einem Wagenführer das Befahren einzelner Warteplätze durch Verfügung der K. Polizeidirektion verboten werden.

§ 6. Reinigung der Warteplätze. I Die Besitzer der öffentlichen Fuhrwerke sind verpflichtet, für gehörige, eventuell für die speziell vorgeschriebene Reinhaltung der sämtlichen Warteplätze auf eigene Kosten Sorge zu tragen; desgleichen sind die nach § 4 Abs. VI zulässigen Aufstellungsplätze im Schatten jeweils nach beendeter Benützung zu reinigen.

II Die Kosten der Reinhaltung sind von sämtlichen Besitzern öffentlicher Fuhrwerke nach dem Verhältnisse der ihnen verliehenen Wagennummern alljährlich im Januar für das laufende Jahr zu entrichten.

III Die Aufstellung des erforderlichen Personals oder die Vergebung der Reinigungsarbeiten sowie die Festsetzung der Kosten erfolgt durch Mehrheitsbeschluß der Beteiligten und, falls ein solcher Beschluß nicht zustande kommt, auf deren Kosten durch die K. Polizeidirektion.

§ 7. Betrieb der Fuhrwerke. I Die Inhaber öffentlicher Fuhrwerksberechtigungen sind verpflichtet, dieselben ständig auszuüben und das zugelassene Fahrmaterial stets in vorschriftsmäßigem, gutem und sauberen Zustande zu halten.

II Die Fahrzeuge dürfen nur gut gereinigt ausgefahren werden.

III Kein Fahrzeug darf ohne vorgängige Zulassung durch die K. Polizeidirektion zum Betriebe des öffentlichen Fuhrwerkes benützt werden. Die Fahrzeuge werden auf Grund der Zulassung mit einer Prüfungsplombe an dem hölzernen Sitze unter dem Sitzkissen versehen, welche unter Verantwortung der Besitzer weder beschädigt noch, abgesehen von der Bestimmung des § 9 Abs. II, eigenmächtig abgenommen werden darf.

IV Die eigenmächtige Übertragung der Nummern eines öffentlichen Fuhrwerkes auf ein anderes ist verboten.

V Fahrzeuge, Pferde, Geschirre und Decken, sowie sonstige Betriebseinrichtungen, welche von der K. Polizeidirektion als untauglich für den öffentlichen Dienst erklärt sind, sind sofort aus demselben zu entfernen.

VI Für jedes im öffentlichen Dienste verwendete Fuhrwerk hat der Besitzer ein fortlaufendes Betriebsverzeichnis nach dem von der K. Polizeidirektion bestimmten Muster zu führen.

VII Die Verzeichnisse müssen dauerhaft gebunden und mit fortlaufenden Seitenzahlen versehen sein. Die vorgeschriebenen Einträge haben täglich zu erfolgen und müssen mit Tinte gut leserlich geschrieben sein.

VIII Die Richtigkeit der Einträge hat der Besitzer zu vertreten.

IX Der Fuhrwerksbesitzer ist verpflichtet, die Verzeichnisse den Polizeiorganen auf Verlangen jederzeit zur Einsichtnahme vorzulegen. In Abwesenheit des Besitzers muß das Verzeichnis jedenfalls zugängig sein.

X Ausgeschriebene Verzeichnisse sind mindestens zwei Jahre weiter aufzubewahren.

§ 8. Vorfahren und Vorladung. I Die Besitzer öffentlicher Fuhrwerke sind verpflichtet, ihr Fahrmaterial auf Anordnung der K. Polizeidirektion an einem jeweils bestimmten Orte vorzufahren oder vorfahren zu lassen; ist ein Pferd vorzufahren, so hat dieses stets an einem mit polizeilicher Nummer versehenen Wagen zu geschehen.

II Die Besitzer und Wagenführer sind verpflichtet, jeder Vorladung der K. Polizeidirektion pünktlich Folge zu leisten; Vorladungen, welche durch Vermittlung des Fuhrwerksbesitzers erfolgen, sind von diesem dem vorgeladenen Wagenführer rechtzeitig auszuhändigen.

§ 9. An- und Abmeldung. I Fuhrwerksbesitzer und Wagenführer haben jede Veränderung ihrer Wohnung binnen 24 Stunden der K. Polizeidirektion (Verkehrsreferat) anzuzeigen. Gleiche Anzeige haben die Wagenführer den Fuhrwerksbesitzern, deren öffentliche Fuhrwerke sie leiten, zu erstatten.

II Inhaber öffentlicher Fuhrwerksberechtigungen, welche Fuhrwerke aus dem Betriebe zurückziehen oder in den Besitz anderer übergehen lassen, haben dies der K. Polizeidirektion binnen 48 Stunden unter Rückgabe der Wagenplombe anzuzeigen.

III Scheidet ein Wagenführer aus dem öffentlichen Fahrdienst ganz aus, so hat er dies binnen 24 Stunden der K. Polizeidirektion (Verkehrsreferat) unter gleichzeitiger Einlieferung seines Fahrerlaubnisscheines anzuzeigen.

IV Die gleiche Verpflichtung haben Wagenführer, welche vorübergehend eine andere Beschäftigung annehmen oder zur Ableistung ihrer militärischen Dienstpflicht oder zu militärischen Übungen einberufen werden. Die erteilten Fahrscheine behalten jedoch — bei Übergang zu einer anderen Beschäftigung, falls die Unterbrechung nicht länger als zwei Monate dauert — ihre Gültigkeit. In diesen Fällen werden die Scheine nach Wiedereintritt in den öffentlichen Fahrdienst wieder hinausgegeben.

§ 10. Beschaffenheit der Wagen. I Im Sinne dieser und der folgenden Bestimmungen werden Wagen, welche in ihrem Innern Platz für höchstens drei Personen (2 im Fond und 1 auf dem Rücksitz) bieten, als Droschken, Wagen, welche auf Vor- und Rücksitz Platz für wenigstens je zwei Personen bieten, als Fiaker bezeichnet.

II Wer seine öffentliche Fuhrwerksberechtigung mittels Droschke und Pferdebespannung ausübt, hat wenigstens zwei Pferde, zwei Wagen — und zwar einen Sommer- und einen Winterwagen — und zwei Geschirre zu halten. Wer seine Fuhrwerksberechtigung mittels Kraftfahrzeugs ausübt, hat jedenfalls eine geschlossene (Coupé) oder eine schließbare (Landaulet) Karosserie nachzuweisen.

III Pferdedroschken mit festem Dach sollen vom hölzernen Sitze, auf welchem das Sitzkissen ruht, bis zur Mitte des Daches wenigstens 1,11 m hoch und 1,06 m weit, Pferdedroschken mit beweglichem Dach wenigstens 1,13 m hoch und 1,06 m weit sein. Bei Kraftdroschken soll der bezeichnete Höhenabstand wenigstens 1,20 m sein.

IV Die Mindestmaße für Fiaker sind in der Höhe 1,13 m und in der Weite 1,10 m.

V Andere Wagen, sowie solche mit geringerer Höhe oder Breite sind nur mit besonderer polizeilicher Erlaubnis und nach Maßgabe derselben zulässig; das gleiche gilt für Motorwagen. Letztere müssen jedenfalls so konstruiert sein, daß sich ihr Betrieb möglichst geräusch- und geruchlos vollzieht.

VI Die Fahrzeuge müssen dauerhaft, gefällig und bequem gebaut sein, auf Druckfedern ruhen, auf beiden Seiten einen Antritt haben, von innen leicht zu öffnen und mit einer Schleifsperre versehen sein; sie müssen schön lackiert, mit gutem Lederzeug und im Innern mit einem Ausschlag von Tuch, Plüsch oder Leder, mit guter Polsterung, sowie einer den Fußboden vollständig bedeckenden durchbrochenen Gummi- oder Kokosmatte oder einem Teppich ausgestattet sein und rein gehalten werden.

VII Außerdem haben Kraftdroschken, welche zur Aufnahme von wenigstens vier Personen im Innern bestimmt sind, am Vorderfondsitze wenigstens 120 cm, am Rück- bzw. Notsitz wenigstens 105 cm breit zu sein. Der Rück- bzw. Notsitz muß bequem zum Sitzen eingerichtet sein, er hat mindestens 30 cm benutzbare Tiefe und einen Abstand von wenigstens 40 cm vom Fondsitze zu haben. Die zum bequemen Sitzen geforderten Breiten von 1,20 bzw. 1,05 m dürfen innerhalb des Wagens durch feste Vorrichtungen, insbesondere durch Notsitze, welche bei Nichtbenützung an den Seitenwänden des Wagens angelehnt werden, nicht unter diese Maße beengt werden.

Wird der Notsitz in die Fahrtrichtung gestellt, so muß der Abstand von der Vorderwand der Karosserie und vom Vorderfondsitze wenigstens je 35 cm betragen. Rücksitz und Notsitz muß so angebracht sein, daß er am bequemen Ein- und Aussteigen nicht hinderlich ist; Notsitze dürfen nicht an den Wagentüren angebracht sein. In geschlossenen Karosserien sind Notsitze, die nur ein Sitzen in die Fahrtrichtung zulassen, nur dann gestattet, wenn die Karosserie eine Limousinenkarosserie ist. Offene Karosserien müssen mit einer Windschutzvorrichtung versehen sein.

VIII Zur Verständigung des Wagenführers muß im geschlossenen Wagen eine Pfeife angebracht sein.

IX Mit einem Pferd bespannte Fahrzeuge müssen sogenannte Gabelstangen führen.

X Der Durchmesser der Hinterräder der Droschken (mit Radreifen) hat genau 1,11 m zu betragen.

XI Gepäckdroschken müssen mit einem festen Verdeck und einer Vorrichtung zur bequemen und sicheren Beförderung des Reisegepäcks auf demselben versehen sein.

§ 11. Nummer und Laterne. I Jedes öffentliche Fuhrwerk muß auf beiden Seiten und rückwärts mit der polizeilich verliehenen Nummer versehen sein; bei Pferdefuhrwerken haben die Ziffern eine Höhe von 10 cm und unter sich einen Abstand von 1 cm, bei Kraftdroschken eine Höhe von 12 cm, eine Strichstärke von 1½ cm und einen Abstand unter sich von 1 cm und vom Rande von mindestens 2 cm zu erhalten. Die Ziffern müssen mit weißer Ölfarbe auf schwarzem Grunde nach dem bei der K. Polizeidirektion aufliegenden Muster hergestellt sein.

II Die Nummern müssen stets gut sichtbar sein und dürfen weder ganz noch teilweise verdeckt werden. Beschädigte oder undeutlich gewordene Nummern sind sofort zu ersetzen.

III Das Abnehmen der Nummer ist nur bei Nichttaxameterfahrzeugen im Falle bestellter Fahrt mit Einwilligung des Bestellers gestattet und muß dann vor dem Ausfahren des Wagens zu der bestellten Fahrt vorgenommen werden.

IV Jedes öffentliche Fuhrwerk ist mit im Lichten mindestens 11 cm hohen und 10 cm breiten Wagenlaternen mit farblosen Glasscheiben zu beiden Seiten des Bockes zu versehen, welche während des Betriebes von Eintritt der Dunkelheit (d. i. im Zweifelsfalle der Zeit, während welcher die Straßenlaternen brennen) bis zum Tagesanbruch stets erleuchtet sein müssen; während dieser Zeit ist in beiden Laternen und zwar an deren Außenseite je ein mindestens 10 cm hohes, dunkelblaues Glas einzusetzen, auf welchem die Wagennummer in Ziffern von wenigstens 8 cm Höhe und mit wenigstens 1 cm Abstand untereinander und vom Rande, nicht blank geätzt, sondern weiß eingebrannt ist. Die Glasscheiben an den Außenseiten der Laternen, hinter welchen die Nummerngläser einzusetzen sind, müssen viereckig sein. Diese Nummerngläser müssen parallel der Längsrichtung des Wagens stehen.

V Benzinkraftdroschken müssen bei Fahrten außerhalb des Taxameterdroschkenbezirkes, soweit zusammenhängend gebaute Stadtteile nicht mehr in Frage kommen, außer den beiden Droschkenlaternen auch zwei Scheinwerfer führen. Diese sind bei solchen Fahrten vom Eintritt der Dunkelheit ab bis Tagesanbruch ausreichend zu beleuchten.

VI Die Laternen und Laternennummern der Kraftfahrzeuge haben den vorstehenden Bestimmungen zu entsprechen; es müssen jedoch die Nummern bei einer Strichbreite von 1 cm wenigstens 10 cm hoch sein und sonach auch die Laternen und die Gläser entsprechend größer sein. Außerdem haben die Kraftdroschken rückwärts und zwar in einer Höhe von wenigstens 50 cm über dem Erdboden ihre Nummer auf einer durchscheinenden, während der Dunkelheit stets hell erleuchteten Laterne zu führen. Die Nummer ist auf dieser Laterne aus einer aus schwarz gefärbtem Blech oder anderem geeigneten Metall bestehenden Scheibe in 15 cm hohen Zahlen mit 1½ cm Strichbreite in Balkenschrift — unter sich in einem Abstande von wenigstens 1½ cm — auszuschneiden; hinter der Metallscheibe ist eine Scheibe aus Milch (Bein-) glas anzubringen. Die Beleuchtungsvorrichtung für die sämtlichen am Wagen zu führenden Laternen muß so eingerichtet sein, daß sie nicht vom Sitze des Führers aus abgestellt werden kann. **Die Verpflichtung zur Führung der rückwärtigen Laterne fällt für Kraftfahrzeuge, welche nur als Reservewagen im öffentlichen Fuhrwerke verwendet werden, weg.**

VII Es ist auch gestattet, die Nummerngläser als Scheibengläser der Laternen selbst zu benützen. Bei Verwendung von facettierten Gläsern als Laternengläser darf die Erkennbarkeit der Nummer des dahinter eingeschobenen Nummernglases nicht beeinträchtigt werden. Die Laternengläser, auf welchen sich die Nummern befinden, müssen viereckig sein.

VIII Für Wagen mit sehr elegantem Material und dementsprechend schöner Bespannung kann die K. Polizeidirektion mit besonderer, jeweils nur für das laufende Kalenderjahr gültigen Genehmigung gestatten, daß in Abweichung von den Bestimmungen des Abs. I die Nummern lediglich in die beiden Laternen auf dort einzusetzende schwarze Glasscheiben mit weiß eingeschnittenen Ziffern angebracht werden.

Die Beschaffenheit und die Art der Anbringung der Gläser bestimmt sich analog den Vorschriften des Abs. IV. Die schwarzen Gläser können auch beim Nachtbetriebe beibehalten werden.

§ 12. Taxameterapparate. I Die öffentlichen Fuhrwerke können mit selbsttätigen Streckenfahrpreisanzeigern eines von der K. Polizeidirektion zugelassenen Unternehmens versehen werden.

II Die Fahrpreisanzeiger eines und desselben Verfertigers müssen mit fortlaufend gegossenen oder eingemeißelten Nummern versehen sein.

III Die Fahrpreisanzeiger sind an der Rückseite des Wagenführersitzes anzubringen; zu ihrer äußeren Ausrüstung gehört eine aus Gußeisen gefertigte Fahne mit der Aufschrift „Frei", ein Blechüberzug mit der Aufschrift „Bestellt", sowie eine verstellbare Laterne mit weißer und grüner Scheibe. Der Fahrpreisanzeiger darf weder ganz noch teilweise verdeckt werden. Bei Kraftdroschken mit offener Karosserie darf der Taxameterapparat auch am Spritzbrett angebracht werden.

IV Jedes neu einzustellende oder mit einem neuen Apparate versehene Taxameterfahrzeug ist der K. Polizeidirektion vorzufahren und darf erst mit polizeilicher Bewilligung in Betrieb gesetzt werden. Ist dies geschehen, so gehört der Fahrpreisanzeiger zur Ausrüstung des Fahrzeuges und darf ohne polizeiliche Erlaubnis von diesem nicht mehr bzw. nicht länger entfernt werden, als zu seiner etwaigen ordnungsgemäßen Herstellung erforderlich ist. Bei Fahrten zu Hochzeiten und Kindstaufen, bei der Beförderung von Ärzten während des Abfahrens ihrer Praxis, bei Aufzügen in geschlossener Reihe, wenn wenigstens fünf Fuhrwerke an dem Aufzuge beteiligt sind, ist es gestattet, während der Dauer dieser Dienstleistung die Fuhrwerksnummern und den Taxameterapparat abzunehmen.

Diese Abnahme darf jedoch nur in der Betriebsstätte auf Anordnung oder mit besonderer Genehmigung des Inhabers der öffentlichen Fuhrwerksberechtigung erfolgen. Die Zeitdauer der erfolgten Abnahme des Taxameterapparats ist im Betriebsverzeichnis in der betreffenden Tagesrubrik für Bemerkungen einzutragen. Für die Einträge ist der Fuhrwerksbesitzer verantwortlich.

Das Fahrgeld wird im Falle der Abnahme des Taxameterapparats durch vorgängige Vereinbarung bestimmt. Hat eine solche

Vereinbarung nicht stattgefunden, so berechnet sich die Fahrtaxe bei Pferdedroschken nach dem Zeittarif, bei Kraftdroschken nach dem Tarifsatz, für Wartezeit zuzüglich eines Betrages für jeden zurückgelegten Wegekilometer, bei Vorliegen der Voraussetzungen der Anwendung der Taxe I von 20 ₰, der Taxe II von 30 ₰, der Taxe III von 40 ₰.

V Im Falle die Hinterräder eines Streckentaxameterfahrzeuges nach der Inbetriebsetzung verändert oder erneuert werden, muß das Fahrzeug vor der Weiterbenützung der K. Polizeidirektion vorgefahren werden.

VI Fahrzeuge, deren Fahrpreisanzeiger nicht tauglich befunden sind, dürfen im öffentlichen Dienste nicht verwendet werden.

VII Für richtiges Funktionieren des Fahrpreisanzeigers ist der Fahrzeugbesitzer und der Wagenführer verantwortlich.

VIII Ist denselben eine Funktionsstörung bekannt geworden, so haben sie das Fahrzeug unverzüglich und bis zur Beseitigung der Funktionsstörung außer Betrieb zu setzen.

IX Erfordert die Reparaturarbeit eine längere als eine eintägige Dauer oder ist ein anderer Fahrpreisanzeiger aufzusetzen, so hat der Fahrzeugsbesitzer binnen 24 Stunden nach Eintritt der Störung der K. Polizeidirektion Anzeige zu erstatten.

X Während der Zeit, während welcher die Wagenlaternen brennen müssen, muß auch die verstellbare Laterne hinreichend hell erleuchtet sein. Dieselbe ist bei „freiem" Wagen so zu drehen, daß das grüne Licht von vorne sichtbar wird, während sie bei Ausführung einer Fahrt so geschoben werden muß, daß die weiße Scheibe gegen den Fahrpreisanzeiger zu stehen kommt und das Licht diesen deutlich beleuchtet.

§ 13. Pferde und Geschirre. I Zum Betrieb des öffentlichen Fuhrwerkes dürfen nur gesunde, kräftige Pferde, ohne schädliche, verunstaltende Mängel, sowie nur dauerhafte Geschirre von schwarzem Lederzeug verwendet werden.

II Bei Einspännern muß am Geschirr entweder ein Umlauf- oder ein Brustriemen angebracht sein.

III Pferde, Geschirre und die zum Zudecken der Pferde verwendeten Decken sind in ordentlichem und reinlichem Stande zu halten.

IV Die Pferde dürfen nicht eher in Dienst gestellt werden, als bis dieselben polizeilich untersucht und für brauchbar befunden sind; zu diesem Zwecke sind sie mit dem zugehörigen Wagen der K. Polizeidirektion vorzufahren.

V Über die Brauchbarkeit wird ein schriftlicher Ausweis erteilt, welchen der Wagenführer bei Benutzung der Pferde im öffentlichen Dienste bei sich zu führen hat. Der Ausweis ist, wenn das Pferd aus dem Dienste im öffentlichen Fuhrwerk wieder ausgeschieden ist, an die K. Polizeidirektion binnen drei Tagen abzuliefern. Geht ein Pferd, für welches ein Brauchbarkeitsausweis schon erwirkt ist, an einen anderen Besitzer eines öffentlichen Fuhrwerks über, so hat letzterer diesen Ausweis innerhalb 5 Tagen bei der K. Polizeidirektion — Verkehrs-Referat — auf seine Person umschreiben zu lassen. Zugleich ist das Pferd im Polizeihofe vorzufahren.

VI Fiaker und Gepäckdroschken im Sinne des § 10 Abs. X müssen mit 2 Pferden bespannt sein.

§ 14. Kleidung der Wagenführer. I Die Wagenführer haben im Dienste folgende Kleidung zu tragen:

a) schwarzen Filzhut (Zylinder) mit 4 cm breiter Silberborte,
b) dunkelblauen Tuchrock mit einer Reihe weißmetallener glatter Knöpfe,
c) dunkle Hose und Weste,
d) Überrock oder Mantel von dunkelblauer oder schwarzer Farbe mit weißmetallenen glatten Knöpfen.

II Im Winter können auch Pelzüberröcke und bei Regen Gummiüberzieher, beide von dunkelblauer oder schwarzer Farbe getragen werden; im Sommer ist an Stelle des schwarzen Filzhutes das Tragen eines niederen, schwarzen Strohhutes mit gewölbtem Kopfeinsatz, breiter, geschweifter Krempe und 4 cm breitem, hellgrauem Bande gestattet.

III Die Führer von Taxameter-Kraftwagen tragen weiße Mützen mit hellblauem Bande, vorne mit einem Abzeichen aus weißem Metall; das Abzeichen soll ein Bündel durch ein Kraftwagenrad sich kreuzender Blitze darstellen. Den Führern ist es gestattet, schwarze Lederröcke oder Blusen von dunkelblauem Tuche mit einer Reihe weißmetallener Knöpfe, am Kragen Einfassung mit silberner Borte zu tragen.

IV Den Wagenführern ist im Winter das Tragen von Pelzmützen gestattet. Der Wagenführer, welcher von dieser Gestattung Gebrauch macht, hat auf der linken Brustseite seine Fahrscheinnummer auf einem Metallschilde zu tragen. Pelzmütze und Metallschild müssen den von der K. Polizeidirektion genehmigten Mustern entsprechen.

V Die Kleidungsstücke sind stets reinlich und in gutem Zustande zu halten; das Tragen von Abzeichen an denselben ist verboten.

VI Für die vorschriftsmäßige Beschaffenheit der Kleidung der Wagenführer ist der Dienstherr mitverantwortlich.

§ 15. Dienstrequisiten. I Jeder Wagenführer hat während des Dienstes nachbezeichnete Gegenstände mit sich zu führen und auf Verlangen den Polizeiorganen vorzuzeigen:

1. ein Exemplar dieser Ordnung für das öffentliche Fuhrwerk,
2. den Fahrschein,
3. eine richtig gehende Uhr,
4. die Fahrmarken,
5. die Bahnhofbestellmarken,
6. ein Exemplar der Standplatzlisten,
7. die Bestätigung über die Brauchbarkeit des Gespannes.

II Die Wagenführer haben dafür zu sorgen, daß bei Droschken an der Vorderwand im Innern des Wagens, bei Fiakern an der inneren rechten Wagentüre die Ordnung für das öffentliche Fuhrwerk in einer schwarzen Ledertasche zur Einsicht für die Fahrgäste bereit liegt.

III Diese Tasche hat die Wagennummer in 4 cm hohen, gut leserlichen weißen Ziffern zu tragen und darf durch keinerlei Gegenstände verdeckt werden.

§ 16. Übernahme und Ablehnung von Fahrten.

I Der Wagenführer ist weder verpflichtet noch berechtigt, in eine Droschke mehr als drei, in einer Kraftdroschke mehr als fünf und in einem Fiaker mehr als sechs Personen, die Plätze an der Seite des Wagenführers mitgerechnet, aufzunehmen. Hiebei wird ein Kind unter 12 Jahren in Begleitung Erwachsener nicht gerechnet; je zwei Kinder unter 12 Jahren zählen für eine Person; Kinder über 12 Jahren werden Erwachsenen gleich geachtet. Auf Verlangen der Fahrgäste ist es dem Führer einer offenen Pferdedroschke jedoch gestattet, noch eine weitere (vierte) Person aufzunehmen. Für kleine, schwachpferdige Kraftdroschken wird die Zahl der zur Beförderung zugelassenen Personen im Einzelfalle bestimmt.

II Zur Beförderung von Gepäckstücken im Gesamtgewichte von mehr als 75 kg sind nur die Führer von Gepäckdroschken verpflichtet.

III Die Mitnahme von Hunden in die Wagen kann abgelehnt werden.

IV Kein Wagenführer darf außerdem auf dem Warteplatz oder außerhalb desselben die Übernahme einer Fahrt innerhalb des in § 3 bezeichneten Fahrgebietes verweigern, es sei denn, daß er bestellt ist und in der ihm noch zur Verfügung stehenden freien Zeit die verlangte Fahrt nicht ausführen kann, worüber er auf Verlangen genaue Aufschlüsse zu erteilen hat.[1])

V Die zum Turnusdienste auffahrenden und die im Eisenbahnturnusdienst stehenden Wagenführer unterliegen vorstehenden Verpflichtungen zur Ausführung von Fahrten nicht; letztere haben nur solche Fahrten zu übernehmen, welche von dem reisenden Publikum beansprucht werden und einschließlich Retourfahrt nicht länger als zwei Stunden dauern.

VI Desgleichen sind die Führer von Pferdefuhrwerken verbunden, Vorausbestellungen anzunehmen, soferne sie nicht an der Ausführung der Bestellung durch Turnusdienst verhindert sind. Kraftdroschken haben unter der gleichen Voraussetzung Vorausbestellungen für Fahrten zu bzw. von den Wagnerfestspielen im Prinzregententheater anzunehmen, wenn diese Vorausbestellung nach 1 Uhr nachmittags des Vorstellungstages erfolgt.

VII Werden Vorausbestellungen auf Wagen gemacht, so ist der Wagenführer zur sofortigen Abgabe einer Fahrmarke und zur pünktlichen Ausführung der Fahrt verpflichtet.

VIII Fahrten außerhalb des Burgfriedens der Stadt München können im Winter von abends 9 Uhr, im Sommer von abends 10 Uhr an, ferner im Falle telephonischer Bestellung mittels des an den Warteplätzen angebrachten Läutwerks auch zu den übrigen Tageszeiten abgelehnt werden.

IX Die Beförderung von Leichen und von Personen, welche mit einer ansteckenden Krankheit behaftet sind, ist verboten.

[1]) Ausnahme für den Eisenbahnturnusdienst siehe MAB. 1912 S. 25.

X Nur auf Verlangen des Fahrgastes darf weiteren Personen die Mitfahrt gestattet werden.

XI Personen, welche sich unanständig benehmen, sehr schmutzig oder derartig betrunken sind, daß sie eine Verunreinigung des Wagens befürchten lassen, kann die Fahrt bzw. die Weiterfahrt verweigert werden; letztere jedoch nur dann, wenn eine Beanstandung des Fahrgastes durch den Wagenführer erfolglos geblieben ist.

XII Hat der Wagenführer auf Grund vorstehender Bestimmung einen Fahrgast aus dem Wagen entfernt, so ist gleichwohl das verfallene Fahrgeld zu entrichten.

§ 17. Verhalten der Wagenführer. I Die Wagenführer haben stets ein anständiges, ruhiges und höfliches Benehmen gegen das Publikum, die Fahrgäste und untereinander zu beobachten.

II Es ist nicht gestattet, Personen durch Zeichen oder Äußerungen irgendwelcher Art zur Fahrt oder zur Wahl eines bestimmten Wagens aufzufordern.

III Die Wagenführer sind verpflichtet, die Fahrgäste wenigstens im mittleren Trabtempo (wenigstens 160 m in der Minute) zu befördern und den zum Ziele der Fahrt kürzesten fahrbaren Weg einzuschlagen.

IV Ein langsameres Tempo oder ein anderer Weg ist einzuhalten, wenn der Fahrgast dies verlangt; Taxameterfuhrwerke sind jedoch nicht verpflichtet, weniger als 160 m in der Minute zu fahren.

V Beim Auf- und Abladen des Gepäckes haben die Wagenführer, soweit dies mit der Leitung und Beaufsichtigung des Fuhrwerkes verträglich ist, Hilfe zu leisten; auch haben sie auf das Gepäck während der Fahrt acht zu geben und dasselbe vor Verlust und Beschädigung zu bewahren.

VI Ohne Anweisung des Fahrgastes darf der Wagenführer, außer in Notfällen, nicht anhalten.

VII Nach einer ununterbrochenen Fahrt von 1½ Stunde Dauer kann der Pferdewagenführer, falls der Fahrgast den Wagen noch weiter benützen will, eine Ruhepause von 15 Minuten auf Rechnung des Fahrgastes verlangen.

VIII Die Leitung des Fuhrwerkes an den Fahrgast oder eine andere Person zu überlassen, ist verboten.

IX Das Rauchen während der Fahrt bei besetztem Wagen, sowie während der Dauer der Verhandlung mit Fahrgästen über Annahme und Ausführung einer Fahrt ist verboten. Führern von Kraftfahrzeugen ist das Rauchen auch bei unbesetztem Wagen und auf den Warteplätzen nicht gestattet.

X Die Wagenführer, welche nach Orten außerhalb des Stadtbezirkes fahren, dürfen sich dortselbst höchstens eine Stunde aufhalten, es sei denn, daß der Fahrgast das Fuhrwerk wieder zur Rückfahrt bestellt hat.

§ 18. Besondere Verpflichtungen der Taxameterführer. I Auf den Warteplätzen und solange die Fahrzeuge zur

Verfügung der Fahrgäste stehen, muß der Fahrpreisanzeiger stets außer Dienst gestellt und die Fahne mit der Aufschrift Frei erhoben sein.

II Bei dem Eintritt in den Dienst eines Fahrgastes, wie auch bei der Aufnahme einer Person in das Fahrzeug zum Zwecke der Beförderung — keineswegs aber vorher — hat der Wagenführer den Fahrpreisanzeiger mittels des Hebels „in Dienst" und auf die entsprechende Taxe zu stellen und den etwa zur Erhebung kommenden Zuschlag einzurücken. Die Fahne hat alsdann, abgesehen von den in § 19 Abs. V angeführten Fahrten, bis zur Fahrtbeendigung gesenkt zu bleiben.

III Ist während der Fahrt eine andere Taxe in Anwendung zu bringen oder die Einrückung eventuell Erhöhung von Zuschlägen veranlaßt, so hat der Wagenführer auf die entsprechende Taxe einzuschalten bzw. den zu berechnenden Zuschlag einzustellen und in beiden Fällen den Fahrgast hierauf besonders aufmerksam zu machen.

IV Unmittelbar nach Beendigung der Fahrt hat der Wagenführer auf „Kasse" zu schalten, die Fahne senkrecht zu stellen, dem Fahrgast den von dem Fahrpreisanzeiger abgelesenen Fahrpreis eventuell mit Zuschlag bekannt zu geben und nach Empfang des Fahrgeldes den Apparat außer Dienst zu stellen.

V Angenommene Vorausbestellungen, welche die Übernahme einer anderweitigen Fahrt unmöglich machen, sind durch das auf die Fahne geschobene Schild mit der Aufschrift „Bestellt" zu bezeichnen.

VI Tritt eine Störung im Gangwerke des Fahrpreisanzeigers ein, während sich das Fahrzeug im öffentlichen Verkehr oder auf dem Warteplatze befindet, so ist dasselbe vom Wagenführer unverzüglich außer Betrieb zu setzen und entweder direkt der Reparaturwerkstätte oder dem Fuhrwerksbesitzer zuzuführen; in beiden Fällen hat der Wagenführer den Besitzer von der Störung sofort in Kenntnis zu setzen.

VII Ist das Fahrzeug bei konstatierter Funktionsstörung in Ausführung einer Fahrt begriffen, so ist das gleiche Verfahren zu beobachten. Der Fahrgast ist jedoch berechtigt, die Beendigung der Fahrt zu verlangen (vgl. § 19 Abs. VII).

§ 19. Fahrgeldentrichtung. I Das Fahrgeld ist nach dem polizeilich genehmigten Tarife zu entrichten.

II Die Wagenführer sind verpflichtet, den Fahrgästen auf Befragen den schuldigen Betrag genau zu bezeichnen.

III Eine den Tarifsatz überschreitende Zahlungsforderung ist denselben strengstens verboten.

IV Von dem Fahrgaste kann sofort beim Einsteigen in den Wagen die vorschußweise Entrichtung eines dem voraussichtlichen Fahrpreise entsprechenden Betrages verlangt werden.

V Bei Fahrten zum Hauptbahnhofe, zu den Theatern, zu Konzerten, zu Festlichkeiten und Veranstaltungen, wobei die Wagen in geordneter Reihe aufzufahren haben und ein Aufenthalt am Aussteigeplatze nicht zulässig erscheint, muß das Fahrgeld stets vor Erreichung des Endzieles gefordert und entrichtet werden; Taxameter haben hiebei auf Kassa zu schalten. Das Ausschalten des Apparates darf jedoch erst mit Beendigung der Fahrt erfolgen. Für Fahrten zum Hauptbahnhof bleiben vorstehende Bestimmungen für die Zeit vom 1. November mit 15. April außer Anwendung.

VI Wird die Fahrt durch ein Verschulden des Wagenführers oder durch einen an seiner Person oder an dem Gefährte sich ereignenden Unfall derart unterbrochen, daß die Fortsetzung der Fahrt in den nächsten fünf Minuten nicht erfolgen kann, so darf, soferne nicht der Fahrgast die Fahrt nach Behebung des Hindernisses fortsetzen will oder soferne die Wagenbenützung nicht schon länger als eine Viertelstunde gedauert hat, bei Taxameterfahrzeugen der Fahrpreisanzeiger nicht wenigstens den Betrag für eine zurückgelegte Wegestrecke von drei Kilometern anzeigt, für die zurückgelegte Fahrt eine Bezahlung nicht gefordert werden und ist das etwa bereits entrichtete Fahrgeld an den Fahrgast zurückzuerstatten. Die Zeit der Fahrtunterbrechung ist, nach den für die Fahrt — bei Taxameterfahrzeugen für die Wartezeit — maßgebenden Taxbestimmungen berechnet, in allen Fällen vom Fahrpreise in Abzug zu bringen.

VII Zeigt sich bei einem in Ausführung einer Fahrt befindlichen Taxameterfahrzeuge eine Störung im Gange des Fahrpreisanzeigers, so berechnet sich das Fahrgeld für die ganze Fahrt nach dem Zeittarife; der Fahrgast ist, falls er die Fortsetzung der Fahrt nicht fordert, zur Bezahlung dieses Fahrpreises nur dann verpflichtet, wenn die Fahrt schon länger als eine Viertelstunde gedauert hat.

VIII Verlangt dies der Fahrgast, so hat der Wagenführer die Fahrt zu Ende zu führen; die Bezahlung berechnet sich alsdann für die ganze Fahrt nach dem Zeittarif.

§ 20. Fahrmarken. I Die Fahrmarken müssen in Form und Text dem bei der K. Polizeidirektion aufliegenden Muster entsprechen; sie müssen mit der Nummer des Fuhrwerkes versehen sein.

II Jedem Fahrgast ist auf Verlangen eine Fahrmarke auszuhändigen.

III Bei Vorausbestellungen, sowie bei Tarifdifferenzen muß dieselbe unaufgefordert verabfolgt werden.

IV Die Fuhrwerksbesitzer haben die vorgeschriebenen Fahrmarken den in ihren Diensten stehenden Wagenführern einzuhändigen.

§ 21. Turnusdienst. I Die Führer öffentlicher Fuhrwerke sind verpflichtet, den jeweils bestimmten Warteplatz- und Eisenbahnturnus[1]) genau einzuhalten.

II Zum Turnusdienste sind sämtliche öffentliche Fuhrwerke verpflichtet. Derselbe ist mittels Einspänner oder Kraftfahrzeuges zu leisten. Wer seine öffentliche Fuhrwerksberechtigung mittels Kraftfahrzeug ausübt, hat auch den Turnusdienst mittels Kraftfahrzeug zu leisten. In besonderen Notfällen, d. h. wenn der Berechtigte den Turnusdienst weder mit seinem eigenen Kraftwagen ableisten kann, noch die Vertretung eines anderen Kraftdroschkenbesitzers zu erlangen in der Lage ist, kann der Dienst ausnahmsweise mittels Pferdefuhrwerkes geleistet werden.

[1]) Siehe MAB. 1912 S. 11 ff., 24 ff.

III Die Fuhrwerksbesitzer sind mitverantwortlich, daß ihre turnusdienstpflichtigen Fuhrwerke rechtzeitig zur Ausführung dieses Dienstes von der Betriebsstätte ausrücken.

IV Ist ein Wagenführer wiederholt wegen Verfehlung gegen die Bestimmungen über den Turnusdienst bestraft oder polizeilich verwarnt worden und ist dies dem Fuhrwerksbesitzer mit dem Auftrage, die Dienstleistung seines Wagenführers für die Zukunft zu überwachen, amtlich bekannt gemacht worden, so ist der Fuhrwerksbesitzer auch für die weitere Einhaltung des Turnusdienstes durch seinen Wagenführer mitverantwortlich.

V Eine Übertragung des Turnusdienstes an einen anderen Führer oder Besitzer eines öffentlichen Fuhrwerkes ist zulässig und sind sodann die letzteren für die richtige Einhaltung des Dienstes nach Maßgabe der vorstehenden Bestimmungen haftbar.

VI Der Führer hat zur Übernahme eines Turnusdienstes die Genehmigung seines Dienstherrn zu erholen. Ein einmal übernommener Turnusdienst darf von dem Übernehmer nicht an einen Dritten weiter übertragen werden. Von Verträgen, mittels welcher die einem Fuhrwerke obliegenden Turnusdienste auf einen Zeitraum von mehr als einer Woche übertragen werden oder welche nach Ablauf eines solchen Zeitraums erneuert werden, ist der K. Polizeidirektion durch den Besitzer des turnuspflichtigen Fuhrwerkes schriftlich oder zu Protokoll Mitteilung zu machen.

VII Die K. Polizeidirektion kann die Übernahme des Turnusdienstes untersagen, wenn der Übernehmer mit Rücksicht auf das ihm zur Verfügung stehende Material oder die ihm bereits obliegenden Turnusdienste zur richtigen Ausführung des übertragenen Turnusdienstes außerstand erscheint oder wenn derselbe in den letzten zwei Jahren bereits wiederholt wegen Unterlassung des Turnusdienstes bestraft wurde. Der K. Polizeidirektion bleibt es vorbehalten, zu bestimmen, daß und in welcher Weise die Fuhrwerke, denen Turnusdienst übertragen ist und die Fuhrwerke, mit welchen ein Turnusdienst für ein anderes Fuhrwerk ausgeübt wird, zu kennzeichnen sind.

VIII Die Umspann- und Fütterungszeit der Pferde für die im Turnusdienste stehenden Fuhrwerke wird

für die ungeraden Nummern auf 11 Uhr vormittags bis 1 Uhr nachmittags,

für die geraden Nummern auf 1 bis 3 Uhr nachmittags

festgesetzt; hiebei bleibt auch im Falle der Übertragung die Nummer desjenigen Fuhrwerkes maßgebend, für welches der Dienst geleistet wird.[1])

IX Kein in den Turnusdienst tretender Wagenführer darf sein Fuhrwerk früher als 10 Minuten vor Beginn des Turnusdienstes auffahren.

X Die im Turnus zum Warteplatzdienste bestimmten öffentlichen Fuhrwerke sind an den betreffenden Tagen und während den in der polizeilichen Turnustabelle bezeichneten Zeiten auf den angewiesenen Warteplätzen zur Fahrt bereit zu halten.

---

[1]) Vgl. hierher MAB. 1912 S. 25.

XI Die im Turnus zum Eisenbahndienste bestimmten öffentlichen Fuhrwerke sind an den betreffenden Tagen und während der in der polizeilichen Turnustabelle bezeichneten Zeiten bei Ankunft derjenigen Züge, welche den Fuhrwerksbesitzern jeweils durch Bekanntmachung im Münchener Amtsblatte und durch Anschlag im Polizeidirektionsgebäude bekanntgegeben werden, an den Bahnhöfen zur Fahrt bereit zu halten.

XII Die Aufstellung erfolgt in der Weise, wie sie durch die Warteplatzliste jeweils vorgeschrieben ist.

XIII Im übrigen haben sich die Wagenführer den an Ort und Stelle diesfalls getroffenen Anordnungen der polizeilichen Aufsichtsorgane zu fügen.

§ 22. Besondere Vorschriften für den Dienst am Hauptbahnhofe. I Auf den von der K. Polizeidirektion besonders bestimmten Warteplätzen am Hauptbahnhofe auffahrende Wagenführer haben, sobald sie Aufstellung genommen, dem dort aufgestellten Bediensteten eine Bestellmarke auszuhändigen.

II Diese Bestellmarke muß mit der Wagennummer versehen sein und im übrigen dem bei der K. Polizeidirektion aufliegenden Muster genau entsprechen.

III Der Wagenführer darf von dem Warteplatz erst dann abfahren, wenn er wieder in den Besitz der Marke gelangt ist, sei es, daß ihm dieselbe von einem Fahrgaste überbracht wird, oder daß er selbst die Marke zurückholt. Die Übernahme einer Fahrt vor Ablieferung der Marke ist verboten.

IV Gleichzeitig mit der Aushändigung der Bestellmarke an den Bediensteten hat der Wagenführer eine Gebühr von 20 Pf. gegen Quittung zu erlegen. Diese Quittung ist auf Verlangen dem Bediensteten vorzuzeigen. Bei Nichterlangung einer Fahrt wird die Gebühr gegen Rückgabe der Quittung und unter Hinausgabe der Bestellmarke zurückvergütet.

V Die Bestellmarken werden von dem aufgestellten Bediensteten der Reihenfolge nach, wie dieselben von den Wagenführern eingeliefert wurden, an die Fahrgäste abgegeben.

VI Eine Auswahl unter den Fuhrwerken ist nur insoweit zulässig, als es sich um offene oder geschlossene Wagen, um Pferdefuhrwerk oder Kraftwagen oder um Gepäckdroschken handelt.

VII Bei Vorausbestellung von Wagen zu den ankommenden Zügen werden die Bestellmarken nicht früher als 5 Minuten vor Ankunft des betreffenden Zuges abgegeben.

VIII Mit Empfangnahme der Bestellmarke gilt der Wagen als bestellt und hat auch für den Fall, daß derselbe zu einer Fahrt nicht benützt wird, seitens des Bestellers tarifmäßige Entschädigung stattzufinden.

§ 23. Fundgegenstände. I Unmittelbar nach Aussteigen des Fahrgastes hat sich der Wagenführer unter Durchsuchung des Fuhrwerkes zu vergewissern, ob von dem Fahrgaste etwa Gegenstände zurückgelassen worden sind.

II Findet er solche, so hat er, soferne dies möglich ist, dieselben dem Fahrgaste sofort zu behändigen, anderenfalls längstens bis zur nächsten 10. Vormittagsstunde im Verkehrsreferate der K. Polizeidirektion abzugeben.

§ 24. Besondere Abgabe. Zur Bestreitung der polizeilichen Aufsichtskosten sind von den Besitzern öffentlicher Fuhrwerke alljährlich bis längstens 31. Januar für jede Wagennummer 3 M. an das Taxamt der K. Polizeidirektion zu entrichten.

B. Tarifbestimmungen.

§ 25. Bestimmungen für Nichttaxameterfuhrwerke. I Die Gebührensätze für nicht mit Streckenfahrpreisanzeigern versehenen Fuhrwerke werden nach dem Zeittarif bemessen und entrichtet.

II Die erste Viertelstunde wird, wenn die Fahrt begonnen, ohne Rücksicht auf eine etwa kürzere Dauer derselben unter allen Umständen für voll bezahlt.

III Die zweite und jede folgende Viertelstunde wird für voll bezahlt, wenn mindestens fünf Minuten derselben bei Beendigung der Fahrt abgelaufen sind. Außerdem wird lediglich eine Vergütung von 20 Pf. für den Einspänner und von 30 Pf. für den Zweispänner der betreffenden Taxe zugerechnet.

IV Die Wartezeit wird der Fahrzeit gleich berechnet.

V Der Zeittarif tritt — vorbehaltlich der Bestimmung des § 27 Abs. II — mit dem Zeitpunkte in Wirksamkeit, in welchem der Wagen vom Warteplatz abberufen oder gleichviel wo, mit Beschlag belegt wird und ist auch für den Fall zu entrichten, daß eine weitere Benützung des Wagens nicht stattfindet.

VI Bei Vorausbestellungen von Wagen kann das Fahrgeld durch Übereinkommen festgesetzt werden. Kommt eine Vereinbarung nicht zustande, so wird das Fahrgeld nach dem Zeittarife unter Zurechnung einer Bestellgebühr und eventuell der weiteren zulässigen Zuschläge berechnet. In diesem Falle tritt der Zeittarif mit dem Zeitpunkte, für welchen das Fuhrwerk bestellt ist, in Wirksamkeit.

VII Die Bestellgebühr beträgt für Einspänner 80 Pf., für Zweispänner 1 M. 60 Pf.; zur Nachtzeit, d. h. in der Zeit von 10 Uhr nachts bis 6 Uhr morgens, kommen diese Beträge doppelt in Ansatz.

VIII Bei solchen Vorausbestellungen hat der Wagenführer den Besteller in erster Linie stets auf die Möglichkeit der Vereinbarung des Fahrpreises aufmerksam zu machen.

IX Abgesehen von der Bestellgebühr werden eintretendenfalls nachstehende Zuschläge zu dem nach dem Zeittraife berechneten Fahrgelde erhoben:

a) für Fahrten nach den im angefügten Verzeichnisse aufgeführten Orten,
b) für Beförderung von Gepäck (§ 27 Abs. VI),
c) für Benützung der Bestellmarken (§ 22 Abs. IV, § 27 Abs. III),
d) für telephonische Bestellung (§ 27 Abs. I).

X Die Ortszuschläge gelten nur für Fahrten nach den in dem Verzeichnisse aufgeführten Orten und nur dann, wenn die Fahrt dortselbst beendigt wird. Wird der Wagen vom Fahrgaste zugleich für die Rückfahrt benützt, so kommt der einfache Zeittarif ohne Ortszuschlag in Anwendung.

XI Wird über die Grenze des betreffenden Ortes weiter hinausgefahren, so ist der Zuschlag für den in gleicher Richtung zunächst weitergelegenen, im Verzeichnis aufgeführten Ort maßgebend.

Das gleiche gilt, wenn die Fahrt zwar über den Stadtbezirk hinaus geht, allein vor Erreichung eines der im Verzeichnisse aufgeführten Orte beendigt wird.

XII Werden bei einer Fahrt mehrere der im Verzeichnisse aufgeführten Orte berührt, so kommt nur der Zuschlag für den entferntesten dieser Orte zur Erhebung.

§ 26. Bestimmungen für Taxameterfuhrwerke.

I Der Fahrpreis für die Benützung von Fuhrwerken mit Streckenfahrpreisanzeigern berechnet sich nach Maßgabe der in § 29 bestimmten Tarifsätze und wird, falls nicht Störungen im Gange des Apparates oder unrichtige Einstellungen desselben in Mitte liegen, in der geschilderten Höhe durch den Apparat angezeigt.

II Eine andere als die vorgeschriebene Taxe darf selbst mit Einverständnis des Fahrgastes auf dem Fahrpreisanzeiger nicht eingeschaltet werden.

III Die tarifmäßigen Zuschläge sind von dem Fahrgaste nur dann zu entrichten, wenn sie auf dem Fahrpreisanzeiger in der geforderten Höhe angezeigt sind. Außerdem hat der Fahrgast die Vergütung für die Bahnhofbestellmarke und die Telephongebühr, die auf dem Fahrpreisanzeiger nicht zum Ausdruck kommt, zu ersetzen.

IV Wartezeiten vor Beginn der Fahrt — vorbehaltlich der Bestimmung des § 27 Abs. II — oder Wege des bestellten Fuhrwerkes bis zum Abholungsorte des Fahrgastes kommen nach der für eine Person vorgeschriebenen Taxe auf den Fahrpreis in Anrechnung. Diese Bestimmung gilt nur für solche Fahrten, welche bei der Bestellung sogleich beginnen.

V Bei Vorausbestellungen wird der Fahrpreis nach den festgesetzten Tarifsätzen — unter Zurechnung der in Absatz VII des vorhergehenden Paragraphen bestimmten, zur Nachtzeit doppelt in Ansatz zu bringenden Bestellgebühr und eventuell der weiteren zulässigen Zuschläge — und zwar beginnend mit dem Zeitpunkte, für welchen das Fuhrwerk bestellt ist, berechnet; mit dem bezeichneten Zeitpunkte ist in diesem Falle der Apparat „in Dienst“ zu stellen. Bei Vorausbestellungen für Fahrten zu bzw. von den Wagnerfestspielen im Prinzregententheater beträgt die Bestellgebühr für die Hinfahrt: für Pferdedroschken 1 M., für Kraftdroschken und Fiaker 1,60 M.; für die Rückfahrt: für Pferdedroschken 1,40 M., für die Kraftdroschken und Fiaker 2 M.; zur Nachtzeit, d. h. in der Zeit von 9 Uhr abends bis 6 Uhr morgens kommen diese Beträge doppelt in Ansatz (§ 27 Abs. VII).

VI Abgesehen von der Bestellgebühr kommen für Streckentaxameterfuhrwerke noch folgende Zuschläge in Betracht:
a) für Beförderung von Gepäck,
b) für Benützung der Bestellmarken,
c) für telephonische Bestellung.

VII Kommt eine übernommene Fahrt aus Gründen, welche in der Person des Bestellers liegen, nicht zur Ausführung, so ist der Fahrpreis nach Maßgabe vorstehender Bestimmungen und der Tarifsätze bzw. nach Ausweis des Fahrpreisanzeigers gleichwohl zu entrichten; der Taxameter ist alsdann nach konstatierter Fahrtunterlassung sofort wieder „außer Dienst" zu stellen.

§ 27. Gemeinsame Bestimmungen für Taxameter- und Nichttaxameterfuhrwerke. I Bei telephonischer Bestellung von Wagen berechnet sich die Fahrtaxe von dem Zeitpunkte an, an welchem der Wagen durch das Läutwerk vom Warteplatze abberufen wurde, unter Zuschlag der eventuellen amtlichen Telephongebühr von 10 Pf. Das Einschalten des Taxameterapparates darf erst nach Empfangnahme des Telephonzettels, in Ermangelung eines solchen nach Empfangnahme der telephonischen Bestellung erfolgen.

II Wird ein Wagen auf den Warteplätzen — an den Bahnhöfen für die Ankunft des nächsten Bahnzuges — mündlich oder durch Entnahme der Bestellmarke bestellt oder auf sonstige Weise mit Beschlag belegt, so ist die Fahrtaxe nicht von dem Zeitpunkte der Beschlagnahme, sondern von dem der wirklichen Benützung des Wagens an zu berechnen, soferne nicht die Warteizeit mehr als 15 Minuten beträgt; beträgt sie mehr als 15 Minuten, so tritt nach Ablauf der 15. Minute tarifmäßige Vergütung ein.

III Bei Fahrten von Warteplätzen, auf welchen das Bestellmarkensystem eingeführt ist, hat der Fahrgast dem Wagenführer die erwachsene Aufwendung von 20 Pf. zu ersetzen.

IV Die Nachttaxe kommt zur Nachtzeit, d. i. in der Zeit von 10 Uhr abends bis 6 Uhr morgens, bei Fahrten vom Prinzregententheater von 9 Uhr abends an zur Erhebung.

V Wo sich die Tarifsätze nach der Zahl der beförderten Personen richten, wird ein Kind unter 12 Jahren in Begleitung Erwachsener nicht gerechnet, je zwei Kinder unter 12 Jahren zählen für eine Person, Kinder über 12 Jahre werden Erwachsenen gleich geachtet.

VI Gepäck im Gesamtgewichte unter 10 kg ist frei. Für Gepäck im Gewichte von 10 bis einschließlich 25 kg werden 20 Pf., für jede weiteren angefangenen 25 kg 20 Pf. mehr Zuschlag erhoben. Wird Gepäck allein befördert, so ist der Taxameterapparat auf die für die Beförderung einer Person maßgebenden Taxe einzuschalten und der zur Erhebung kommende Gepäckzuschlag einzurücken.

VII Wird nach Beendigung der Fahrt zum Zwecke der Austragung von Differenzen über die Höhe des Fahrpreises die Fahrt zu einer Polizeidienststelle unternommen, so hat der Fahrgast den Wagenführer für diese Fahrt nur dann zu entschädigen, wenn der vorläufige polizeiliche Bescheid zugunsten des Wagenführers ergeht. Die fragliche Entschädigung wird stets — also auch bei Taxameterfuhrwerken, welche je nach Erreichung des Endzieles der Fahrt, für welche sie gemietet waren, auf „Kassa" zu schalten haben — nach dem Zeittarife für die Zeit von der Beendigung der ursprünglichen Fahrt bis zur Erteilung des polizeilchen Bescheides berechnet und erfolgt die Bezahlung vorbehaltlich des Rückersatzes im Falle einer anderen definitiven Entscheidung.

§ 28. Tarifsätze nach dem Zeittarif.

I. A. Zeittarif für Einspänner.

Zeitdauer	1 und 2 Personen		3 Personen	
	M.	Pf.	M.	Pf.
bis zu 1 Viertelstunde .	—	80	—	90
jede weitere Viertelstunde .	—	50	—	60
Es kostet demnach die erste Stunde	2	30	2	70
und jede folgende Stunde .	2	—	2	40

B. Zeittarif für Zweispänner.

Zeitdauer	1 bis 4 Personen		5 bis 6 Personen	
	M.	Pf.	M.	Pf.
bis zu 1 Viertelstunde	1	20	1	30
jede weitere Viertelstunde . .	—	70	—	80
Es kostet demnach die erste Stunde	3	30	3	70
und jede folgende Stunde	2	80	3	20

II Die Nachttaxe beträgt das Doppelte der einfachen Taxe. Fällt eine Viertelstunde Fahrzeit zum Teil in die Zeit, in welcher Nachttaxe, zum Teil in die Zeit, in welcher einfache Taxe zu erheben ist, so wird diese ganze Viertelstunde nach der Taxe in Ansatz gebracht, welche für ihren größeren Teil zu berechnen wäre. Desgleichen werden, wenn Nachttaxe zu bezahlen wäre, die § 25 Abs. III Satz 2 behandelten Vergütungen doppelt berechnet; dagegen kommt nicht die doppelte, sondern nur die einfache Taxe für diejenige Zeit in Ansatz, während welcher, sei es vor, während oder nach der Fahrt, der Wagen auf Veranlassung des Fahrgastes wartet. Die Zuschläge — vorbehaltlich der Bestimmung des § 25 Abs. VII (Bestellgebühren) — kommen auch zur Nachtzeit nur einfach zur Erhebung.

III Die Ortszuschläge sind folgende:

Lfd. Nr.	Für Fahrten nach folgenden Orten	Einspänner		Zweispänner	
		M.	Pf.	M.	Pf.
1	Aumeister	1	—	1	30
2	Daglfing	—	80	1	—
3	Denning	—	80	1	—
4	Englschalking	1	—	1	30
5	Fasanengarten bei Perlach	—	90	1	10
6	Forstenried	1	40	1	90
7	Freimann	1	10	1	40
8	Friedenheim	—	50	—	70
9	Fürstenried	1	30	1	80
10	Georgenschwaige	—	50	—	70
11	Großhesselohe	1	80	2	40
12	Harlaching	—	60	—	90
13	Hartmannshofen	1	30	1	80
14	Holzapfelkreuth	—	80	1	—
15	Laim	—	80	1	—
16	Ludwigshöhe mit Hinterbrühl	1	10	1	40
17	Maria Einsiedel	—	60	—	90
18	Menterschwaige	1	20	1	60
19	Milbertshofen und Milbertshofen-Rennplatz	1	—	1	30
20	Militärschießplatz bei Neufreimann	1	30	1	80
21	Militärschwimmschule	—	60	—	80
22	Moosach	1	40	1	80
23	Nederling (außerhalb Gern)	—	90	1	10
24	Neufreimann	—	80	1	—
25	Neufriedenheim	—	80	1	—
26	Schloß Nymphenburg	—	80	1	—
27	Oberföhring	—	80	1	—
28	Obersendling	—	80	1	—
29	Perlach	1	—	1	30
30	Pulvermagazin bei Milbertshofen	1	30	1	80
31	Riem und Riem-Rennplatz	1	40	1	90
32	Riesenfeld	—	60	—	80
33	Sanatorium städtisches oberhalb Harlaching	1	—	1	30
34	Stadelheim	—	60	—	80
35	Thalkircheu	—	60	—	80
36	Warthof	—	60	—	80
37	Zamdorf	—	60	—	80

§ 29. Tarifsätze nach dem Streckentaxametertarif. [I] Für Benützung von Taxameterdroschken wird nachstehender Tarif festgesetzt:

Taxe 1 (rot)	Taxe 2 (schwarz)	Taxe 3 (blau)
bis 800 m Wegstrecke: 70 Pf. fernere je 400 m Wegstrecke: 10 Pf.	bis 600 m Wegstrecke: 70 Pf. fernere je 300 m Wegstrecke: 10 Pf.	bis 400 m Wegstrecke: 70 Pf. fernere je 200 m Wegstrecke: 10 Pf.
1—2 Personen am Tage a) innerhalb des Taxameterdroschkenbezirkes; b) bei allen Fahrten, welche von auswärts zum Taxameterdroschkenbezirke gemacht werden.	3 Personen am Tage a) innerhalb des Taxameterdroschkenbezirkes; b) bei allen Fahrten, welche von auswärts zum Taxameterdroschkenbezirke gemacht werden.	1—3 Personen a) bei allen Fahrten am Tage, solange sie über die Grenze des Taxameterdroschkenbezirks nach auswärts gehen; b) bei allen Fahrten während der Nachtzeit.

Wartezeit: Neben der Streckentaxe wird die Wartezeit, wie folgt, berechnet:

Bei Tag und bei Nacht für alle drei Taxen:
vor Beginn der Fahrt bis 6 Minuten: 70 Pf.,
im übrigen 3 Minuten: 10 Pf.

[II] Der Taxameterdroschkenbezirk im Sinne dieser Bestimmung umfaßt einen Umkreis in der Entfernung von 4 1/2 km vom Marienplatz (Mariensäule) an gerechnet.

[III] Die Zuschläge — vorbehaltlich der Bestimmung des § 25 Abs. VII — kommen auch hier zur Nachtzeit nur einfach zur Erhebung.

§ 30. Tarif für öffentliche Kraftwagen. [I] Kraftfahrzeuge dürfen ohne Rücksicht auf das Ziel der Fahrt im öffentlichen Dienste Fahrten nur nach Maßgabe des folgenden Tarifs ausführen.

[II] **Die Fahrpreise für Kraftdroschken betragen:**

Taxe I (rot)

für Beförderung von **1 mit 3 Personen** a) bei Tag innerhalb des Taxameterdroschkenbezirkes b) von auswärts zum Taxameterdroschkenbezirke (hier ohne Rücksicht, ob bei Tag oder Nacht)	bis 900 m Wegstrecke; 90 Pf.	fernere je 300 m Wegstrecke: 10 Pf.

Taxe II (schwarz)

für Beförderung von 1. **1 mit 3 Personen** bei Nacht innerhalb des Taxameterdroschkenbezirkes 2. **4 und 5 Personen** a) bei Tag innerhalb des Taxameterdroschkenbezirkes b) von auswärts zum Taxameterdroschkenbezirke (hier ohne Rücksicht, ob bei Tag oder Nacht)	bis 600 m Wegstrecke: 90 Pf.	fernere je 200 m Wegstrecke: 10 Pf.

Taxe III (blau)

1. für Beförderung von **4 und 5 Personen** bei Nacht innerhalb des Taxameterdroschkenbezirkes 2. für alle Fahrten (ohne Rücksicht auf die Personenzahl), solange sie über die Grenze des Taxameterdroschkenbezirkes nach auswärts gehen	bis 450 m Wegstrecke: 90 Pf.	fernere je 150 m Wegstrecke: 10 Pf.

Neben der Streckentaxe wird die Wartezeit, wie folgt, berechnet: Für alle drei Taxen vor Beginn der Fahrt bis 6 Minuten: 90 Pf., fernere je 2 Minuten: 10 Pf.

III Ist in den Fällen des § 19 Abs. VII der Zeittarif zur Anwendung zu bringen, so berechnet sich derselbe nach Maßgabe der vorstehenden Bestimmungen über die Wartezeit und, soferne die Benützung des Fahrzeuges länger als 5 Minuten gedauert hat, zuzüglich eines Betrages für jeden zurückgelegten Wegekilometer bei Vorliegen der Voraussetzungen der Anwendung der Taxe I von 20 Pf., der Taxe II von 30 Pf., der Taxe III von 40 Pf.

IV Bestellgebühren und sonstige Zuschläge wie bei Pferdedroschken.

V Außer dem nach vorstehenden Tarifsätzen sich berechnenden Fahrpreise und den allenfallsigen Zuschlägen darf zum Fahrpreis eine weitere Entschädigung, insbesondere auch für die Leerrückfahrt nicht gefordert werden.

C. Straf-, Schluß- und Übergangsbestimmungen.

§ 31. Strafen und Beschwerden. I Zuwiderhandlungen gegen die Bestimmungen dieser Ordnung für das öffentliche Fuhrwerk unterliegen den gesetzlichen Strafen der §§ 147 Abs. I Ziff. 1, 148 Abs. I Ziff. 8 der Gewerbeordnung[1]) und des Art. 152 Abs. I des Polizeistrafgesetzbuches. Den gleichen Strafen unterliegt, wer den in § 4 Abs. II und in § 21 Abs. VII letzter Satz, der Ordnung für das öffentliche Fuhrwerk in der Fassung dieser ortspolizeilichen Vorschriften vorgesehenen Anordnungen der K. Polizeidirektion zuwiderhandelt.

II Nach Lage des Falles tritt außerdem die Entziehung der polizeilichen Betriebsbewilligung bzw. des Fahrscheines ein.

III Die im Verkehrsdienste der K. Polizeidirektion verwendeten Polizeibeamten sind berechtigt, bei Beanstandungen wegen Zuwiderhandlungen gegen die Bestimmungen dieser Ordnung für das öffentliche Fuhrwerk oder im Laufe eines wegen solcher Zuwiderhandlungen eingeleiteten Verfahrens einem Führer den Fahrschein vorläufig abzunehmen. Den bezüglichen Aufforderungen der bezeichneten Beamten ist Folge zu leisten. Bis zum Wiederempfang des Fahrscheins darf der Führer ein öffentliches Fuhrwerk nicht mehr leiten.

IV Vorsätzliche Beschädigung eines Taxameterapparates in gewinnsüchtiger Absicht, sowie wissentlich falsche Taxeinstellungen, dann bei Lenkern von Kraftwagen wiederholte Verurteilungen wegen Schnell-

[1]) Samml. S. 328 ff.

fahrens oder wegen Körperverletzung haben die Einziehung des Fahrscheins unter allen Umständen zur Folge.

V Auf den Vollzug der Ordnung für das öffentliche Fuhrwerk bezügliche Beschwerden und Vorstellungen sind bei der K. Polizeidirektion schriftlich oder mündlich anzubringen.

§ 32. Schluß- und Übergangsbestimmungen. I Die mit dem 1. Juli 1905 oder nach diesem Zeitpunkte neu in Betrieb gestellten Einspännerfahrzeuge müssen mit Streckentaxametern versehen sein. Das gleiche gilt für diejenigen Einspänner, welche nach Verzicht des Vorbesitzers durch Umschreibung der öffentlichen Fuhrwerksberechtigung erworben werden.

II Für Pferde, welche vor dem 1. Juli 1905 im Dienste des öffentlichen Fuhrwerkes verwendet sind, ist der nach § 13 Abs. V vorgeschriebene Brauchbarkeitsausweis insolange nicht erforderlich, als sie nicht ihren Besitzer wechseln.

III § 2 Abs. II Satz 2 dieser Vorschriften findet auf die zur Zeit der Erlassung derselben im öffentlichen Fahrdienste stehenden Kraftwagenführer, solange sie sich im Besitze der Fahrerlaubnis erhalten oder ihre Fahrscheine gemäß § 9 Abs. IV der Ordnung für das öffentliche Fuhrwerk ihre Gültigkeit behalten, keine Anwendung.

IV Die Bestimmungen in § 10 Abs. III und VII finden auf die im öffentlichen Fuhrwerke bereits befindlichen Wagen erst dann Anwendung, wenn dieselben einem Umbau unterstellt werden, bei welchem die Vornahme der zur Erfüllung dieser Bestimmungen nötigen Änderungen möglich ist.

V Die für die Kraftdroschken vorgeschriebenen rückwärtigen Nummernlaternen, sowie die den neuen Vorschriften entsprechenden Nummern sind binnen einem Monat nach Veröffentlichung der Vorschriften im Amtsblatte, die diesen Vorschriften entsprechenden seitlichen Laternen und Nummerngläser binnen sechs Monaten von diesem Zeitpunkte zu führen.

VI Die nach § 1 Abs. VIII vorgeschriebene Vorlage der Verträge über Haftpflichtversicherung, sowie die Mitteilung über die Übertragung von Turnusdiensten (§ 21 Abs. VI) hat gleichfalls binnen einem Monat zu erfolgen.

VII Auspuffklappen dürfen nach dem 1. Oktober 1911 an den neuzugehenden Kraftdroschken nicht mehr vorhanden sein. Soferne an den im Betrieb befindlichen Wagen noch Auspuffklappen vorhanden sind, darf die Vorrichtung zum Öffnen dieser Klappen nicht so eingerichtet sein, daß das Öffnen mittels eines Fußhebels oder durch einfachen Handgriff vom Führersitz aus erfolgen kann.

VIII Im übrigen, insbesondere auch für neuzugehende Fahrzeuge, treten die Bestimmungen der ortspolizeilichen Vorschriften sofort in Kraft.

Anhang zu der ortspolizeilichen Vorschrift über die Ordnung für das öffentliche Fuhrwerk.

a) Bekanntmachung

(MAB. 1909 S. 162).

Auf Grund des § 1 Abs. VI der Ordnung für das öffentliche Fuhrwerk in der Fassung der ortspolizeilichen Vorschriften vom 16. Februar 1909 bestimmt die K. Polizeidirektion:

1. In den Betrieb des öffentlichen Fuhrwerkes dürfen Kraftwagen mit Explosionsmotoren von mehr als 12 Pferdekräften — nach der sog. Steuerformel berechnet — nicht mehr eingestellt werden.

2. Der Inhaber einer Berechtigung, welcher zur Zeit der Erlassung dieser Verfügung mittels Pferdefuhrwerkes betrieben wird, darf im Falle des Übergangs zum Kraftwagenbetrieb (sog. Umwandlung) vom 15. Mai 1909 an vorerst bis 15. Mai 1912 seine Berechtigung nur mittels Elektromobils ausüben.

3. Auch in der Zeit von der Erlassung dieser Vorschrift bis zum 15. Mai lfd. Js. werden nur solche Kraftfahrzeuge mit Explosivmotoren in den Betrieb des öffentlichen Fuhrwerkes zugelassen, welche nachweislich vor dem 1. März 1909 bestellt wurden und bis spätestens 15. April gl. Js. bei der K. Polizeidirektion angemeldet sind, und zwar unter der weiteren Voraussetzung, daß der beteiligte Fuhrwerksunternehmer im Zeitpunkte der Erlassung dieser Bestimmung sich im Besitze der Berechtigung, welche mittels der Kraftdroschke ausgeübt werden soll, befunden hat oder wenigstens die Übertragung dieser Berechtigung bei der K. Polizeidirektion vorgemerkt war.

München, 27. März 1909. K. Polizeidirektion.

---

b) Bekanntmachung.

(MAB. 1909 S. 162).

Auf Grund des § 1 Abs. VIII der Ordnung für das öffentliche Fuhrwerk in der Fassung der ortspolizeilichen Vorschriften vom 16. Februar 1909 bestimmt die K. Polizeidirektion:

Die Inhaber öffentlicher Fuhrwerksberechtigungen, welche mittels Kraftfahrzeugs betrieben werden, müssen für jedes dieser Fahrzeuge versichert sein.

1. Für den Fall der Tötung oder Verletzung eines Menschen bis zu dem Kapitalbetrage von 50000 Mk. oder bis zu einem Rentenbetrage von jährlich 3000 Mk.

2. Für den Fall der Tötung oder Verletzung mehrerer Menschen durch dasselbe Ereignis unbeschadet der in Ziff. 1 bestimmten Grenzen bis zu einem Kapitalbetrage bis insgesamt 150000 Mk. oder bis zu einem Rentenbetrage von insgesamt 9000 Mk.

3. Für den Fall der Sachbeschädigung bis zu einem Betrage von 10000 Mk.

München, 27. März 1909. K. Polizeidirektion.

c) Bekanntmachung.

(MAB. 1911 S. 395).

Die K. Polizeidirektion erläßt auf Grund des § 1 Abs. VI der Ordnung für das öffentliche Fuhrwerk vom $\frac{\text{14. Juni 1905}}{\text{16. Februar 1909}}$ in der durch die ortspolizeilichen Vorschriften vom 29. Mai 1911 gegebenen Fassung folgende Anordnung:

Vom 1. Oktober 1911 ab ist die Umwandlung von Pferdedroschken in Kraftdroschken mit Verbrennungsmotor auf Grund einer besonderen Erlaubnis der K. Polizeidirektion gestattet.

Diese Erlaubnis wird nur erteilt, wenn derjenige, welcher umwandeln will, die öffentliche Fuhrwerksberechtigung vom Zeitpunkte der Umwandlung rückwärts gerechnet, volle fünf Jahre persönlich ausgeübt hat. In die fünfjährige Wartezeit wird, wenn die Berechtigung an eine Witwe von ihrem Ehemanne oder an Kinder von ihren Eltern im Erbgange oder von Vermächtniswegen oder bei Lebzeiten zum Zwecke der Selbständigmachung oder als Heiratsgut übergegangen ist, diejenige Zeit eingerechnet, während welcher unmittelbar vorher der Erblasser, Vermächtnisgeber bzw. Übergeber die Berechtigung ausgeübt hat.

Eine Berechtigung, welche mittels Kraftwagens mit Verbrennungsmotor ausgeübt wird, kann vor dem 1. Januar 1915 mit der Wirkung, daß sie durch den Erwerber der Berechtigung mittels solchen Kraftwagens weiter betrieben werden darf, nur unter der Voraussetzung übertragen werden, daß der Übertrager — Einrechnung der Besitzzeit des verstorbenen Ehemanns oder der Eltern, wie oben — die Berechtigung volle drei Jahre mit Kraftwagen mit Verbrennungsmotor ausgeübt hat. Ist diese Voraussetzung nicht erfüllt, so wird die Konzession nur zum Betriebe mittels Pferdefuhrwerks oder Elektromobils erteilt.

Diese Bestimmungen gelten auch für diejenigen Berechtigungen, welche vor dem 1. Oktober 1911 mittels Benzinkraftwagens betrieben wurden; die bei Erlassung der Verfügung vom 27. März 1909 mittels Elektromobils betriebenen Berechtigungen bleiben den mit Benzinwagen betriebenen Berechtigungen in bezug auf die Möglichkeit der Umwandlung gleichgestellt. Bei Übertragungen nach dem 1. Januar 1915 genügt an Stelle der dreijährigen Wartezeit nach der Umwandlung eine zweijährige, und bei Übertragungen nach dem 1. Januar 1918 eine einjährige Wartezeit. Von der Einhaltung der Wartezeiten nach der Umwandlung kann aus ganz besonders berücksichtigungswerten Anlässen, z. B. Tod des Berechtigten ohne Möglichkeit der Fortführung der Berechtigung durch die Erben, dauernder Fortzug aus München, Konkurserklärung, Umgang genommen werden.

Wer umwandelt, darf nur neue Kraftwagen einstellen und muß den einzelnen Kraftwagen entweder bar bezahlt oder eine Anzahlung von wenigstens 3000 Mk. auf denselben geleistet haben; für die weiteren Abschlagszahlungen dürfen höhere Verpflichtungen als mit monatlich 250 Mk. nicht eingegangen werden. Kraftwagen, für welche suspensive Eigentumsvorbehalte der Verkäufer bestehen, werden nicht zugelassen.

Personen, welche die Konzession zum Betriebe eines öffentlichen Fuhrwerks nach dem 1. Juli 1911 erhalten haben und nicht zur Zeit der Erlangung der Konzession als Fuhrwerksberechtigte oder als Droschkenführer dem öffentlichen Fuhrwerk bereits angehört haben, müssen ihre Wagen vollständig und in bar bezahlt haben.

Für die Sicherstellung der Aufbringung der erstmaligen notwendigen Betriebsausgaben, insbesondere der Versicherungsbeiträge, ist außerdem ein Betriebskapital von wenigstens 1000 Mk. bar oder in Belegen über die bezeichneten Aufwendungen nachzuweisen.

Für alle Umwandlungen, welche in der Zeit vom 1. Oktober 1911 bis 1. Oktober 1912 vorgenommen werden, müssen, soferne der Betrieb nur als Tagbetrieb stattfinden soll, ein und im Falle des Betriebes als Tag- und Nachtbetrieb zwei Chauffeure neu eingestellt werden, die erst mit der Umwandlung die Berechtigung zur Leitung öffentlicher Kraftfuhrwerke erhalten.

Die Erlaubnis zur Umwandlung wird solchen Personen nicht erteilt, welche die Polizeidirektion über das Vorhandensein der in dieser Verfügung bestimmten Voraussetzungen durch Verabredungen oder in anderer Weise täuschen oder zu täuschen versuchen sollten.

Ist durch die Täuschung die Erlaubnis zur Umwandlung bereits erwirkt worden, so wird diese Erlaubnis wieder zurückgenommen und je nach Lage des Falles auch die Berechtigung zum Betriebe des öffentlichen Fuhrwerks überhaupt eingezogen.

Die Einreichung der einschlägigen, entsprechend belegten Gesuche kann alsbald erfolgen.

München, 17. Juni 1911. K. Polizeidirektion.

---

9. Ortspolizeiliche Vorschriften vom 11. Januar 1910 über Straßenreinlichkeit.[1])

(MGZ. 1907, Amtliche Beilage zu Nr. 65, 1910 S. 19).

Die vom Magistrat der K. Haupt- und Residenzstadt München auf Grund des § 366 Ziff. 10 des Reichsstrafgesetzbuches erlassenen und von der K. Regierung von Oberbayern, K. d. J., als vollziehbar erklärten ortspolizeilichen Vorschriften über Straßenreinlichkeit vom 17. Mai 1898 werden in der jetzt gültigen Fassung (mit den Abänderungen nach Maßgabe der Beschlüsse vom 5. März 1901, 13. August 1901, 15. April 1902, 11. Mai 1906, 11. Juni 1907 und 11. Januar 1910) verkündet:

§ 1. Verbot der Straßenverunreinigung. [I] Jede Verunreinigung der öffentlichen Straßen, Plätze, Anlagen (Pflanzungen), Fuß-, Reit- und Radfahrwege ist untersagt.

---

1) Siehe unten S. 99.

II Insbesondere ist das Ausstauben von Gegenständen aller Art, das Ausgießen oder Fließenlassen irgendwelcher Flüssigkeiten, das Auswerfen von toten Tieren oder Teilen von solchen, das Auswerfen oder Lagern von Schutt und Abfällen jeder Art, wie Scherben, Asche, Gemüse, Papierabfälle, Holzspäne, Kohlen und Torfgries, Eierschalen, Obst- insbesondere Orangenschalen usw. verboten.

§ 2. Die Befriedigung der natürlichen Bedürfnisse auf öffentlichen Straßen, Plätzen, Anlagen und Fuß-, Reit- und Radfahrwegen ist (zur Tages- wie zur Nachtzeit) verboten.

§ 3. Herabwerfen von Schutt. I Es ist verboten, Schutt, Bausteine, Gerüstzeug u. dgl. auf die Straße zu werfen und dadurch Staub zu erzeugen.

II Wo das erstere bei Vornahme von Abbruchsarbeiten unvermeidlich ist, ist der Schutt schichtenweise mit Wasser reichlich zu begießen.

§ 4. Auslegung übelriechender Gegenstände. Rohe oder frisch gegerbte Häute und Felle, sowie übelriechende oder ekelerregende Gegenstände an einer öffentlichen Straße oder Anlage (Pflanzung) oder an einem öffentlichen Platze aufzuhängen oder auszulegen, ist verboten.

§ 5. Transport übelriechender Gegenstände im allgemeinen. Gegenstände, welche einen üblen Geruch verbreiten, desgleichen Gegenstände, welche die Straße verunreinigen können, auf welche sich aber die Bestimmung in § 12 Abs. 2 der ortspolizeilichen Vorschrift vom 18. Februar 1911 über den Straßenverkehr[1]) nicht bezieht, dürfen nur in wohlverschlossenen und reinlich gehaltenen Behältern oder Wagen transportiert werden; in gleicher Weise ist der Transport des Blutes vorzunehmen.

§ 6. Transport von Knochen und Trebern. I Der Transport von Knochen darf nur in überdeckten Säcken oder in vollständig geschlossenen Wagen geschehen.

II Trebern dürfen bei trockenem Frost auf geräuschlos gepflasterten Straßen und Plätzen nicht transportiert werden, jedoch ist das Überqueren der letzteren gestattet.

§ 7. Transport von Schweinetrank. I Die Einsammlung des sog. Schweinetranks darf in den Straßen und Plätzen des Stadtteiles, der abgegrenzt wird von der Brienner-, Residenzstraße, Max-Josephplatz, Maximilian-, Kanal-, Hildegard-, Hochbrückenstraße, Tal, Rindermarkt, Sendlingerstraße, Sendlingertorplatz, Sonnenstraße (Westseite), Karlsplatz (Westseite), Bayerstraße, Bahnhofplatz, Luisen-, Elisenstraße, Lenbachplatz, Otto- und Briennerstraße (die den Gürtel bildenden Straßen und Plätze sind, soweit sie den Gürtel bilden, inbegriffen), nur in der Zeit von abends 8 Uhr bis morgens 8 Uhr erfolgen.

---

[1]) S. oben S. 9.

II In den außerhalb dieses Gürtels liegenden Stadtteilen ist die Einsammlung in der Zeit von abends 6 Uhr bis vormittags 10 Uhr gestattet.

III Das Einsammeln hat in der Weise zu erfolgen, daß Belästigungen der Passanten ausgeschlossen sind.

IV Die zur Einsammlung und zum Transport verwendeten Gefäße sind äußerlich rein und während der Fahrt gut verschlossen zu halten.

V Das Durchfahren der Straßen und Plätze des erstgenannten Stadtteiles mit Trankfuhrwerken in der Zeit von abends 6 Uhr bis morgens 10 Uhr ist gestattet.

§ 8. Transport von Abtritt- und Versitzgrubeninhalt und von Tiermist. Auf den Transport des Inhaltes von Abtritt- und Versitzgruben sowie von Tiermist finden die hierüber bestehenden ortspolizeilichen Vorschriften Anwendung.

§ 9. Regelmäßige Straßenreinigung. Reinigung der Droschkenwarteplätze. I Die Fuß-, Radfahr- und Reitwege sowie die nicht eingefriedeten Baumgräben sämtlicher Straßen und Plätze, ferner die Straßenrinnen und Fahrbahnen der gepflasterten Straßen und Plätze sind an jedem Werktage, und zwar in der Zeit vom 15. März bis 14. Oktober einschließlich morgens vor 6 Uhr, in der Zeit vom 15. Oktober bis 14. März einschließlich morgens vor 7 Uhr zu kehren und von allem Schmutz zu reinigen in der Weise, daß die Reinigung zur bezeichneten Stunde vollendet ist. Dasselbe hat an den Vorabenden der Sonn- und Feiertage noch ein zweites Mal, und zwar in der Zeit vom 15. März bis 14. Oktober einschließlich abends 6 Uhr, in der Zeit vom 15. Oktober bis 14. März einschließlich nachmittags 5 Uhr zu geschehen.

II Die Fußwege sind fortgesetzt rein zu halten, insbesondere auch von der Beschmutzung, die durch Hunde verursacht wurde; klebriger Schmutz, welcher sich im Laufe des Tages auf denselben bildet, muß gründlich — erforderlichenfalls durch Abschwemmen mit Wasser — beseitigt werden.

III Bei trockener, frostfreier Witterung sind die zu kehrenden Flächen mit Wasser so reichlich zu bespritzen, daß beim Kehren kein Staub entsteht.

IV Die Besitzer von öffentlichem Fuhrwerk sind verpflichtet, sämtliche Droschkenwarteplätze auf eigene Kosten ständig von Pferdedünger rein zu halten; der angefallene Dünger ist an geeigneten Stellen bis zur nächsten Abfuhr unterzubringen. Die Warteplätze sind, um der Entstehung übler Gerüche vorzubeugen, so oft als notwendig mit Wasser abzuschwemmen.

§ 10. Freilassen der Kanalsenkkästen. I Die Öffnungen, durch welche das in den Straßen sich sammelnde Wasser in die Straßenkanäle geleitet wird, müssen stets frei von allen den Wasserablauf hindernden Gegenständen gehalten werden.

II Kehricht, Schlamm, Schnee oder Eis in die Senkkästen zu räumen, ist strenge verboten.

§ 11. Außerordentliche Straßenreinigung. Sind die in § 9 genannten Flächen durch Benützung derselben zum Lagern, zum Auf- oder Abladen oder durch den Transport von Waren und Materialien, wie von Kohle, Torf, Sand, oder durch Zerbrechen oder Ausrinnen von Gefäßen verunreinigt worden oder ist sonstwie eine erhebliche Verunreinigung entstanden, so muß dieselbe sofort, insoferne es sich aber um einen Fall der letztgenannten Art handelt, jedenfalls sofort nach erfolgter Aufforderung beseitigt werden.

§ 12. Beseitigung des Straßenkehrichts. I Der Straßenkehricht ist am Rande der Fahrbahn unter Freilassung der Straßenrinnen auf Haufen zusammenzubringen. Haben die Kehrichtabfuhrwagen schon die betreffende Straßenstrecke passiert, so ist der Kehrichthaufen sofort zu beseitigen.

II In den von der Straßenbahn berührten Straßen ist der Kehricht, der sich bei Reinigung der Flächen zwischen den Geleisen einschließlich der Spurrillen und eines rechts und links der äußersten Schiene liegenden Streifens von je 0,40 m Breite ergibt, bei gekuppelter Doppelbahn innerhalb der beiden Geleise, bei einfacher Bahn zur Seite derselben zusammenzuhäufen, in beiden Fällen aber sofort abzuführen.

§ 13. Unterhalt ungepflasterter Fußwege. I Ungepflasterte Fußwege, ferner Baumgräben, welche nicht als Rasenstreifen hergestellt sind, sind stets in ebenem und glattem Zustande zu erhalten.

II Haben sich Vertiefungen in denselben gebildet, worin das Wasser stehen bleibt, so müssen sie eingeebnet oder mit gereinigtem Riesel ausgefüllt werden.

III Der Schlamm, welcher sich bei nasser Witterung auf den in Abs. I genannten Flächen bildet, ist sofort vollständig abzukehren; hat sich jedoch der Boden erweicht, so daß diese Maßregel nicht mehr genügt, so ist die ganze Fläche mit feinem gereinigten Riesel zu überziehen.

§ 14. Straßenspritzen. I In der Zeit vom 1. März bis 1. November sind bei trockener frostfreier Witterung die Fuß-, Reit-, Radfahrwege, Straßenrinnen und Fahrbahnen der Straßen und Plätze täglich morgens vor der Reinigungsvornahme mit frischem Wasser reichlich zu bespritzen; die Reit-, Radfahrwege, Straßenrinnen und Fahrbahnen sind ein zweites Mal nachmittags 1 Uhr und in den Monaten Juni, Juli und August noch ein drittes Mal nachmittags 5 Uhr reichlich zu bespritzen.

II Die Verpflichtung zur drittmaligen Bespritzung fällt weg an den Sonn- und Feiertagen, sowie für Private in allen den Fällen, in welcher zum Spritzen ein bespannter Spritzwagen verwendet wird.

III Die genaue Einhaltung der in Abs. I für die Vornahme der Straßenspritzungen festgesetzten Zeitpunkte kann nachgelassen werden, wenn die Straßenspritzung in Ansehung ausgedehnter und räumlich voneinander getrennter Straßen- und Platzflächen unter Anwendung bespannter Spritzwagen von einem und demselben Pflichtigen — z. B. Zivilliste, Ärar, Stadtbauamt, Münchener Straßenreinigungsgesellschaft — vorgenommen werden muß und der vom Pflichtigen hierüber vorgelegte Betriebsplan die Genehmigung des Magistrats erhält.

IV Außerdem sind Straßenfahrbahnen, die von Transportgesellschaften in fahrplanmäßigem Betriebe befahren werden, von diesen bei trockener Witterung außer der regelmäßigen Besprengung im Sinne dieses Paragraphen noch so oft zu besprengen, daß eine Staubentwicklung hintangehalten wird.

§ 15. Verpflichtete Personen. I Die Erfüllung der in den §§ 9 mit 14 bezeichneten Verpflichtungen obliegt den Besitzern der an der Straße gelegenen Grundstücke auf die ganze Länge ihrer Grundstücke auch für den Fall, daß die Grundstücksgrenzen mit der festgesetzten Baulinie nicht zusammenfallen.

II Ist eine Baulinie nicht festgesetzt, so ist der Eigentümer des an die bestehende Straße stoßenden Grundes zur Reinigung verpflichtet, wobei allenfallsige Stützmauern, Böschungen und Straßengräben als Bestandteile der Straße gelten.

III Auf den seitens der Stadtgemeinde zum Unterhalt noch nicht übernommenen Straßen und Plätzen obliegt die gesamte Reinigung einschließlich Kehren, Schlamm- und Laubbeseitigung in ganzer Ausdehnung den Grundanliegern.

IV Wenn zwischen Geh- und Fahrbahnen Rasenflächen, gärtnerische Anlagen, Radfahr- oder Reitwege oder in die Fahrbahn Gehbahninseln eingelegt sind, welche von der Stadtgemeinde hergestellt und unterhalten werden, so wird dadurch die Reinigungspflicht der Anwesensbesitzer hinsichtlich der Fahrbahn weder beschränkt noch aufgehoben.

V Bezüglich der in § 12 Abs. 2 erwähnten Straßenbahnflächen treffen diese Verpflichtungen das Straßenbahnunternehmen.

VI Die zweitmalige und drittmalige Bespritzung der Straßenbahnflächen fällt nicht dem betreffenden Unternehmen, sondern demjenigen zur Last, der abgesehen von dem Bestande der fraglichen Straßenbahn zu ihrer Bespritzung verpflichtet wäre.

VII Die Stellvertreter der eigentlichen Verpflichteten sowie die von ihnen mit den bezüglichen Vorkehrungen betrauten Personen und deren Bedienstete sind ebenfalls für die Erfüllung der vorgeschriebenen Reinigungsarbeiten verantwortlich.

VIII Im Falle des § 11 kann durch besondere Aufforderung der hiezu ermächtigten magistratischen bzw. polizeilichen Organe auch derjenige, welcher die Verunreinigung verursacht hat, zur Beseitigung derselben angehalten werden.

§ 16. Abgrenzung der Reinigungsflächen. I Die in § 15 bezeichneten Verpflichtungen werden im folgenden näher bestimmt:

II Bei den in der ganzen Fahrbahnbreite gepflasterten oder mit Kleinsteinbelag versehenen gewöhnlichen Straßen ist das Kehren und Reinigen sowie das Spritzen nicht nur auf die Fuß-, Reit-, Radfahrwege und Straßenrinnen, sondern auch bis zur Mitte der Fahrbahn, bei den in ihrer ganzen Fahrbahnbreite gepflasterten oder mit Kleinsteinbelag versehenen Plätzen und Straßen mit geteilter Fahrbahn dagegen auf eine Breite von 6 m von den Randsteinen an auszudehnen.

III Dies gilt auch für den Fall, daß die Reinigungsfläche durch den Straßenbahnkörper (§ 12 Abs. 2) in mehrere Teile zerschnitten wird.

IV Am St. Jakobsplatz wird die Kehrung und Reinigung an Markttagen, insoweit derselbe für den Markt benützt wird, durch die Stadtgemeinde vorgenommen.

V Bei den ungepflasterten Straßen und Plätzen, sowie in allen jenen Fällen, in denen in die Fahrbahn nur ein Pflasterstreifen eingepflastert ist (Landstraßen und Makadamstraßen mit ausgepflastertem Straßenbahngeleis), beschränkt sich das Kehren und Reinigen auf die Fuß-, Reit- und Radfahrwege, wogegen das Spritzen in gleicher Ausdehnung wie bei den ganz gepflasterten Straßen und Plätzen vorzunehmen ist.

VI Straßen oder Plätze, bei deren Fahrbahnpflasterung Makadamstreifen belassen wurden, um als Radfahr- oder Reitweg zu dienen, gelten bezüglich der Reinigungsverpflichtung als in ganzer Fahrbahnbreite ausgepflastert.

VII Bei Straßen, welche einseitige Pflasterungen bis zu einem Randstein anschließend aufweisen, haben die Angrenzer der gepflasterten Straßenseite bis zur Straßenmitte die gesamte Reinigung vorzunehmen.

VIII Bei Plätzen, welche als solche amtlich nicht bezeichnet oder nicht anerkannt sind, und bei platzähnlichem Zusammentreffen mehrerer Straßen regelt sich die Verpflichtung der Straßenangrenzer zur Straßenreinigung im Sinne der laut Abs. 2 und 5 dieses Paragraphen für gepflasterte und ungepflasterte Straßen getroffenen Bestimmungen mit der Maßgabe, daß in Fällen, in welchen Zweifel über die Mitte der Fahrbahnen bestehen, die auf die einzelnen Straßenangrenzer treffenden Reinigungsflächen vom Magistrat bestimmt und den Beteiligten bezeichnet werden.

IX Rasenflächen und gärtnerische Anlagen bleiben beim Ausmaß der Reinigungsflächen unberücksichtigt.

§ 17. Verpflichtung der Stadtgemeinde. I Insoweit gemäß §§ 15 und 16 weder die Anwesens- bzw. Grundbesitzer, noch die Straßenbahnunternehmungen zum Kehren, Reinigen und

Spritzen der Straßen und Plätze verpflichtet sind, wird es durch die Stadtgemeinde besorgt.

II Derselben obliegt überdies die Reinigung gepflasterter Straßenübergänge in ungepflasterten Straßen.

§ 18. Begriffsbestimmungen. Als Plätze im Sinne der vorstehenden Vorschriften sind nur jene zu verstehen, welche als solche amtlich bezeichnet oder anerkannt sind; als Fußwege gelten außer den Bürgersteigen (Trottoirs) auch alle jene Wege und Straßen, welche ausschließlich für den Fußgängerverkehr bestimmt sind.

§ 19. Ermäßigung der Reinigungspflicht. Der Magistrat behält sich vor, in entlegenen und spärlich bebauten Teilen des Burgfriedens die vorstehend aufgeführten Verpflichtungen zur Reinigung entsprechend zu ermäßigen.

§ 20. Vorstehende Bestimmungen treten am Tage ihrer Verkündigung in Kraft. Am gleichen Tage verlieren die ortspolizeilichen Vorschriften vom 13. September 1906 ihre Wirksamkeit.

Am 11. Januar 1910.

Magistrat der K. Haupt- und Residenzstadt München.

10. Ortspolizeiliche Vorschrift vom 11. Juni 1907 über die Handhabung der Straßenreinlichkeit auf den mit Holz-, Asphalt- oder Kieserlingpflaster versehenen Straßenstrecken und Plätzen.

(MGZ. 1907 Amtliche Beilage zu Nr. 65).

Die K. Polizeidirektion und der Magistrat der K. Haupt- und Residenzstadt München erlassen auf Grund des § 366 Ziff. 10 des Reichsstrafgesetzbuches nachstehende durch Entschließung der K. Regierung von Oberbayern, Kammer des Innern, vom 30. Juli lfd. Js. als vollziehbar erklärte ortspolizeiliche Vorschrift über die Handhabung der Straßenreinlichkeit auf den mit Holz-, Asphalt- oder Kieserlingpflaster versehenen Straßenstrecken und Plätzen.

Für die Handhabung der Straßenreinlichkeit auf denjenigen Straßenstrecken und Plätzen, deren Fahrbahnen mit Holz-, Asphalt- oder Kieserlingpflaster versehen sind, treten an Stelle der §§ 9 mit 18 der ortspolizeilichen Vorschriften vom 17. Mai 1898 über Straßenreinlichkeit, in der Fassung vom 11. Januar 1910[1]) sowie der von der K. Polizeidirektion und dem Magistrat München gemeinsam erlassenen ortspolizeilichen Vorschrift vom 18. Juli 1905 über die Straßenreinlichkeit in den mit Holz- oder Asphaltpflaster versehenen Straßen und Plätzen, dann des § 97 der ortspolizeilichen Vorschriften vom 18. Februar 1911[2]) über den Straßenverkehr folgende Bestimmungen:

§ 1. Hauptreinigung. I Die Gehbahnen, Straßenrinnen und Fahrbahnen sind bei frostfreier Witterung in ihrer ganzen Ausdehnung täglich mit Ausnahme der Nächte von Sonntag auf Montag unter Verwendung eines Spritzkarrens oder eines Sprengventils ab-

[1]) Siehe oben S. 93. — [2]) Siehe oben S. 37.

zuschwemmen und sodann mittels Kehrmaschine oder Gummischieber gründlich von allem Schmutz und sonstigen Abfällen zu reinigen, und ist der Kehricht sofort zu entfernen. Für die nicht aus Holz- oder Asphaltpflaster hergestellten Gehbahnen genügt die Reinigung mittels Besen.

II Bei Frost oder Frostgefahr ist die Straßenbesprengung auf das zulässige geringste Maß zu beschränken und nur insoweit zu betätigen, daß beim Kehren das Aufwirbeln von Staub verhütet wird.

III Die vorbezeichneten Arbeiten sind in der Zeit vom 1. April bis 15. Oktober von nachts 10 Uhr (in Straßenbahnstraßen jedoch nicht vor Beendigung des regelmäßigen Straßenbahnbetriebes bis morgens 6 Uhr, in der Zeit vom 15. Oktober bis 1. April von nachts 12 Uhr bis morgens 7 Uhr vorzunehmen. Der von der nächtlichen Hauptreinigung angefallene Schlamm muß in der Zeit vom 1. April bis 15. Oktober bis 7 Uhr morgens, in der Zeit vom 15. Oktober bis 1. April um 8 Uhr morgens vollständig beseitigt sein.

IV Bildet sich in den Wintermonaten klebriger Schmutz auf den Geh- oder Fahrbahnen, so ist, wenn es zur Nachtzeit nicht schon geschehen kann, auch bei Tag eine Waschung derselben mittels Sprengwagen, Kehrmaschinen oder Gummischiebern vorzunehmen.

§ 2. Besprengung der Straßenflächen. I In der Zeit vom 1. April bis 15. Oktober ist bei trockener frostfreier Witterung das ausgiebige Besprengen der Fahrbahnen und Straßenrinnen zwischen 1 Uhr und 3 Uhr nachmittags mittels Sprengwagen vorzunehmen.

II In der Zeit vom 1. Mai bis 15. September hat eine gleiche reichliche Besprengung der Fahrbahnen und Straßenrinnen auch zwischen 3 u. 5 Uhr nachmittags zu erfolgen. Die Straßenrinnen sind nach jedesmaliger Besprengung mittels Gummischieber durchzuschieben und hierauf der Schlamm zu beseitigen.

III Die Bestimmung des § 1 Abs. 2 findet auch hier sinngemäße Anwendung.

IV Die Gehbahnen werden unter Tags nicht besprengt.

§ 3. Nachreinigung. I Unter Tags und zwar in der Zeit vom 1. April bis 15. Oktober von 7 Uhr morgens bis 6 Uhr abends, in der übrigen Zeit des Jahres aber von 7 Uhr morgens bis 5 Uhr abends sind die bezeichneten Flächen ständig rein zu erhalten.

II Das Zusammenkehren des Unrats auf Haufen an den Randsteinen zum Zwecke späterer Abfuhr ist nur vorübergehend gestattet, und hat die Beseitigung desselben mit tunlichster Beschleunigung zu erfolgen.

§ 4. Aufsanden. I Zum Besanden der Fahrbahnen im Winter ist bei blanker Bahn gleichviel ob Frostglätte oder Regen reiner Quarzsand, bei Schneefall grobkörniger Quarzriesel, zum Abstumpfen der Gehbahn reiner Quarzsand zu verwenden.

II Im Frühjahr und im Herbst sind bei beginnendem Regen die Fahrbahnen mit reinem Quarzsand leicht zu bestreuen und sobald der Sand vollständig zerfahren ist, mittels Gummischieber abzuschieben.

III In der Zeit vom 15. Mai bis 1. Oktober unterbleibt dieses Sandstreuen und sind die Fahrbahnen bei Regen mittels Gummischieber abzuschieben und in reinen Zustand zu versetzen.

IV Bildet sich auf den Gehbahnen bei fortdauerndem Regen eine schmierige Schicht, so sind dieselben vor- und nachmittags je einmal mit Gummischiebern abzuschieben.

V Dabei ist zu beachten, daß außer Wasser keinerlei Stoffe in die Kanalsinkkästen verbracht werden.

§ 5. Schnee und Eis. I Die bezeichneten Flächen sind von Schnee und Eis stets frei zu halten. Falls dies wegen fortgesetzten Schneefalles nicht sofort möglich ist, sind sogleich nach Beendigung desselben die angesammelten Schnee- und Eismassen mittels Schneekrücken von den Gehbahnen und Fahrbahnen zu beiden Seiten der letzteren, jedoch unter Freihaltung der Straßenrinnen, in Haufen zu bringen.

II Die bei dieser Gelegenheit oder bei der nächtlichen Reinigung aufgehäuften Schneemassen sind jeweils ohne vorherige Aufforderung mit tunlichster Beschleunigung zu beseitigen.

III Haben sich Schnee- oder Eisbuckel gebildet, so ist durch Abminderung ihrer Höhe eine Einebnung der Gehbahnflächen herbeizuführen, und sind diese sodann mit reinem Sand zu bestreuen.

IV Das Abladen von Schnee und Eis in Vorgärten sowie überhaupt an anderen als den hiefür öffentlich bekannt gegebenen Plätzen ist verboten.

V Bei eintretendem Tauwetter sind die aufgetauten Schneemassen von den Geh- und Fahrbahnen sofort abzuschieben und abzufahren.

§ 6. Schutz der Kanäle. I Die Kanaleinfallschächte müssen von Kehricht, Schnee und Eis, sowie überhaupt von allen den Wasserablauf hindernden Gegenständen stets freigehalten werden.

II Das Verbringen solcher Stoffe in die Kanaleinfallschächte ist verboten.

§ 7. Verpflichtete Personen. I Für die Erfüllung der vorgenannten Verpflichtungen sind — vorbehaltlich der Bestimmung des Absatzes 3 — längs der einzelnen Anwesen oder Grundstücke die Besitzer der an der Straße gelegenen Grundstücke auf die ganze Länge ihrer Grundstücke, auch für den Fall, daß die Grundstücksgrenzen mit der festgesetzten Baulinie nicht zusammenfallen, verantwortlich, soferne nicht ihre bezeichneten Verpflichtungen von der städtischen Straßenreinigungsanstalt übernommen worden sind. Wenn zwischen Geh- und Fahrbahnen Rasenflächen, gärtnerische Anlagen, Radfahr- oder Reitwege oder in die Fahrbahn Gehbahninseln eingelegt sind, welche von der Stadtgemeinde hergestellt und unterhalten werden, so wird dadurch die Reinigungspflicht der Anwesensbesitzer hinsichtlich der Fahrbahn weder beschränkt noch aufgehoben.

II Abgrenzung der Reinigungsflächen. Was die örtliche Abgrenzung der Reinigungspflicht anlangt, so erstreckt sich letztere in allen Fällen auf die Gehbahn bis zu den Randsteinen, welche die Fahrbahn von der Gehbahn trennen und außerdem bei Plätzen und Straßen mit geteilter Fahrbahn auf eine Fahrbahnbreite von 6 m von den Randsteinen, bei den übrigen Straßenstrecken aber auf die Hälfte der Fahrbahn bis zu deren Mittellinie, auch wenn durch den Straßenbahnkörper die Reinigungsflächen der einzelnen Pflichtigen in mehrere Teile zerschnitten werden. Rasenflächen und gärtnerische Anlagen bleiben beim Ausmaß der Reinigungsflächen unberücksichtigt.

III Für die Fahrbahn der Ludwigstraße gilt die Einschränkung, daß sich die Reinigungspflicht der nach Abs. 1 Verpflichteten nur auf eine Fahrbahnbreite von 6 m von der Straßenrinne (Kante der Straßenrandsteine) ab erstreckt.

IV Auf den von einer Straßenbahn berührten Straßenstrecken und Plätzen fällt die Erfüllung vorbesagter Verpflichtungen bezüglich des Straßenbahnkörpers (das ist der zwischen den Geleisen liegenden Fläche mit Einschluß eines rechts und links der äußersten Schiene liegenden Streifens von je 0,40 m Breite) dem Inhaber des Straßenbahnunternehmens zur Last, mit der Maßgabe jedoch, daß die Verpflichtung zur zweit- und drittmaligen, sowie zu jeder infolge besonderer magistratischer Anordnung noch vorzunehmenden Besprengung (§ 2 Abs. 1 und 2) denjenigen trifft, welcher, abgesehen von dem Bestand der fraglichen Straßenbahn, zur Bespritzung verpflichtet wäre.

V Sind die in § 1 bezeichneten Flächen durch Benützung derselben zum Lagern, zum Auf- oder Abladen oder durch den Transport von Waren und Materialien oder durch Zerbrechen oder Ausrinnen von Gefäßen verunreinigt worden, oder ist sonstwie eine erhebliche Verunreinigung entstanden, so kann auch derjenige, welcher die Verunreinigung verursacht hat, zur Beseitigung derselben angehalten werden.

VI Insoweit nach obigen Bestimmungen verpflichtete Personen nicht vorhanden sind, werden die fraglichen Arbeiten von der Stadtgemeinde besorgt.

§ 8. Begriffsbestimmung. Als Plätze im Sinne der vorstehenden Vorschrift sind nur jene dem öffentlichen Verkehr dienenden Flächen zu verstehen, welche als Plätze amtlich bezeichnet oder anerkannt sind.

§ 9. Schlußbestimmung. I Gegenwärtige Vorschrift tritt am Tage ihrer Verkündigung in Kraft.

II Die eingangs der gegenwärtigen Vorschrift nicht aufgeführten Bestimmungen der allgemeinen ortspolizeilichen Vorschrift vom 11. Januar 1910 über Straßenreinlichkeit und der ortspolizeilichen Vorschriften vom 18. Februar 1911 über den Straßenverkehr finden auf die mit Holz-, Asphalt- oder Kieserlingpflaster versehenen Straßenstrecken und Plätze auch fernerhin gleichmäßige Anwendung.

München, den 11. Juni 1907.

K. Polizeidirektion und Magistrat der K. Haupt- und Residenzstadt München.

11. Statut vom 23. Januar 1900, die Handhabung der Straßenreinlichkeit auf den mit Holz oder Asphalt gepflasterten Straßenstrecken und Plätzen betreffend.

(MGZ. 1907 Amtliche Beilage zu Nr. 65.)

Der unterfertigte Magistrat der K. Haupt- und Residenzstadt München erläßt auf Grund der Art. 40, 84, 112 Ziff. 5 und 10, und 159 Ziff. 5 der Gemeindeordnung für die Landesteile rechts des Rheines in Abänderung des Statuts vom 2. Juni 1898, „die Reinigung der mit Holz bzw. Asphalt gepflasterten Straßen und Plätze betr.", mit Zustimmung des Kollegiums der Gemeindebevollmächtigten folgendes, durch Entschließung der K. Regierung von Oberbayern, Kammer des Innern, vom 3. lfd. Mts. genehmigtes Statut:

§ 1. Zweck der städtischen Straßenreinigungsanstalt. I Die städtische Straßenreinigungsanstalt ist eine Gemeindeanstalt, welche die Aufgabe hat, auf denjenigen Straßenstrecken und Plätzen, deren Fahrbahnen mit Holz oder Asphalt gepflastert sind, alle Reinigungsarbeiten, welche auf Grund der ortspolizeilichen Vorschrift vom 11. Juni 1907 über die Handhabung der Straßenreinlichkeit auf den vorgenannten Straßenstrecken und Plätzen den Anwesens- oder Grundeigentümern, sowie den Inhabern der Trambahnunternehmungen obliegen, auf Antrag der beteiligten Anwesens- oder Grundeigentümer zu übernehmen.

Die Reinigungsarbeiten werden entweder in unmittelbarem gemeindlichen Betriebe oder im Auftrag der Gemeinde durch einen Unternehmer unter dessen ausschließlicher privatrechtlicher und strafrechtlicher Haftbarkeit besorgt.

§ 2. Anmeldung und Abmeldung der Anwesens- und Grundeigentümer. I Jedem Anwesens- oder Grundeigentümer steht es jederzeit frei, die Benützung der städtischen Straßenreinigungsanstalt für sich in Anspruch zu nehmen.

II Der Antrag ist auf schriftlichem Wege entweder beim Magistrat unmittelbar oder bei dem einschlägigen Bezirksinspektor zu stellen.

III Der Rücktritt von der Benützung der Anstalt ist nur 3 Monate vor Ablauf eines Kalenderjahres mit Wirkung vom 1. Januar des darauffolgenden Jahres ab durch Abgabe einer schriftlichen Erklärung beim Magistrat zulässig.

§ 3. Gebührenpflicht. I Als Vergütung für die Ausführung der in § 1 bezeichneten Leistungen der Straßenreinigungsanstalt werden folgende Jahresgebühren berechnet:[1])

a) Von dem Trambahnunternehmen:

für jeden Quadratmeter Trambahnkörper eine Gebühr von 0,90 Mk.,

[1]) Die nachstehenden Gebühren bezeichnen nur die zulässigen Maximalgebühren. Durch die Beschlüsse beider Gemeinde-Kollegien vom 11. und 20. Mai 1897 sind die tatsächlichen Gebühren bis auf weiteres auf 0,72, 0,08 und 0,80 Mk. ermäßigt.

b) von den Anwesens- oder Grundeigentümern:
für jeden Quadratmeter Trambahnkörper eine Gebühr von 0,10 Mk.,
im übrigen für jeden Quadratmeter Reinigungsfläche eine Gebühr von 1,00 Mk.

II Die Festsetzung der einzelnen Reinigungsflächen erfolgt durch das Stadtbauamt.

III Die hiernach sich berechnenden Beträge sind jeweils an die Abteilung II der Stadthauptkasse vorauszubezahlen und zwar zum erstenmal am Tage der tatsächlichen Reinigungsübernahme für die Zeit vom Beginn des Kalendermonats, in dessen Verlauf die Reinigungsübernahme erfolgt, bis zum Ende des betreffenden Kalenderhalbjahres, von da ab bei Beginn eines jeden Kalenderhalbjahres.

IV Die Gebührenpflicht endigt zufolge eines rechtzeitig erklärten Rücktritts am Schluß des Kalenderjahres (vgl. § 2, Abs. 3).

V Längere oder kürzere Unterbrechungen im Vollzug der Reinigungsarbeiten sind für die Gebührenpflicht nur dann von Einfluß, wenn sie in der städtischen Straßenreinigungsanstalt selbst ihren Grund haben.

§ 4. Schluß- und Übergangsbestimmungen. I Gegenwärtiges Statut tritt am 1. Februar lfd. Js. in Kraft.

II Am gleichen Tage verliert das Statut vom 26. November 1889, „die Reinigung der mit Holz bzw. Asphalt gepflasterten Fahrbahn der Schellingstraße betreffend", und das Statut vom 2. Juni 1898, „die Reinigung der mit Holz bzw. Asphalt gepflasterten Straßen und Plätze betreffend", seine Wirksamkeit.

III Für jene Personen, vor deren Anwesen oder Grundstücken schon bis jetzt auf Grund eines der vorbezeichneten bisherigen Statuten die Straßenflächen von der Stadtgemeinde — ohne Einspruch ihrerseits — gereinigt wurden, bedarf es einer förmlichen Antragstellung im Sinne des § 1 und 2 des gegenwärtigen Statuts nicht, vielmehr wird deren Einverständnis mit der ferneren Vornahme der Reinigungsarbeiten durch die Stadtgemeinde auf Grund des gegenwärtigen Statuts angenommen, wenn sie nicht innerhalb 8 Tagen vom Tage des Inkrafttretens desselben Einspruch erheben.

München, den 23. Januar 1900.

Magistrat der K. Haupt- und Residenzstadt München.

---

12. Anordnung der K. Polizeidirektion vom 16. September 1909 über die Schnee und Eisabfuhr nach dem Zonensystem.

(MAB. 1909 S. 415.)

Auf Grund des § 97 Ziff. 4 der ortspolizeilichen Vorschriften vom 18. Februar 1911[1]) über den Straßenverkehr und den Verkehr

---

[1]) Siehe oben S. 39.

in den öffentlichen Anlagen wurde die Frist zur Abfuhr des von den Geh- und Fahrbahnen abgeräumten Schnees und Eises nach dem Zonensystem geregelt.

Die Abfuhr innerhalb der ersten Zone hat binnen einem Tag, innerhalb der zweiten Zone binnen zwei Tagen, innerhalb der dritten Zone binnen drei Tagen, innerhalb der vierten Zone binnen vier Tagen und innerhalb der fünften Zone binnen fünf Tagen nach der jeweils polizeilich zu bestimmenden Frist zu erfolgen.

Die in die Frist fallenden Sonn- und Feiertage werden nicht mitgerechnet.

1. Zur ersten Zone gehören:

a) der Stadtteil, der abgegrenzt wird von dem Max-Josephplatz durch die Maximilianstraße zum Kosttor und Platzl, durch die Orlando-Lederer- und Maderbräustraße zum Tal, von da durch den Radlsteg, durch die Westenriederstraße über den Viktualienmarkt, durch das Rosental, durch die Pettenbeck-, Dult- und Sendlingerstraße über den Sendlingertorplatz, durch die Sonnenstraße, Schwanthaler- und Schillerstraße in die Bayerstraße, über den Bahnhofplatz, durch die Prielmayerstraße, über den Karls- und Lenbachplatz zur Pfandhausstraße durch die Rochusstraße über den Rochusberg, durch die Jungfernturm- und Briennerstraße zur Feldherrnhalle, durch die Residenzstraße zum Max Josephplatz; hierbei sind die den Gürtel bildenden Straßen und Plätze, mit Ausnahme des Sendlingertor- und Lenbachplatzes, ihrer ganzen Ausdehnung nach inbegriffen;

b) die Maximilianstraße, die Ledererstraße von der Orlando- bis zur Hochbrückenstraße, das Tal vom Radlsteg bis zum Isartorplatz, dieser Platz, die Zweibrückenstraße, am Gasteig, die innere Wienerstraße, die äußere Wienerstraße bis zum Max Weberplatz einschließlich dieses Platzes, die Rosenheimerstraße bis zur Steinstraße, die Rumfordstraße, Reichenbachstraße, die platzartige Erweiterung der Reichenbach- und bzw. Fraunhoferstraße bis zur Reichenbachbrücke, die Baaderstraße zwischen Fraunhofer- und Ickstattstraße, die Müller-, Angertor- und Kolosseumstraße, die Thalkirchnerstraße bis zur Kapuzinerstraße, die Schillerstraße von der Schwanthaler- bis zur Nußbaumstraße, die Schwanthalerstraße von der Schiller- bis zur Paul-Heysestraße, diese Straße, die Goethestraße von der Bayer- bis zur Pettenkoferstraße, die Bayerstraße von der Schiller- bis zur Landsbergerstraße, die Landsbergerstraße von der Bayer- bis zur Holzapfelstraße, die Arnulfstraße bis zur Wredestraße, die Dachauerstraße bis zum Stiglmaierplatz, die Augustenstraße, die Karlstraße von der Augusten- bis zur Dachauerstraße, die Galeriestraße, endlich sämtliche Brücken des Stadtbezirkes.

2. Zur zweiten Zone gehören:

a) der von der Steinsdorf-, innere Zweibrücken- und der Baaderstraße, dem Baaderplatz, der Fortsetzung der Baaderstraße bis zur Fraunhoferstraße, von dieser durch die Müller-, Pestalozzistraße, der

Kapuzinerstraße ab Pestalozzistraße bis zur Lindwurmstraße einschließlich dem Kapuzinerplatz, der Lindwurmstraße ab Kapuzinerstraße bis zum Goetheplatz, der Goethestraße vom Goetheplatz bis zur Schwanthalerstraße, der Schwanthalerstraße bis zur Ganghoferstraße, der Westendstraße ab Ganghoferstraße, der Schrenk-, Landsberger-, Grasser-, Arnulf- und Hasenstraße, dem Stiglmaierplatz, der Briennerstraße, dem Karolinenplatz, der Barerstraße, der Adalbertstraße von der Barer- bis zur Ludwigstraße, der Ludwigstraße, der Galeriestraße bis zur Bruderstraße, der Bruder-, Christoph-, Wurzer- und Maximilianstraße mit ihrem nördlichen Forum begrenzte Stadtteil — insoweit nicht einzelne Straßen und Plätze dieses Stadtteiles schon zur ersten Zone gehören —; hierbei sind die diesen Gürtel bildenden Straßen, soweit sie den Gürtel bilden, eingeschlossen;

b) die Kohlstraße, die Corneliusstraße zwischen Baader- und Erhardtstraße, die Auenstraße von der Ickstattstraße bis zur Kapuzinerstraße, der Baldeplatz, die Kapuzinerstraße von der Auen- bis zur Pestalozzistraße, die Thalkirchnerstraße von der Kapuzinerstraße bis zur Bahnunterfahrt, die Reifenstuelstraße, die Maistraße von der Kapuziner- bis zur Thalkirchnerstraße, die Tumblingerstraße vom Kapuziner- bis zum Zenettiplatz, die Landwehrstraße von der Goethestraße bis zur St. Paulstraße, die Landsbergerstraße von der Schrenk- bis zur Donnersbergerstraße, letztere von der Landsberger- bis zur Richelstraße, die Nymphenburgerstraße zwischen Stiglmaierplatz und Erzgießereistraße, diese Straße, die Schleißheimerstraße vom Stiglmaierplatz bis zur Heßstraße, die Theresienstraße von der Augusten- bis zur Barerstraße, die Schellingstraße von der Barer- bis zur Luisenstraße, die Barerstraße von der Adalbert- bis zur Nordendstraße, die Schönfeldstraße, die von der Tannstraße von der Ludwig- bis zur Königinstraße, die Hahnenstraße, die Wolfstraße, die Thierschstraße nördlich vom Maxmonument, die Triftstraße, Tattenbachstraße, äußere Maximilianstraße, die Ismaningerstraße zwischen Max Weberplatz und Langerstraße, die äußere Wienerstraße vom Max Weberplatz bis zur Flurstraße, die Rosenheimerstraße von der Stein- bis zur Orleansstraße und die Ohlmüllerstraße von der Frühling- bis zur Falkenstraße.

3. Zur dritten Zone gehören:

a) der von dem linken Isarufer, der Erhardt-, Wittelsbacher- und Ehrengutstraße, der Isartalstraße bis zur Eisenbahnunterfahrt, dem Eisenbahnkörper, der Tumblingerstraße bis zur Lagerhausstraße, der Ruppert-, Lindwurm-, Impler- und Schmied Kochelstraße, der Lindwurmstraße, Theresienhöhe — ausgenommen den Bavariaring —, der Kazmairstraße, der Ligsalzstraße gegen die Westendstraße, ferner jenseits des Gebietes der Zone II, weiter der Wrede-, Pappenheim-, Nymphenburger-, Erzgießerei- und Dachauerstraße, dem Maßmannplatz, der Maßmannstraße, Schleißheimer-, Görres-, Teng-, Neureuther-, Isabella-, Georgen- und Arcisstraße, dem Elisabethplatz, der Nordend-, Kurfürsten-, Hohenzollern-, Leopold- und Ungererstraße zur Bandstraße, der Marschall-, Biedersteiner-, Mandl- und Königinstraße, der Prinzregenten-, Lerchenfeld-, Oettingen- und Tivolistraße, der Widenmayerstraße bis Emil Riedelstraße, der Emil Riedelstraße, Oettingenstraße, Prinzregentenstraße und der Widenmayerstraße zwischen Prinzregentenbrücke und Maximilianstraße begrenzte Stadtteil — insoweit nicht schon zur ersten und zweiten Zone gehörig —; hierbei sind die diesen Gürtel bildenden Straßen, soweit sie den Gürtel bilden, eingeschlossen;

b) die Kazmairstraße von der Ligsalzstraße bis zur Bergmannstraße, die Ligsalzstraße von der Kazmairstraße bis zum Matthias Pschorr-Ring, die Westendstraße von der Ganghoferstraße bis zur Bahnunterfahrt, die Landsbergerstraße von der Donnersbergerstraße bis zur Bahnunterfahrt nächst der Barthstraße, die Arnulfstraße von der Wrede- bis zur Maillingerstraße, die Blutenburgstraße, die Maillingerstraße von der Blutenburg- bis zur Nymphenburgerstraße, die Elvirastraße, die Schulstraße, die Nymphenburgerstraße von der Erzgießereistraße bis zum Rothkreuzplatz, dieser Platz, die Winthirstraße bis zur Romanstraße, die Kreittmayrstraße von der Erzgießereistraße bis zum Ferdinand Millerplatz, die Dachauerstraße von der Erzgießerei- bis zur Leonrodstraße, die Heß- und Schellingstraße von der Schleißheimer- bis zur Winzererstraße, die Görresstraße von der Schleißheimer- bis zur Lothstraße, die Schleißheimerstraße von der Görres- bis zur Farinellistraße, die Metzger-, Milch-, Stein-, Franziskaner-, Falken- und Humboldtstraße, der Giesingerberg, die Frühling- und Morassistraße.

4. **Zur vierten Zone gehören:**

a) die Wittelsbacherstraße ab Ehrengutstraße, ferner der von der Schäftlarn-, Brudermühl-, Thalkirchner-, Gotzinger-, Tumblinger-, Oberländer-, Daiser-, Lindenschmit- und Plinganserstraße, der Theresienhöhe und Kazmairstraße, dem Matthias Pschorr-Ring, der Ganghofer- und Ridlerstraße, dem Heimeranplatz, der Trappentreu-, Westend-, Barth-, Landsberger-, Donnersbergerstraße, Winthirstraße bis zur südlichen Auffahrts-Allee, der Nymphenburger-, Ruffini-, Orff-, Volkart-, Fasanerie-, Leonrod-, Dachauer-, Loth-, Winzerer-, Hohenzollern-, Belgrad-, Viktor Scheffel-, Viktoria-, Herzog-, Bismarck-, Siegfried-, Karl Theodor-, Band-, Marschall-, Biedersteiner-, Mandl- und Königinstraße, der Prinzregenten-, Lerchenfeld-, Oettingen- und Tivolistraße begrenzte Stadtteil links der Isar — insoweit nicht schon zur ersten mit dritten Zone gehörig —; hierbei sind die diesen Gürtel bildenden Straßen, soweit sie den Gürtel bilden, eingeschlossen;

b) die Khidlerstraße von der Lindenschmit- bis zur Valleystraße, die Pliganserstraße von der Lindenschmit- bis zur Heckenstallerstraße, die Fraunbergstraße, die Forstenriederstraße bis zur Abzweigung nach Holzapfelkreut, der Bavariaring, die Kazmairstraße von der Trappentreu- bis zur Astallerstraße, die Landsbergerstraße von der Bahnunterfahrt bis zur Hubertusstraße, die Hirschbergstraße von der Donnersberger- bis zur Renatastraße, die Hirschgarten-Allee, das südliche und nördliche Schloßrondell, die südliche Auffahrts-Allee, die Notburgastraße, die Waisenhausstraße von der Ruffini- bis zur Dom Pedrostraße, die Frundsbergstraße von der Ruffinistraße bis zum Dom Pedroplatz, die Mayrfelsstraße, die Artilleriestraße von der Volkart- bis zur Hübnerstraße, die Dachauerstraße von der Leonrod- bis zur Ebenauerstraße, die Schleißheimerstraße bis zur Burgfriedensgrenze, die Emanuelstraße, die Belgradstraße von der Viktor Scheffel- bis zur Hörwarthstraße, die Hörwarth- und Parzivalstraße, der Parzivalplatz, die Schwabingerlandstraße von der Bandstraße bis zur Parzivalstraße, die Germaniastraße bis zur Fuchsstraße, die Ungererstraße von der Bandstraße bis zur Trambahnhaltestelle beim neuen nördlichen Friedhof, die Osterwald- und Keferstraße, die Montgelasstraße, die Neuberghauser-, Steinbacher-, Lortzing- und Hombeschstraße, der Denninger Weg von der Ismaningerstraße bis zur Donaustraße, die Ismaningerstraße von der Langerstraße bis zur Einmündung des Engelschalkinger Weges, die äußere Prinzregentenstraße mit Auffahrt, der Prinzregentenplatz, die Grillparzer-, Troger- und Langerstraße, untere und obere Feldstraße, die Bogenstraße, in der Grube, an der Schwaige, die äußere Wienerstraße von der Versailler- bis zur Steinhauserstraße, ferner der von der äußeren Maximilianstraße, dem Max Weberplatz, der äußeren Wienerstraße, Versailler-, Geisberg-, und Grillparzerstraße einschließlich des Coulmiersplatzes, der Orleansstraße und des Orleansplatzes, der Balan-, Franziskaner-, Schorn-, und Drächslstraße, dem Regerplatz, der Reger-, Tegernseerland-, Emeran-, Zugspitz-, Martin-, Tegernseerland-, Perlacher-, Raintaler-, Wirt- und Bergstraße, dem Giesingerberg, der Humboldt- und Oefelestraße, dem Edlingerplatz, der Entenbach-, Boos-, Frühling-, Schwaiger-, Entenbach- und Zweibrückenstraße, dem Gasteig, der inneren Wienerstraße, dem Wienerplatz, der Prater- und der Skellstraße begrenzte Stadtteil — insoweit nicht schon zu den vorhergehenden Zonen gehörig —; hierbei sind die diesen Gürtel bildenden Straßen, soweit sie den Gürtel bilden, eingeschlossen; sodann die Pilgersheimerstraße von der Humboldtstraße bis zum Candidplatz, die Oefelestraße von der Humboldt- bis zur unteren Weidenstraße, die Birkenau, die obere und untere Weidenstraße, die Sommer-, Freibad- und Schyrenstraße, der Schyrenplatz und die Edlingerstraße, die Claude Lorrain- und Birkenfeldstraße.

5. **Die fünfte Zone wird gebildet:**

aus den Straßen und Plätzen des ganzen Stadtgebietes, welche nicht zu den Zonen eins mit vier gehören.

München, 16. September 1909.

K. Polizeidirektion.

13. Ortspolizeiliche Vorschriften vom 31. Oktober 1900 über Aufgrabungen in asphaltierten Straßen.

(MAB. 1900 S. 761).

Die K. Polizeidirektion München erläßt auf Grund des Art. 90 des Polizeistrafgesetzbuches vom 26. Dezember 1871 und des § 17 der K. Allerhöchsten Verordnung vom 2. Oktober 1869, die Ausscheidung der Zuständigkeit der K. Polizeidirektion betreffend, bezüglich der Vornahme von Aufgrabungen in den mit Asphalt belegten Straßen nachfolgende ortspolizeiliche Vorschrift:

§ 1. In den mit Asphalt belegten Straßenfahrbahnen darf der Aufbruch des Asphalts und Betons für Tiefbauzwecke nur durch denjenigen erfolgen, welcher die Asphaltfahrbahn zu unterhalten hat.

§ 2. Die Anzeige über beabsichtigte Aufgrabungen in den in Betracht kommenden Straßen hat durch den Unternehmer der Tiefbauarbeit so rechtzeitig beim Stadtbauamte München, Abteilung für Straßenbau, zu erfolgen, daß dasselbe in der Lage ist, das weitere zur Vornahme der Arbeiten zu veranlassen.

§ 3. Eine Ausnahme findet nur statt, wenn beim Ausströmen von Gas oder Wasser Gefahr auf Verzug besteht; doch hat hierüber sofortige Anzeige an das Stadtbauamt, Abteilung für Straßenbau, zu erfolgen.

§ 4. Gegenwärtige Vorschrift tritt mit dem Tage der Publikation in Kraft.

München, 31. Oktober 1900.

K. Polizeidirektion.

Vorstehende ortspolizeiliche Vorschrift wurde durch Entschließung der K. Regierung von Oberbayern, Kammer des Innern, vom 11. November 1900 Nr. 47089 für vollziehbar erklärt.

München, 18. November 1900.

K. Polizeidirektion.

---

14. Ortspolizeiliche Vorschriften vom 8. Mai 1899 die Ländordnung betr.

(MGZ. 1899 S. 184)

Der Magistrat der K. Haupt- und Residenzstadt München erläßt im Einvernehmen mit dem Gemeindeausschuß Thalkirchen auf Grund des Art. 98 des Polizeistrafgesetzbuches nachstehende von der K. Regierung von Oberbayern mit Entschließung vom 21. April 1899 Nr. 15231 für vollziehbar erklärte Ländordnung:

§ 1. [I] Sämtliche auf der Isar nach München kommenden Flöße müssen — vorbehaltlich der in § 1 II und § 2 gegenwärtiger Vorschrift bezeichneten Ausnahmen — an der städtischen Zentrallände in Maria-Einsiedel geländet und ausgeladen werden.

II Die für die sog. Harlachinger Lände bestimmten Flöße dürfen bis auf weiteres noch an dieser Lände geländet werden. Diese Ausnahmebewilligung ist jedoch jederzeit widerruflich und namentlich von der genauen Einhaltung der bestehenden allgemeinen Ländvorschriften, sowie von der unverkürzten und pünktlichen Bezahlung der hienach treffenden Gebühren bedingt.

III Der Inhaber vorstehend bezeichneter Ausnahmelände hat auf Beihilfe zum Anländen und auf Bereitstellung von Ländutensilien keinen Anspruch.

§ 2. I Floßführer, welche ihre Flöße hier bloß durchführen, haben entweder an der Zentrallände oder an der Notlände in Thalkirchen das Öffnen der Floßfahrtfalle abzuwarten. In letzterem Falle haben die Floßführer auf Bereitstellen von Ländutensilien und Beihilfe zum Anländen keinen Anspruch.

II Das Öffnen der Floßfahrtfalle findet jeweils nach Bedarf und Möglichkeit statt.

III Die Einhebung einer Gebühr von durchfahrenden Flößen erfolgt nur dann, wenn eine Benützung der städtischen Länden zum Ein- oder Ausladen von Waren gegeben ist.

§ 3. Eine an der Einfahrtschleuße zum neuen Floßkanal angebrachte schwarzgelbe Fahne bedeutet, daß infolge niedrigen Wasserstandes der freie Floßfahrtverkehr auf der offenen Isar über den Maria-Einsiedler Senkbaum eingestellt ist und demnach auch die durchgehenden Flöße ihren Weg durch die Zentrallände nehmen müssen.

§ 4. Den Führern von durchgehenden Flößen wird weiterhin durch eine auf der Brücke am Einfluß des Stadtbaches (Schinderbrücke) angebrachte weißblaue Blechfahne angezeigt, durch welchen Ablaß dieselben in die große Isar einfahren dürfen. Zeigt die Fahne nämlich gegen die Isar, so ist durch den ersten Floßdurchlaß (lange Tenne), zeigt sie gegen Sendling, so ist durch den zweiten Floßdurchlaß (Schinderablaß) zu fahren.

§ 5. An anderen als an den in § 1 und 2 bezeichneten Plätzen — außer in Notfällen — anzuländen, ist verboten. Im Falle von Betriebsstörungen im Zentralländebassin haben sämtliche hieher kommende Flöße vorübergehend an der bisherigen Lände in Thalkirchen zu länden und wird der Eintritt eines solchen Falles durch Anbringung einer roten Fahne an der Einfahrtsschleuße zum neuen Floßfahrtkanal angezeigt.

§ 6. Die Floßfahrt ist zulässig, sobald und solange Wasserstand und Witterung es gestatten. Die Eröffnung und der Schluß der Floßfahrt, sowie die etwa notwendig werdende Beschränkung derselben auf bestimmte Wochentage wird jeweils rechtzeitig bekannt gegeben.

§ 7. I Für die Floßfahrt sind die oberpolizeilichen Vorschriften über die Trift und Floßfahrt auf der Isar und Loisach vom 12. Januar 1875 (Kreisamtsblatt S. 83) auch im Burgfrieden der Stadt München maßgebend.

"Außerdem muß jeder an den städtischen Länden anländende oder vorübergehende Floß mit einem guten Hanfseile versehen sein.

§ 8. Das Hieherbringen von Flößen an Sonn- und Feiertagen, nach Sonnenuntergang, sowie überhaupt nach 7 Uhr abends ist, Notfälle ausgenommen, verboten.

§ 9. Übertretung gegenwärtiger Vorschrift hat Einschreitung nach Art. 98 des Polizeistrafgesetzbuches zur Folge.

§ 10. Vorstehende Bestimmungen treten mit dem 15. Mai lfd. Js. in Kraft. Am gleichen Tage treten die entgegenstehenden Bestimmungen der Ländordnung vom 25. Juni 1878 außer Wirksamkeit.

Am 8. Mai 1899.

Magistrat der K. Haupt- und Residenzstadt München.

III. Oeffentliche Ruhe und Sittlichkeit.

1. Ortspolizeiliche Vorschriften vom 13. Februar 1908, betreffend die Polizeistunde.

(MAB. 1908 S. 93.)

Die K. Polizeidirektion München erläßt auf Grund des § 365 Strafgesetzbuch, Art. 2 Ziff. 4 Polizeistrafgesetzbuch, § 6 der K. Verordnung vom 2. Oktober 1869 und § 1 der K. Verordnung vom 5. Februar 1908[1]) nachstehende ortspolizeiliche Vorschriften, betreffend die Polizeistunde:

§ 1. I Die Polizeistunde wird für die Stadt München auf 2 Uhr morgens festgesetzt, mit der Maßgabe, daß von diesem Zeitpunkt an bis 5 Uhr morgens Gäste in Schankstuben und an öffentlichen Vergnügungsorten nicht verweilen dürfen.

II Für Faschingsdienstag ist die Polizeistunde auf 12 Uhr — Mitternacht — festgesetzt.

§ 2. Zuwiderhandlungen gegen vorstehende Bestimmungen unterliegen einer Geldstrafe bis zu 60 Mk. oder einer Haftstrafe bis zu 14 Tagen.

§ 3. Die ortspolizeilichen Vorschriften treten am 1. April 1908 in Kraft.

München, 13. Februar 1908.

K. Polizeidirektion.

Für vollziehbar erklärt durch Entschließung der K. Regierung von Oberbayern, Kammer des Innern, vom 26. März 1908 Nr. 16756.

---

2. Ortspolizeiliche Vorschriften[2]) vom 1. Juli 1862 der K. Polizeidirektion München über musikalische Aufführungen, Kegelspiele usw.

(MAB. 1862 S. 1.)

Musikalische Aufführungen, Kegelspiele oder sonstige Unterhaltungen, welche im Innern des Stadtbezirkes in Wirtschafts- oder Privatgärten oder in sonstigen nicht geschlossenen Räumlichkeiten abgehalten werden, dürfen über die elfte Nachtstunde nicht verlängert werden.

3. Sittenpolizeiliche Vorschriften der K. Polizeidirektion München vom 5. Januar 1903, 3. Dezember 1903, 22. Februar 1905 und 8. September 1907 zu § 361 Nr. 6 des Reichsstrafgesetzbuches.

Der Abdruck dieser Vorschriften unterbleibt, da diese Vorschriften nach MinE. vom 4. Februar 1872 nicht veröffentlicht werden.

---

[1]) Samml. S. 139.

[2]) Strafbestimmung: Art. 34 PStGB.

IV. Nahrungs- und Genußmittelpolizei.

1. Ortspolizeiliche Vorschrift vom 5. Oktober 1906 und 15. Februar 1912 über den Verkehr mit Nahrungs- und Genußmitteln.

(MGZ. 1906, Amtliche Beilage zu Nr. 82, 1912 S. 69).

Der Magistrat der K. Haupt- und Residenzstadt München erläßt auf Grund der Art. 74, 75, 142, 143 und 145 des Polizeistrafgesetzbuches für Bayern vom 26. Dezember 1871 nachstehende, durch Regierungsentschließung vom 1. September 1906 und 7. Februar 1912 für vollziehbar erklärte ortspolizeiliche Vorschrift über den Verkehr mit Nahrungs- und Genußmitteln.

I. Abschnitt.

Allgemeine Vorschriften.

§ 1. In jedem Zubereitungs-, Betriebs- und Verkaufsraum für Nahrungs- und Genußmittel ist an einer in die Augen fallenden, für das Personal bequem zugänglichen Stelle ein Abdruck gegenwärtiger Vorschriften in gutem Zustande aufzubewahren.

§ 2. Der Verkehr mit Nahrungs- und Genußmitteln innerhalb der Stadt München unterliegt der Beaufsichtigung nach Maßgabe der nachstehenden Vorschriften, insoweit nicht besondere Gesetze oder auf Grund von Gesetzen erlassene anderweitige Vorschriften Anwendung zu finden haben.

§ 3. I Die Beaufsichtigung wird ausgeübt durch die zuständigen Beamten des Stadtmagistrats und erstreckt sich nicht nur auf die Beschaffenheit der für den Verkehr bestimmten Nahrungs- und Genußmittel, sondern auch auf die Art ihrer Zubereitung, Aufbewahrung, Feilhaltung und ihres Verkaufs, auf den Transport, das Ausmessen und Auswägen.

II Demnach unterliegen dieser Beaufsichtigung auch alle Räumlichkeiten, Einrichtungen und Gerätschaften, welche der Zubereitung, Aufbewahrung, Feilhaltung, dem Transporte und dem Verkauf von Nahrungs- und Genußmitteln dienen.

III Die zuständigen Beamten sind daher befugt, in die in Betracht kommenden Räumlichkeiten während der üblichen Geschäftszeit und, wenn der Betrieb unter Tags ruht, z. B. in Bäckereien, Metzgereien, auch außerhalb der Geschäftszeit einzutreten.

§ 4. I Die Geschäftsräumlichkeiten, welche der Herstellung, Aufbewahrung oder Feilhaltung von Nahrungs- und Genußmitteln dienen, und die sämtlichen mit den Nahrungs- und Genußmitteln in Berührung kommenden Gerätschaften, Einrichtungen usw. müssen so beschaffen sein, daß sie leicht gereinigt werden können.

---

[1]) Vergl. hieher Reichsgesetz vom 14. Mai 1879 betr. den Verkehr mit Nahrungsmitteln, Genußmitteln und Gebrauchsgegenständen: Samml. S. 161.

II Sie alle müssen, ebenso wie die Nahrungs- und Genußmittel selbst, stets in reinlichem Zustande gehalten werden.

III Es ist verboten, Nahrungs- und Genußmittel auf eine gesundheitsschädliche oder ekelerregende Weise zuzubereiten, aufzubewahren zu transportieren, zuzumessen, zuzuwägen, oder sonst zu behandeln.

§ 5. I Die mit der Zubereitung, dem Transport und dem Verkauf von Nahrungs- und Genußmitteln sich befassenden Personen haben an sich und ihren Kleidern die größte Reinlichkeit zu beobachten.

II Den mit der Zubereitung von Nahrungs- und Genußmitteln beschäftigten Personen ist das Rauchen, Schnupfen und Tabakkauen in den Arbeitsräumen verboten.

III Personen, welche mit ansteckenden oder ekelerregenden Krankheiten behaftet sind, dürfen sich mit der Zubereitung, dem Transport oder dem Verkauf von Nahrungs- und Genußmitteln nicht befassen; solchen Personen ist auch der Aufenthalt in Räumen verboten, in welchen Nahrungs- und Genußmittel zubereitet, aufbewahrt oder feilgehalten werden.

IV Von dem Verkauf, der Zubereitung und dem Transport von Nahrungs- und Genußmitteln sind auch Personen ausgeschlossen, welche als Hadern- oder Knochenhändler, Wasenmeister, Hundehändler, Hundescherer, im Sanitäts- oder Leichenbestattungsdienst, oder in einem ähnlichen Berufe tätig sind, desgleichen Personen, welche mit der Pflege eines an einer ansteckenden Krankheit Leidenden beschäftigt sind.

§ 6. I Geschäftsräume, welche dem Verkauf, der Aufbewahrung oder Zubereitung von Nahrungs- und Genußmitteln dienen, dürfen nicht als Schlaf-, Koch- oder Familienwohnräume benützt werden.

II Tritt in einer Wohnung, welche mit Zubereitungs-, Aufbewahrungs- oder Verkaufsräumen für Nahrungs- und Genußmittel in unmittelbarem Zusammenhang steht, eine ansteckende Krankheit (insbesondere Typhus, Ruhr, Cholera, Diphtherie, Scharlach) auf, so ist unverzüglich durch den Geschäftsinhaber beim Stadtmagistrat Anzeige zu erstatten.

III Möbel und Gegenstände jeder Art, welche nicht zur Aufbewahrung oder Behandlung der Nahrungs- und Genußmittel bzw. für den Geschäftsbetrieb erforderlich sind, dürfen in den Geschäftsräumen nicht untergebracht werden.

§ 7. I Die Geschäftsräume, einschließlich der Keller, müssen trocken, ausreichend belichtet und direkt ins Freie lüftbar sein.

II Die Lüftung von Wohnungsräumen durch die Geschäftsräume hindurch ist verboten.

III Die Verkaufsräume (mit Ausnahme der Milchverkaufslokale) müssen an der Straßenfront liegen und einen direkten Zugang von der Straße aus haben.

IV Ist wegen eines bestehenden Vorgartens oder aus anderen Gründen die Herstellung eines direkten Zuganges von der Straße aus nicht möglich, so kann der Magistrat den Zugang vom Pavillonzwischenraum (von der Seite aus) oder von einem öffentlichen Durchgang aus als genügend erklären.

V Die an die Verkaufslokale sich anschließenden und mit diesen verbundenen Räumlichkeiten, welche nicht für die Aufbewahrung von Nahrungs- und Genußmitteln dienen, müssen eigene Zugänge und direkte Fenster ins Freie haben; Scheidewände zwischen den Verkaufslokalen und solchen Räumlichkeiten müssen dem § 49 der Münchener Bauordnung entsprechend hergestellt sein; die Verbindungstüren sind stets geschlossen zu halten.

VI Ausnahmen von diesen Bestimmungen für Geschäftsbetriebe besonderer Art (z. B. Wein- und Flaschenbierhändler, Kuttler usw.) behält sich der Magistrat von Fall zu Fall vor.

VII Ungeeignete Verkaufslokale müssen nach Auftrag des Stadtmagistrats entweder vorschriftsmäßig abgeändert oder geräumt werden.

§ 8. I Hunde dürfen in den Räumlichkeiten, welche der Zubereitung, Aufbewahrung oder Feilhaltung von Nahrungs- und Genußmitteln dienen, nicht geduldet werden; es ist auch verboten, in die Geschäftsräume Hunde mitzubringen.

II Dieses Verbot ist durch geeigneten Anschlag in den Verkaufsräumen zur Kenntnis des Publikums zu bringen.

III In jedem Geschäftsraume ist ein den hygienischen Anforderungen entsprechender Spucknapf aufzustellen und eine Waschvorrichtung für das bedienende Personal nebst einem reinen Handtuch bereitzuhalten.

IV Der Spucknapf ist täglich zu reinigen und wieder entsprechend zu füllen.

V Bespucken des Fußbodens der Geschäftsräume ist verboten.

§ 9. Die zur Zubereitung oder zur Aufbewahrung von Nahrungs- und Genußmitteln dienenden Gerätschaften usw. dürfen zu anderen Zwecken nicht verwendet werden. Sie dürfen auf den Straßen, auf öffentlichen Plätzen oder in Hofräumen und Hauseingängen nicht derart aufgestellt werden, daß eine Verunreinigung möglich ist.

§ 10. I Geräte und Umhüllungen, aus welchen Nahrungs- und Genußmittel bei der Gewinnung oder Zubereitung, beim Ausmessen oder Auswägen, bei der Aufbewahrung oder Verpackung oder bei dem sonstigen bestimmungsgemäßen oder vorauszusehenden Gebrauch der Gesundheit schädliche Bestandteile aufnehmen können, dürfen für diese Zwecke nicht verwendet werden.

II Insbesondere dürfen

a) Geräte aus Zink oder verzinkte Geräte hiefür nicht benützt werden,
b) Gefäße aus Kupfer oder Messing für die Zubereitung und Aufbewahrung von Nahrungs- und Genußmitteln, vorbehaltlich der in § 11 gestatteten Ausnahmen nicht gebraucht werden, wenn sie an der Innenseite nicht gut verzinnt sind,
c) zum Verkaufe bestimmte Nahrungs- und Genußmittel in Um-

hüllungen, welche in 100 Gewichtsteilen mehr als einen Gewichtsteil Blei enthalten, nicht aufbewahrt werden,

d) beim Umfüllen und Abmessen von Flüssigkeiten Hähne, Seiher und Trichter aus einer Metallegierung, welche in 100 Gewichtsteilen mehr als einen Gewichtsteil Blei enthält, und

e) beim Umfüllen und Abmessen von Ölen und von Essig Hähne, Seiher und Trichter aus Kupfer, Zink oder Messing nicht benützt werden.

III Im übrigen sind die Vorschriften der Reichsgesetze vom 25. Juni 1887, den Verkehr mit blei- und zinkhaltigen Gegenständen betr., sowie vom 5. Juli 1887, die Verwendung gesundheitsschädlicher Farben bei der Herstellung von Nahrungsmitteln usw. betr., maßgebend.

§ 11. Zum Zerkleinern und Pulverisieren von Nahrungsmitteln, zum Kochen von Karamel, Einsieden von Früchten, Fruchtsäften und Sirupen, zur Herstellung von Gemüsekonserven, Erzeugung von Eierschnee und Eierschaum ist die Verwendung von kupfernen oder messingenen Mörsern, bzw. Geschirren in unverzinntem Zustande unter genauer Beachtung der nachstehenden Bestimmungen gestattet:

1. Die Gefäße müssen stets sorgfältig gescheuert und völlig trocken, sowie derart aufbewahrt werden, daß sie vor der Einwirkung saurer Dämpfe, sowie säure- und salzhaltiger Flüssigkeiten geschützt sind.

2. Vor ihrer jedesmaligen Verwendung ist darauf zu achten, daß sie vollkommen rein sind, insbesondere, daß ihre Innenfläche vollkommen blank ist.

3. Die in diesen Gefäßen hergestellten Erzeugnisse müssen sofort nach ihrer Fertigstellung daraus entfernt werden.

§ 12. I Nahrungs- und Genußmittel, welche nicht ihrer Natur nach oder durch die Art ihrer Verpackung gegen Staub und jede andere Verunreinigung, sowie gegen die Einwirkung der Sonne und der Witterung geschützt sind, dürfen im Freien nur in gut geschlossenen Behältern oder entsprechend bedeckt zum Verkauf ausgelegt, gelagert oder transportiert werden. Das gleiche gilt für den Verkauf auf öffentlichen Straßen und Plätzen.

II Die außerhalb der Verkaufsräume ausgelegten Nahrungs- und Genußmittel müssen auf einer Vorrichtung von mindestens 0,70 m Höhe gelagert werden.

III Im übrigen dürfen in Zubereitungs- und Verkaufsräumen Nahrungs- und Genußmittel nicht direkt auf dem Fußboden gelagert werden, mit Ausnahme von Wild in der Decke und Geflügel in Federn.

IV Die Nahrungs- und Genußmittel müssen gegen Verunreinigung durch Menschen und Tiere stets hinreichend geschützt sein. Insbesondere sind alle Hilfsmittel anzuwenden, um die Nahrungs- und Genußmittel so viel als möglich gegen Fliegen zu schützen; auch dürfen Nahrungs- und Genußmittel nicht ohne entsprechende Schutzvorrichtung gegen Verunreinigungen auf den Ladentischen zwischen Verkäufer und Publikum ausgelegt werden.

§ 13. I Wagschalen müssen so angefertigt sein, daß sie in allen Teilen leicht gereinigt werden können.

II Freihängende Wagen sind in der Weise anzubringen, daß die Wagschalen im Gleichgewichtszustande mindestens 10 cm über dem Ladentisch schweben.

§ 14. Die Verwendung von Gefäßen, welche am Rande beschädigt oder zersplittert sind, zur Aufbewahrung, zum Zumessen und zum Ausschank von Nahrungs- und Genußmitteln ist verboten.

§ 15. Die zum Abziehen von Flüssigkeiten dienenden Abfüllvorrichtungen müssen stets in reinlichem Zustand gehalten werden. Abfüllschläuche dürfen nicht — sei es direkt oder durch einen Nebenschlauch — mit dem Munde, sondern nur mittels Gummiballen oder in ähnlicher Weise angesaugt werden.

§ 16. I Beschriebenes, bedrucktes oder unreines Papier darf nicht als Unterlage bei Aufbewahrung oder beim Abwägen von Nahrungs- und Genußmitteln verwendet werden.

II Die Verkäufer sind verpflichtet, die verkauften Nahrungs- und Genußmittel in entsprechend verpacktem oder umhülltem Zustande an die Käufer zu übergeben; hiefür darf nur reines, unbeschriebenes und unbedrucktes Papier verwendet werden, welches einem anderen Zwecke noch nicht gedient hat.

III Feuchte und fettige Waren mit Ausnahme von rohem Fleisch dürfen nicht unmittelbar auf die Wagschale gelegt werden.

§ 17. I Das Prüfen der Lebensmittel seitens der Käufer durch Betasten ist verboten.

II Diese Bestimmung ist durch geeigneten Anschlag in den Verkaufsräumen bzw. an der Verkaufsstelle zur Kenntnis des Publikums zu bringen.

§ 18. Des weiteren ist insbesondere untersagt, feilzuhalten oder zu verkaufen:

a) andere als die nach näherer Bestimmung in der Viktualienmarktordnung zum Verkauf ausdrücklich zugelassenen und von den hiefür aufgestellten Kontrollorganen der Märkte untersuchten Pilz- (Speiseschwamm-) Arten,

b) unreife Kartoffeln und

c) außerhalb der Obstlagerhalle des Viktualienmarktes unreifes Obst und unreife Südfrüchte.

Unreife Äpfel sind von vorstehendem Verbot ausgenommen, sie müssen jedoch durch eine deutlich lesbare und gut ersichtliche Aufschrift „Unreif, nur zum Kochen verwendbar" kenntlich gemacht sein.

Ferner ist verboten:

d) in den Verkaufsräumen verdorbene Nahrungs- und Genußmittel aufzubewahren.

Waren, welche nicht zum menschlichen Genuß dienen, müssen von Nahrungs- und Genußmitteln derart getrennt sein, daß eine Verunreinigung durch erstere nicht stattfinden kann,

e) auf Wagen oder Karren, auf denen sich Nahrungs- und Genußmittel oder für die Aufbewahrung solcher bestimmte Gefäße u. dgl. befinden, gleichzeitig ekelerregende oder üblen Geruch verbreitende Stoffe, sowie überhaupt Gegenstände mitzuführen, welche im Falle ihrer Berührung mit den Nahrungs- und Genußmitteln auf diese von nachteiligem Einfluß sein können.

Lebende Tiere dürfen nur dann gleichzeitig befördert werden, wenn sie von den Lebensmitteln, oder von den für deren Aufbewahrung bestimmten Geräten usw. derart abgesondert sind, daß sie die genannten Gegenstände weder berühren, noch sonstwie verunreinigen können.

§ 19. I Der Detailverkauf, sowie die Aufbewahrung von Petroleum und denaturiertem Spiritus ist in Läden, in welchen Nahrungs- und Genußmittel feilgehalten oder verkauft werden, nur dann gestattet, wenn jene Flüssigkeiten in besonderen, gut verschlossenen, mit eigener Meßvorrichtung versehenen Gefäßen aufbewahrt werden.

II In Bäckerläden und Mehlhandlungen ist der Verkauf und die Lagerung von Petroleum und denaturiertem Spiritus untersagt.

§ 20. I Konzentrierte Essigsäure oder Essigessenzen jeder Art dürfen nur in dicht verschlossenen Behältern (Krügen, Flaschen) in den Handel gebracht werden, welche mit folgender Aufschrift in roten Buchstaben auf weißem Grunde versehen sind:

— Vorsicht

nur nach entsprechender Verdünnung mit Wasser zu Genusszwecken zu verwenden.

II Neben dieser Aufschrift und getrennt von derselben ist eine weitere, die Angabe des Essigsäuregehalts in Prozenten und eine Gebrauchsanweisung enthaltende Aufschrift anzubringen.

§ 21. I Werden neben Nahrungs- und Genußmitteln auch Gifte, wie Kleesäure (sog. Zuckersäure), Salpeter-, Salz-, Schwefelsäure u. dgl. feilgehalten, so müssen diese von den übrigen Waren getrennt und dürfen weder über noch unmittelbar neben den Lebensmitteln aufbewahrt werden.

II Bezüglich der hiebei weiters zu beachtenden Vorschriften wird auf die K. Allerhöchste Verordnung vom 16. Juni 1895 und 26. Juni 1901, den Verkehr mit Giften betreffend,[1] Gesetz- und Verordnungsblatt 1895 S. 267, 1901 S. 469 hingewiesen.

II. Abschnitt.

Vorschriften über den Verkehr mit Fleisch und Fleischwaren.

§ 22. I Für die amtliche Untersuchung des zum Genusse für Menschen bestimmten Fleisches sind die Bestimmungen des Gesetzes,

[1]) Samml. S. 194.

betr. die Schlachtvieh- und Fleischbeschau, vom 3. Juni 1900,[1]) sowie die hiezu erlassenen Ausführungsbestimmungen und Bundesratsverordnungen maßgebend.

II Bezüglich der Schlachtung der Tiere kommen die Bestimmungen der Schlacht- und Viehhofordnung und, insoweit Schlachtungen außerhalb des Schlachthofes in Frage sind, die Vorschriften der Beschauordnung vom 15. März 1910[2]) zur Anwendung; auf diese Vorschriften wird außerdem hingewiesen hinsichtlich der Behandlung des aus dem Zollinland in rohem Zustande in die Stadt eingebrachten Fleisches usw. Endlich wird verwiesen auf die Bestimmungen der Freibankordnung vom 4. Juni 1907.

§ 23. Außerdem unterliegen der Transport, das Lagern, Feilhalten und der Verkauf des Fleisches, der Eingeweide und der Fleischwaren, sowie die Behandlung und Zubereitung dieser Gegenstände der Kontrolle nach Maßgabe der gegenwärtigen Vorschriften.

§ 24. In allen hiesigen Fleischverkaufslokalen darf nur solches Fleisch feilgehalten und verkauft werden, welches nach Maßgabe der Schlacht- und Viehhofordnung und der zu derselben ergangenen Beschauordnung für diesen Zweck beschaut und begutachtet ist und den Tauglichkeitsstempel trägt.

§ 25. Verboten ist:

a) außerhalb der Freibank Fleisch, Eingeweide und sonstige Fleischwaren, welche von unreifen oder nicht vollkommen gesunden Tieren herrühren, feilzuhalten oder zu verkaufen,

b) geschlachtete Tiere aufzublasen oder in aufgeblasenem Zustande feilzuhalten oder zu verkaufen,

c) totes Geflügel, welches nicht zum Wildbret zählt, in ungerupftem Zustande zum Verkaufe auszulegen,

d) Fleisch und Fleischwaren (ausgenommen Fische), Geflügel oder Wildbret unmittelbar auf Eis zu legen.

§ 26. Personen, welche sich mit der Bedienung des Publikums mit Fleisch und Fleischwaren befassen, müssen mit hellem, waschbaren Überkleid, oder wenigstens mit einer weißen Schürze mit breitem Brustlatz und bis über die Ellbogen reichenden Überärmeln aus hellem, waschbaren Stoffe ausgestattet sein.

§ 27. I Geschäftsräume, welche dem Verkehr mit Fleisch oder der Zubereitung von Fleischwaren dienen, sind mit wasserdichtem, leicht zu reinigendem Boden auszustatten.

II Die Wände dieser Räume sind entweder mit waschbarem hellen Anstrich zu versehen, oder mit einem Belage von Mettlacher Platten oder ähnlichem Material zu verkleiden.

III Die zum Aufhängen des Fleisches dienenden eisernen Haken, Nägel oder Rahmen müssen rostfrei und gut verzinnt sein, wenn ihre Benützung derart ist, daß sie mit dem Fleische oder der Fleischware in unmittelbare Berührung kommen.

§ 28. I Fleisch und Fleischwaren sind in den Straßen der Stadt immer reinlich bedeckt zu tragen und zu fahren. Es ist verboten,

[1]) Samml. S. 187. — [2]) Siehe unten S. 130.

sich beim Transport in die für die Aufnahme des Fleisches bestimmte Abteilung des Wagens oder auf das Fleisch selbst zu stellen, zu setzen oder zu legen.

II Das Auslegen, Aushängen und Aufstellen von Fleisch und Fleischwaren aller Art, abgesehen von ungerupftem Geflügel, Wildbret in der Decke und Wassertieren außerhalb der Verkaufslokale, insbesondere auf offener Straße (mit Ausnahme der Lebensmittelmärkte) ist verboten.

§ 29. I Der zum unmittelbaren Verkauf bestimmte Fleischvorrat ist in den Verkaufsräumen so auszulegen, daß er von dem Käufer gesehen und ausgewählt werden kann.

II Die Preise des in den Verkaufsräumen feilgehaltenen Fleisches sind ausgeschieden nach den einzelnen Gattungen (Ochsen-, Rind-, Kalb-, Schwein-, Hammel-, Schaf-, Lammfleisch usw.) in deutlich lesbarer Weise an der Außenseite des Ladens anzuschreiben. Werden für einzelne Fleischqualitäten, wie z. B. Filet, Lende, Koteletts, Stich u. dgl. andere als die gewöhnlichen Preise berechnet, so müssen diese Fleischqualitäten und die Preise hiefür besonders angeschrieben sein.

III Wenn Ochsen- und Rindfleisch (Stier-, Kuh- und Jungrindfleisch) zugleich feilgehalten wird, so sind beide Fleischgattungen gehörig voneinander zu sondern.

IV Es ist verboten, an der Tafel den Preis für Ochsenfleisch auszuzeichnen, wenn solches nicht zum Verkaufe vorrätig ist. Metzger, welche nicht selbst Ochsen schlachten, Ochsenfleisch aber auf anderem Wege erwerben und zum Verkaufe bringen, bzw. solches Fleisch an der Preistafel auszeichnen, müssen sich über diese Erwerbung durch eine entsprechende Bestätigung des Verkäufers mit Datum und Gewichtsangabe ausweisen können.

§ 30. In gleicher Weise, wie vorstehend bestimmt, sind auch auf den an Kunden hinauszugebenden sog. Fleischzetteln (Fleischlieferscheinen), welche Qualität, Gattung, Gewicht und Preis des verabreichten Fleisches auszuweisen haben, die vorgenannten Fleischgattungen gesondert auszusetzen und ist für jede gesondert der Preis nebst Gewicht aufzuzeichnen.

§ 31. Die Metzger sind verpflichtet, auf Verlangen das von ihnen feilgehaltene Fleisch in Stücken bis zum Mindestgewichte von 150 g herab zu verkaufen, ausgenommen bei den in der Regel nur in größeren Quantitäten zur Abgabe gelangenden Stücken, wie z. B. Lendenbraten und Filet, Gratstücke, Schlegel.

§ 32. Zuwagen dürfen beim Kalb-, Schaf-, Ziegen- und Schweinefleisch zu allen Fleischteilen, beim Ochsen- und Rindfleisch nur zu den Lendenbraten, Gratstücken, dem Filet, den Rosenstücken und dem ausgelösten Brustkern, den Schorippen, den Scherzeln, den langen Schweifstücken, den Bauchschlampen, dem dünnen Nabel, den Weichen, den dicken und dünnen Zwerchrippen verabreicht werden.

§ 33. I Als Zuwage gelten jene Fleisch- oder Knochenstücke, welche nicht dem gekauften Fleischstücke angehören; sie darf bei allen

Fleischgattungen nicht mehr als ein Fünftel des Gesamtgewichtes betragen.

II Als Zuwage dürfen nur Fleisch- oder Knochenstücke der nämlichen Gattung abgegeben werden, beim Ochsen- und Rindfleisch auch Kopfknochen, sowie auf ausdrückliches Verlangen des Käufers auch die Knochen vom Knie abwärts.

III Beim Kalbfleische dürfen als Zuwage nur der Kopf und die Haxe verwendet werden, wogegen die Kälberfüße stets als solche für sich verkauft werden müssen.

IV Das Aufkaufen von Knochen und Fleischteilen aus Schweinemetzgereien oder anderen Geschäften behufs Abgabe als Zuwage ist verboten.

§ 34. Die Metzger sind verpflichtet, die vom Magistrate zu diesem Behufe hergestellten Auszüge aus gegenwärtiger ortspolizeilicher Vorschrift in ihren Verkaufslokalen auf eine gut sichtbare Weise anzuschlagen.

§ 35. Metzger, welche Fleisch von Pferden, Hunden usw. oder solches Fleisch enthaltende Zubereitungen feilhalten, müssen der Bezeichnung „Metzger" den Namen der einschlägigen Tiergattung voransetzen (z. B. Pferdemetzger oder Pferde- und Hundemetzger).

§ 36. I Fleisch und Fleischwaren von Pferden, Hunden usw. sind entsprechend abgesondert feilzuhalten und zu verkaufen; es ist verboten, solches Fleisch mit anderen Fleischgattungen im gleichen Raume bereit zu halten, soferne es sich nicht um Verwendung dieser letzteren zur Bereitung von Pferdefleisch- usw. Fabrikaten handelt.

II Alle Räume, in welchen Fleisch solcher Tiere oder Fleischwaren, zu deren Herstellung solches Fleisch verwendet wird, feilgehalten oder verkauft werden, sind durch eine diesbezügliche, von der Straße aus deutlich sichtbare Aufschrift kenntlich zu machen (Pferde- usw. Metzgerei).

III. Abschnitt.

Vorschriften über den Verkehr mit Milch.

A. Im allgemeinen.

§ 37. I Sämtliche Milchviehbesitzer und Milchhändler, welche direkt an Konsumenten in München Milch zu verkaufen beabsichtigen, müssen vor Beginn des Milchverkaufes die Art und Weise, wie sie die Milch dahier verleitgeben wollen, beim einschlägigen Bezirksinspektor zur Anzeige bringen und hiebei die Verkaufsstätte genau bezeichnen; hiebei ist es gleichgültig, ob der Milchviehbesitzer oder Milchhändler hier oder auswärts wohnt.

II Milchhändler haben auf Verlangen den Aufsichtsorganen jederzeit die Bezugsquelle der Milch zu nennen.

III Jede Änderung, welche sich in der Verkaufsweise oder der Verkaufsstätte der Milch ergibt, sowie auch die gänzliche Geschäftsaufgabe ist durch den Inhaber sofort beim einschlägigen Bezirksinspektor anzuzeigen.

§ 38. I Die für den Verkehr mit Milch bestimmten Räumlichkeiten dürfen hiefür erst benützt werden, nachdem sie auf ihre Tauglichkeit für diesen Zweck durch die städtischen Aufsichtsorgane geprüft worden sind und der Magistrat die Benützung genehmigt hat. Diese Räume müssen den oben in den allgemeinen Bestimmungen über die Verkaufs- und Aufbewahrungslokale überhaupt gestellten Anforderungen durchaus entsprechen, jedoch mit dem Abmaße, daß der Zugang zum Verkaufslokale auch vom Hofe aus stattfinden darf und daß dasselbe nicht direkt an der Straße gelegen sein muß.

II Ferner müssen die Verbindungstüren zu Räumen, welche nicht für den Verkauf oder für die Aufbewahrung der Milch dienen, mit selbsttätigen Türschließern versehen sein. Pendeltüren können nicht zugelassen werden.

III Die Wände des Milchverkaufslokales müssen bis zur Höhe von 2 m mit waschbarem Anstrich versehen oder mit einem Belage von Mettlacher Platten oder ähnlichem Material verkleidet sein. Der Fußboden muß fugendicht und leicht zu reinigen sein.

IV Das Milchverkaufslokal muß mit einer entsprechenden Vorrichtung für die Abkühlung der Milch und mit einem richtig zeigenden Thermometer ausgestattet sein.

V Außerdem muß dasselbe eine ausreichende Lüftungsvorrichtung besitzen.

§ 39. Von Bereitstellung eines eigenen Milchverkaufs- und Aufbewahrungsraumes im Sinne des vorhergehenden Paragraphen wird für den Fall abgesehen, daß der Verkauf der Milch unmittelbar nach ihrer Gewinnung direkt vom Stall weg erfolgt.

§ 40. Neben der Milch dürfen im gleichen Lokale nur noch Brot, Butter, Butterschmalz, frischer Topfen, Honig in verschlossenen Gläsern und ausgepackte Eier aufbewahrt, feilgehalten oder verkauft werden und zwar in einem derart beschränkten Maße, daß hiedurch der Charakter des Milchgeschäftes als solches nicht verdrängt wird.

§ 41. I Das Ausschenken der Milch auf den Straßen und Plätzen der Stadt sowie auf Treppen, in Hauseingängen und Höfen ist verboten. Ausnahmen von dieser Bestimmung kann der Magistrat dann zulassen, wenn durch geeignete Vorkehrungen Gewähr dafür geboten ist, daß die Milch beim Ausschenken keine nachteilige Veränderung erleidet.

II Die Zustellung der Milch an die Abnehmer darf nur in geschlossenen Gefäßen erfolgen.

§ 42. I Milch darf nur in reinen Gefäßen aus stark verzinntem oder emailliertem Eisenblech, glasiertem Ton, weißem oder halbweißem Glase ausgemessen, versandt oder aufbewahrt werden.

II Die Verwendung von Gefäßen, deren Innenseite schadhaftes Email, abgesprungene Glasur, abgenützte Verzinnung aufweist, sowie von Gefäßen, welche sonstwie Beschädigungen haben, durch welche die genügende Reinigung erschwert wird, ist verboten.

§ 43. I Außerhalb der Stadt gewonnene Milch darf nur in Gefäßen eingeführt werden, die am Orte der Gewinnung derart verschlossen worden sind, daß ein unbefugtes Öffnen und Wiederverschließen leicht zu erkennen ist.

II Das gleiche gilt für den Transport von Milch, die innerhalb der Stadt gewonnen ist, soferne sie nicht unmittelbar an Verbraucher abgegeben wird.

§ 44. Jeder Milchproduzent, der Milch in den Verkehr der Stadt bringt, hat auf den Versandgefäßen eine Aufschrift anzubringen, die seinen Vor- und Zunamen, sowie Wohnort oder den Namen und Sitz der Gutsverwaltung, Genossenschaft u. dgl. angibt.

§ 45. Zum Abdichten von Gefäßverschlüssen darf kein Stoff verwendet werden, der Milch aufsaugt oder sonstwie geeignet ist, auf die Milch nachteilig einzuwirken.

§ 46. I Milch aus verschiedenen Stallungen darf nicht zusammengemischt eingeführt werden.

II Ausnahmen hievon werden vom Stadtmagistrat München für Vereinigungen von Produzenten zugelassen, wenn und insolange dieselben infolge ihrer Organisation und entsprechender Überwachung Gewähr für Lieferung gesunder und unverfälschter Milch bieten.

§ 47. Von auswärts gelieferte Milch darf bei ihrem Eintreffen in der Stadt nicht wärmer als + 20 Grad Celsius sein. Die zum Verkaufe in der Stadt bestimmte Milch muß sofort durch Abkühlung auf eine Temperatur von höchstens + 17 Grad Celsius gebracht werden und darf während der ganzen Zeit ihrer Aufbewahrung keine höhere Temperatur mehr erlangen.

§ 48. I Unter der Bezeichnung Milch oder Vollmilch darf nur das durchmischte volle Gemelke von einer oder mehreren Kühen in Verkehr gebracht werden.

II Die zum Verkaufe bereit gehaltene Milch muß vor jedesmaliger Abgabe eines Quantums aus derselben durch Umrühren genügend durchmischt werden. Milch darf nicht zuerst in Rahm und entrahmte Milch getrennt und dann wieder zusammengemischt werden.

III In irgendeiner Art erhitzte (pasteurisierte, sterilisierte usw.) Milch muß entsprechend bezeichnet, auch muß auf den Gefäßen angegeben sein, an welchem Tage die Erhitzung stattgefunden hat.

§ 49. Milch darf nur in einem solchen Zustande der Reinheit in Verkehr gebracht und feilgehalten werden, daß nach einstündigem ruhigen Stehen eines Viertelliters Milch in einer Glasflasche mit ebenem Boden sich kein sichtbarer Bodensatz abscheidet.

§ 50. Das Abrahmen der Milch durch Blasen mit dem Munde und das Abstreifen des Rahmes mit dem Finger ist verboten.

B. Im besonderen für Kinder- und Vorzugsmilch.

§ 51. I Als Kindermilch, Säuglingsmilch, Vorzugsmilch oder mit ähnlichen Namen, durch welche der Glaube erweckt wird, die

Milch sei in gesundheitlicher Beziehung der gewöhnlichen Milch vorzuziehen, darf nur rohe Vollmilch bezeichnet werden, welche den nachfolgenden Anforderungen entspricht.

II Wer solche Milch einführen, feilhalten oder verkaufen will, hat dies dem Stadtmagistrate anzuzeigen.

III Über von auswärts eingeführte Milch der in Absatz I bezeichneten Art ist amtlicher Nachweis darüber beizubringen, daß den Anforderungen gegenwärtiger Vorschrift Genüge getan ist.

IV Nur denjenigen Milchproduzenten kann die Lieferung von Kinder- und Vorzugsmilch gestattet werden, welche Mischmilch von mindestens 4 Kühen liefern können.

§ 52. I Kindermilch darf nur von Kühen gewonnen werden, welche noch mindestens 3 Liter Milch täglich geben oder welche seit mindestens 14 Tagen abgekalbt haben.

II Die für die Gewinnung der Vorzugsmilch bestimmten Kühe sind getrennt zu stellen und als Kindermilchkühe entsprechend zu bezeichnen.

§ 53. Die Stallungen, Verarbeitungs- wie Aufbewahrungsräume müssen allen hygienischen Anforderungen entsprechen und mit genügenden Mengen reinen Wassers versorgt sein.

§ 54. I In den Stallungen, in welchen sich Kindermilchkühe befinden, dürfen nur so viele Tiere eingestellt werden, als von dem beaufsichtigenden Tierarzte für zulässig erklärt wurde. In solchen Stallungen dürfen Schweine, Ziegenböcke und Geflügel nicht gehalten werden.

II Es dürfen nur solche Kühe — gleichviel ob sie zur Kindermilch-Gewinnung bestimmt sind oder nicht — eingestellt werden, deren Gesundheit durch die Untersuchung des beaufsichtigenden Tierarztes sicher gestellt ist.

III Jede auf Grund der Untersuchung eingestellte Kuh ist vom Tierarzt zu kennzeichnen.

IV Wenn der beaufsichtigende Tierarzt es für notwendig erachtet, zur Feststellung des Gesundheitszustandes einer Kuh die Tuberkulinprobe vorzunehmen, so hat der Eigentümer diese auf seine Kosten vornehmen zu lassen.

§ 55. I Der Gesundheitszustand der Kühe ist allmonatlich mindestens einmal durch den beaufsichtigenden Tierarzt festzustellen und der Befund in ein Register einzutragen.

II Jede Erkrankung einer Kindermilchkuh ist unverzüglich dem beaufsichtigenden Tierarzte anzuzeigen.

III Die Milch solcher Tiere darf nur mit Genehmigung des beaufsichtigenden Tierarztes als Kindermilch verkauft werden.

§ 56. I Die Kühe und ihr Stall müssen sorgfältig sauber gehalten werden, gebrauchtes Bettstroh u. dgl. darf als Streu nicht Verwendung finden.

II Die Beseitigung des Düngers aus dem Stalle darf erst nach dem Melken und nach Entfernung der Milch erfolgen.

§ 57. I Wenn begründeter Verdacht besteht, daß das verabreichte Futter nachteilig auf die Gesundheit der Kühe oder auf die Milch wirkt, ist die Fütterung nach der Anweisung des zuständigen Tierarztes zu ändern. Unbedingt ausgeschlossen ist die Verfütterung von nassen Biertrebern, Branntweinschlempe, Baumwollsaatkuchen, Melasse-Mischfutter, solchem Heu, das Samenkapseln von Herbstzeitlosen enthält, sog. Viehpulvern und von verdorbenem Futter.

II Der Magistrat behält sich vor, die Verwendung weiterer Futtermittel für Vorzugsmilchkühe zu verbieten.

§ 58. I Vor dem Melken muß das Euter gründlich gereinigt und der Schwanz der Kuh festgebunden werden.

II Der Melker hat unmittelbar vor dem Melken die Hände und Vorderarme gründlich mit Seife und Wasser zu waschen und mit einem reinen Handtuche zu trocknen, ferner eine saubere Schürze anzulegen.

III Während des Melkgeschäftes sind die Ärmel aufgestülpt zu lassen.

IV Beim Reinigen des Euters und beim Melken muß für ausreichende Beleuchtung gesorgt sein.

V Der Melkschemel und der Melkkübel müssen auf das sauberste gereinigt sein.

VI Die ersten Striche aus jeder Zitze sind auf den Boden zu melken.

§ 59. I Sofort nach dem Melken muß die Milch außerhalb des Stalles geseiht und unter + 13 Grad Celsius abgekühlt werden.

II Seihtücher müssen nach jedesmaligem Gebrauche gründlich abgebürstet und ausgekocht, Wattefilter dürfen nicht wieder verwendet werden.

§ 60. Die Vorzugsmilch muß abgesondert von anderer Milch gereinigt, gekühlt und aufbewahrt werden.

§ 61. I Mit der Gewinnung, Behandlung und Abfüllung der Milch dürfen nur solche Personen beschäftigt werden, welche gesund, insbesondere frei von Lungen-Tuberkulose und eitrigen Affektionen sind.

II Die Melker müssen überdies frei sein von Geschlechts- und Hautkrankheiten. Im Falle akuter eigener oder infektiöser Erkrankung eines Hausgenossen (bes. Typhus, Diphtherie, Scharlach, Ruhr) sind die bei der Gewinnung, Behandlung und Abfüllung der Milch beschäftigten Personen hievon auszuschließen und der Arzt sofort durch den Stallbesitzer zu verständigen.

III Gleichzeitig ist seitens des letzteren Vorsorge dafür zu treffen, daß diese Personen mit der gewonnenen Milch nicht in Berührung kommen.

IV Bei bestehendem Verdacht auf Vorhandensein einer der vorstehend genannten Krankheiten haben sich die obenbezeichneten Personen auf Aufforderung zu amtsärztlicher Untersuchung zu stellen.

§ 62. I Von auswärtigen Produzenten darf Kindermilch nur in Flaschen oder in Kannen aus stark verzinntem Eisenblech ohne Naht und innere Lötstellen in die Stadt eingeführt werden.

II Kannen und Flaschen mit Kindermilch müssen mit der Aufschrift „Kindermilch" und Angabe der Melkzeit (Morgen-, Mittag- oder Abendmilch) versehen sein und im übrigen den für Marktmilch erlassenen Vorschriften entsprechen.

§ 63. I Milch aus verschiedenen Stallungen darf nicht zusammengemischt und als Kindermilch eingeführt, feilgehalten oder verkauft werden.

II Ebenso ist verboten, Morgen-, Mittag- und Abendmilch miteinander zu vermischen.

§ 64. I Händler dürfen von auswärts bezogene Kindermilch nur unmittelbar nach dem Eintreffen auf Flaschen füllen.

II Wird dazu ein Flaschenfüllapparat benützt, so ist dieser vor jedesmaligem Gebrauch mit heißer Sodalauge und darauf mit heißem Wasser gründlich zu reinigen.

III Die Flaschen sind sofort nach dem Füllen derart zu kühlen, daß die Milch innerhalb einer halben Stunde auf mindestens + 13 Grad Celsius abgekühlt ist.

§ 65. In der Stadt gewonnene Kindermilch muß am Gewinnungsort selbst unmittelbar nach dem Melken und Seihen in Flaschen abgefüllt werden; doch darf sie, ebenso wie von auswärts eingeführte Kindermilch, an Anstalten, die Milch trinkfertig zubereiten, auch in Kannen der in § 62 angegebenen Art abgegeben werden.

§ 66. An Konsumenten darf Kindermilch nur in reinen Flaschen aus weißem oder halbweißem Glase abgegeben werden.

§ 67. Die Flaschen müssen flüssigkeitsdicht verschlossen, deren Verschluß muß gegen unbefugtes Öffnen versichert sein; auch müssen sie eine Aufschrift haben, die angibt: den Namen und Wohnort des Verkäufers, den Tag, an dem die Milch gemolken wurde und die Tageszeit, ob morgens, mittags oder abends.

§ 68. I Von auswärtigen Milchproduzenten gelieferte Kindermilch darf beim Eintreffen in die Stadt nicht wärmer als + 15 Grad Celsius sein.

II In der Stadt feilgehaltene Kindermilch darf während der ganzen Zeit der Aufbewahrung keine höhere Temperatur als + 13 Grad Celsius haben und an die Haushaltungen mit keiner höheren Temperatur als + 15 Grad Celsius abgeliefert werden.

IV. Abschnitt.

Vorschriften über den Verkehr mit Brot, Mehl und Hülsenfrüchten.

A. Brot.

§ 69. I Es ist verboten, Brot und Brotwaren, welche ganz oder teilweise aus übelriechendem Mehle gefertigt wurden, oder nicht ausgebacken, verbrannt, von ekelerregender oder fadenziehender Beschaffenheit sind, feilzuhalten oder zu verkaufen.

II Als Streumehl darf nur gutes, reines Mehl verwendet werden.

III Das Bestreichen der Maschinen und Backunterlagen mit sog. Brotöl (Vaselin, Steinöl) ist verboten.

IV Unmittelbar vor der Verarbeitung ist das Mehl zu sieben.

V Brot, welches bereits in fremden Händen sich befunden hat und zum Verkauf ausgelegt war, darf vom Bäcker oder Brothändler nicht mehr zurückgenommen und anderweitig verkauft werden.

§ 70. Brot, welches ausschließlich zur Nahrung für Tiere ausgebacken wird, muß das Zeichen eines Pferdekopfes aufgedrückt erhalten.

§ 71. Die Bäcker und Brothändler haben jeweils das Gewicht der nach festem Preissatze und den Preis der nach festem Gewichtssatze ausgebackenen Brotsorten an oder in ihrem Verkaufslokale auf eine für die Käufer sichtbare und deutliche Weise anzuschreiben.

B. Mehl und Hülsenfrüchte.

§ 72. Die Mehlhändler haben die Preise ihrer Verkaufsgegenstände an oder in ihren Verkaufslokalen auf eine für die Käufer auffällig sichtbare und deutliche Weise anzuschlagen oder anzuschreiben.

§ 73. I Mehl, Gries, Hülsenfrüchte usw. dürfen nur in vollkommen trockenen und luftigen Räumen aufbewahrt werden. Ihre Behälter sollen, soweit tunlich, immer in zweckentsprechender Weise bedeckt sein.

II Mehlsäcke dürfen auch in Lagerräumen nicht unmittelbar auf den Boden gestellt werden.

§ 74. Gegenwärtige Vorschriften gelten auch für Mühlenbesitzer und deren Niederlagen, sowie die sonstigen Mehlverkäufer.

V. Abschnitt.

Vorschriften über den Verkehr mit Bier.

A. Faßbier.

§ 75. I Es ist verboten, Bier, welches abgestanden, schal, unrein, trübe, sauer oder von ekelerregendem Geschmack, Geruch oder Aussehen ist, ferner sog. Tropfbier oder Bier, welches in den den Gästen vorgesetzten Gefäßen stehen geblieben ist, auszuschenken.

II Desgleichen ist es verboten, derartiges Bier in den Schanklokalen aufzubewahren, feilzuhalten oder zum Zwecke des Ausschankes in Flaschen oder Fässer zu füllen.

§ 76. Es ist verboten, beim Ausschank des Bieres von den Schankgefäßen den Schaum mit dem Munde abzublasen.

§ 77. Die zum Zumessen des Bieres dienenden sog. Schankgatzen müssen nach Gebrauch stets derart umgestürzt werden, daß ein allenfalls darin befindlicher Bierrest leicht auslaufen kann. In dieser Lage sind die Gatzen bis zu ihrer Wiederbenützung zu belassen; ihre Verwendung als Unterständer für den Faßhahn bzw. zum Auffangen des Tropfbieres ist verboten.

§ 78.[1]) [I] Es ist verboten, zum Ausschank von Bier Spritzhähne, Quirle, Bierspritzen, sowie andere Pressionsvorrichtungen als solche, die mit Kohlensäure gespeist werden, zu verwenden. Die Verwendung von Kohlensäuredruckvorrichtungen ist unter folgenden Bedingungen gestattet:

a) die Leitung vom Kohlensäurezylinder zum Faß muß möglichst kurz sein;
b) es darf nur chemisch reine Kohlensäure verwendet werden;
c) die bisher übliche Schankweise mittels direkt am Faß in Horizontalstellung angebrachter Zapfhähne muß beibehalten werden;
d) die Apparate und besonders die Leitungen sind sorgfältig zu kontrollieren und rein zu halten.

[II] Ausnahmen von lit. c dieser Bedingungen können vom Magistrat zugestanden werden, wenn mit Rücksicht auf die besonderen Verhältnisse eines Geschäftsbetriebes eine von dieser Schankweise abweichende Vorrichtung nicht entbehrt werden kann und wenn gegen die betreffenden Apparate sonst keine Bedenken bestehen.

§ 79. [I] Die Gattung und Qualität des Bieres, sowie der hiefür festgesetzte Preis müssen in deutlicher und auffällig sichtbarer Weise sowohl an der Gassenschenke, als auch in sämtlichen Gastlokalen angeschlagen oder angeschrieben sein.

[II] Die Lieferscheine (Bierzettel der Brauereien) müssen die Gattung des gelieferten Bieres (Sommer-, Winterbier usw.) ersehen lassen; diese Lieferscheine sind dem kontrollierenden Beamten auf Verlangen vorzuzeigen.

§ 80. Bei jeder Schenke muß laufendes Wasser vorhanden und auch den Gästen leicht zugänglich sein.

B. Flaschenbier.

§ 81. Die Abfüllung des Bieres, sowie die Aufbewahrung und Reinigung der Flaschen darf nur in hiezu geeigneten Räumlichkeiten geschehen, welche von allen mit diesem Zwecke unverträglichen Gegenständen frei zu halten sind, und mit den nötigen Einrichtungen versehen sein müssen.

§ 82. Flaschen, in welchen sich zuvor Petroleum, stark riechende, ätzende oder andere ungenießbare Flüssigkeiten befunden haben, ferner Flaschen, welche am Rande beschädigt oder zersplittert sind, und infolgedessen den Ansatz von Schmutz begünstigen, dürfen zur Abfüllung von Bier nicht verwendet werden.

§ 83. [I] Unmittelbar vor der Füllung sind die Flaschen einer gründlichen und sorgfältigen Reinigung zu unterstellen.

[II] Die Verwendung von Bleischrot hiezu ist verboten. Das bei der Spülung zurückbleibende Wasser ist durch Stürzen der Flaschen über geeignete Gestelle zum Ablauf zu bringen.

§ 84. [I] Der Flaschenverschluß muß luftdicht sein. Die Verwendung schadhafter oder hartgewordener Gummiringe zur Dichtung des Verschlusses ist verboten.

---

[1]) Novelle vom 15. Februar 1912.

II Vor jeder Neufüllung der Flaschen sind Gummiringe, Korke oder andere Flaschenverschlüsse entsprechend und gründlich zu reinigen.

§ 85. I Das Flaschenbier muß bei einer Temperatur von nicht mehr als + 8 Grad Celsius aufbewahrt werden.

II In dem Aufbewahrungsraum muß ein richtig zeigendes Thermometer vorhanden sein.

VI. Abschnitt.

Vorschriften über den Verkehr mit Limonaden, Brauselimonaden, künstlichem Mineralwasser, sog. alkoholfreien Getränken und Speiseeis.

§ 86. I Zur Herstellung von Limonaden, Brauselimonaden, künstlichem Mineralwasser, sog. alkoholfreien Getränken und Speiseeis usw. darf nur reines, einwandfreies Trinkwasser verwendet werden.

II Insoferne das Wasser nicht aus der öffenltichen Wasserleitung entnommen wird, ist magistratische Genehmigung zur Verwendung der Wasserbezugsquelle erforderlich.

§ 87. Die Verwendung sog. Kugelflaschen für die bezeichneten Getränke ist verboten.

§ 88. An allen Gefäßen, die zur Aufbewahrung der Getränke, Säfte usw. dienen, oder in welchen die Getränke selbst zur Abgabe gelangen, sind Aufschriften anzubringen, welche den Inhalt, bzw. dessen Zusammensetzung in einer jeden Zweifel ausschließenden Weise kennzeichnen.

§ 89. Im übrigen finden die §§ 81—84 sinngemäße Anwendung.

VII. Abschnitt.

Hausierhandel mit Lebensmitteln.

§ 90. Es ist verboten, Nahrungs- und Genußmittel, mit Ausnahme von Obst und Gemüse, ohne vorherige Bestellung durch Herumtragen von Haus zu Haus feilzubieten.

VIII. Abschnitt.

Geschäftsanmeldung.

§ 91. I Wer Nahrungs- und Genußmittel gewerbsmäßig herstellt oder verkauft, ist verpflichtet, den Geschäftsbeginn bei dem zuständigen Bezirksinspektor innerhalb 3 Tagen anzumelden. Hiebei sind die für den Geschäftsbetrieb in Betracht kommenden Räumlichkeiten und der Geschäftsinhaber genau zu bezeichnen.

II Die gleiche Verpflichtung ist zu erfüllen, wenn ein bereits bestehendes Geschäft in andere Räumlichkeiten verlegt wird.

III Die in § 14 der Reichsgewerbeordnung vorgeschriebene Anzeige wird durch diese Anmeldung nicht ersetzt.

IX. Abschnitt.

Übergangs- und Vollzugs-Bestimmungen.

§ 92. Gegenwärtige ortspolizeiliche Vorschrift tritt mit dem dreißigsten Tage nach ihrer Veröffentlichung[1]) in der Münchener

[1]) Tag der Veröffentlichung: 11. Oktober 1906; § 78 in Kraft seit 23. Februar 1912.

Gemeindezeitung in Kraft; ausgenommen hievon sind die Bestimmungen der §§ 43 und 46 Abs. I, welche am 1. Januar 1907 und des § 47, welche am 1. Oktober 1907, sowie des § 87, welche am 1. Oktober 1908 in Wirksamkeit treten.

§ 93. Die Bestimmungen in § 7 Abs. 5, insoweit dieselben auf die an die Verkaufslokale sich anschließenden und mit diesen verbundenen Räumlichkeiten Bezug haben, sowie des § 40 treten für neu zu eröffnende Geschäfte sofort, für die gegenwärtig schon bestehenden am 1. Oktober 1907 in Wirksamkeit.

§ 94. Durch gegenwärtige ortspolizeiliche Vorschrift werden aufgehoben:

Die ortspolizeiliche Vorschrift vom 12. Januar 1892 über den Verkehr mit Nahrungs- und Genußmitteln, sowie die hiezu erlassenen Ergänzungen vom 17. November 1896, 7. Januar 1898 und 17. September 1901, ferner die ortspolizeiliche Vorschrift vom 29. Dezember 1899 über den Verkauf von Kindermilch.

Am 5. Oktober 1906 und 15. Februar 1912.

Magistrat der K. Haupt- und Residenzstadt München.

---

2. Beschauordnung vom 15. März 1910.

(MGZ. 1910 S. 97)

Der Magistrat der K. Haupt- und Residenzstadt München erläßt für die Schlachtungen außerhalb des Schlachthofes, sodann für die Einfuhr und für den Verkauf von Fleisch, Fleischfabrikaten und animalischen Viktualien auf Grund der Art. 74 und 75 des PStGB. in Verbindung mit § 24 des Gesetzes über die Schlachtvieh- und Fleischbeschau vom 3. Juni 1900[1]) nachfolgende, von der K. Regierung von Oberbayern durch Entschließung vom 6. März 1910 für vollziehbar erklärte ortspolizeiliche Vorschrift:

§ 1. I Sämtliche im Stadtbezirke außerhalb des städtischen Schlachthofes zur Schlachtung gelangende Tiere (Rindvieh, Kälber, Schweine, Schafe, Ziegen, Spanferkel, Kitze und Lämmer, Pferde, Esel, Maultiere, Maulesel und Hunde) sind vor und nach der Schlachtung einer amtlichen Beschau zu unterstellen.

II Bei Notschlachtungen kann die Beschau vor der Schlachtung unterbleiben.

III Die Vornahme der Schlachtvieh- und Fleischbeschau, für welche vom Tiereigentümer sofort die in § 7 gegenwärtiger Vorschrift festgesetzte Gebühr zu entrichten ist, obliegt den Bezirksinspektoren, in denjenigen Fällen, in welchen der Tierarzt zu rufen ist,[2]) dem Bezirkstierarzte.

---

[1]) Samml. S. 187.

[2]) Bei Pferden, Eseln, Maultieren und Mauleseln, außerdem bei schweren Allgemeinerkrankungen ist nur der Tierarzt zuständig. (Siehe §§ 5 und 11 der Ausf.-Best. A zum Fleischbeschaugesetz.)

IV Nachdem jedes zur Schlachtung bestimmte Tier, Notfälle ausgenommen, von dem Beschauer zunächst im lebenden Zustande untersucht werden muß, hat die Anzeige mindestens 24 Stunden vor der beabsichtigten Schlachtung beim zuständigen Bezirksinspektor zu erfolgen.

V Sämtliche Schlacht- und Aufbewahrungsräume müssen den ortspolizeilichen Vorschriften über den Verkehr mit Nahrungs- und Genußmitteln vom 5. Oktober 1906 entsprechen.

VI Mit Einführung der obligatorischen Trichinenschau wird diese auch auf die Haus- und Notschlachtungen ausgedehnt.[1])

§ 2. Die Beschau des Fleisches, der Fleischfabrikate und der animalischen Viktualien in den hiesigen Verkaufsläden obliegt nach Maßgabe der Instruktion für die städtischen Bezirks- und Marktinspektoren zur Vornahme der Viktualienbeschau den Bezirksinspektoren, auf dem Viktualienmarkte dem Marktinspektor unter Leitung und Beteiligung des Bezirkstierarztes.

§ 3. Fleisch, Speck, Eingeweide und Fleischwaren, welche aus dem Zollinlande in rohem Zustande in die Stadt eingebracht werden, müssen mit dem Tauglichkeitsstempel gemäß § 43 der Ausführungsbestimmungen zum Reichsgesetze vom 3. Juni 1900 oder mit einem tierärztlichen oder durch einen verpflichteten Fleischbeschauer ausgestellten Zeugnisse darüber versehen sein, daß das Tier, von welchem diese Gegenstände herrühren, vor der Zerteilung beschaut und in allen Teilen vollkommen gesund befunden worden ist.

§ 4. Gegenstände der in § 3 bezeichneten Art, welche in anderer Weise als per Bahn in die Stadt eingebracht werden, müssen bei der Einbringung an der Eingangs-Pflasterzollstation vorgezeigt und nach Quantität und Bezeichnung, Einbringer und Empfänger, Herkunft und Bestimmung genau angemeldet werden.

§ 5. Sofort nach Einbringung solcher Gegenstände in die Stadt hat, soferne sie per Bahn erfolgt ist, der Empfänger, außerdem der Einbringer, dieselben mit dem Begleitzeugnisse behufs der Beschau in die Sanitätsanstalt des Schlacht- und Viehhofes, oder, soferne es sich nicht um Bestandteile von Pferden handelt, in die städtische Freibank zu verbringen. In der Sanitätsanstalt des Schlacht- und Viehhofes wird diese Beschau an Werktagen von 6 Uhr früh bis 6 Uhr abends, an Sonn- und Feiertagen mit Ausnahme des ersten Feiertages an Ostern, Pfingsten und Weihnachten von 7—8 Uhr früh vorgenommen. In der Freibank findet die Beschau an Werktagen von 7—10 Uhr vormittags, an Sonn- und Feiertagen, mit Ausnahme des ersten Oster-, Pfingst- und Weihnachtsfeiertages und des Fronleichnamstages, von 7—8 Uhr vormittags statt.

§ 6. Gegenstände, welche bei dieser Beschau nicht beanstandet werden, werden mit einem Brandzeichen versehen, wofür die in § 7

---

[1]) Die Ausführung der Trichinenschau wird durch spezielle Instruktion an die Bezirksinspektoren geregelt.

gegenwärtiger Vorschrift festgesetzte Gebühr zu entrichten ist. Dieses Zeichen darf vor der Verwendung des betreffenden Gegenstandes nicht beseitigt werden.

§ 7. Die Beschaugebühren werden wie folgt festgesetzt:

a) bei hier geschlachteten Tieren:
4 Mk. für ein Stück Großvieh,
1 Mk. 50 Pf. für ein Kalb,
2 Mk. für ein Schwein,
50 Pf. für ein Schaf, einen Bock oder eine Ziege,
20 Pf. für ein Spanferkel, ein Kitz oder ein Lamm;

b) bei eingeführtem Fleisch aus dem Zollinlande: 5 Pf für jedes Stück Fleisch, Speck, Zunge und Leber,
2 Pf. pro Stück für alle übrigen tierischen Teile und für geringwertige Fleischstücke, wie Backenfleisch, Kopfknochen usw.; bei Kalbsmilzen werden je zwei als ein Stück gerechnet;

c) für die Untersuchung des aus dem Zollauslande eingehenden Fleisches bleibt die vom Bundesrat beschlossene Gebührenordnung vom 12. Juli 1902 bzw. die Abänderung hiezu vom 24. Januar 1907 maßgebend.

§ 8. Befreit von den Bestimmungen in §§ 3, 5 und 6 können auf Ansuchen jene in der Nähe des städt. Burgfriedens wohnenden Metzger der angrenzenden Landgemeinden werden, welche Gegenstände der in § 3 bezeichneten Art aus ihren dortigen Geschäftslokalitäten an ihre im städtischen Burgfrieden wohnende Nachbarschaft abgeben oder liefern.

§ 9. Zuwiderhandlungen gegen diese Vorschriften werden nach §§ 26 mit 29 des Fleischbeschaugesetzes[1]) geahndet.

§ 10. Gegenwärtige Beschauordnung tritt mit dem 1. April 1910 in Kraft. Von da ab treten alle mit gegenwärtiger Beschauordnung in Widerspruch stehenden oder hiedurch ersetzten älteren ortspolizeilichen Vorschriften außer Wirksamkeit.

München, 15. März 1910.

Magistrat der K. Haupt- und Residenzstadt München.

---

[1]) Samml. S. 191.

V. Gesundheits-, Leichen- u. Begräbnispolizei.

1. Wohnungsordnung vom 23. November 1911 für die Stadt München.

(MGZ. 1911 S. 552).

Der Magistrat der Stadt München erläßt hiemit auf Grund des Art. 73 Abs. II des PStGB. in der Fassung des Gesetzes vom 22. Juni 1900 und auf Grund § 16 der Kgl. Allerhöchsten Verordnung vom 10. Februar 1901 die Wohnungsaufsicht[1]) betr. folgende von der Kgl. Regierung von Oberbayern mit Entschließung vom 19. November lfd. Js. für vollziehbar erklärte ortspolizeiliche Vorschrift:

Wohnungsordnung für die Stadt München.

A. Einleitende Bestimmungen.

§ 1. Geltungsbereich, Begriffsbestimmungen. Die Wohnungsordnung bestimmt in Anwendung des § 13 der oberpolizeilichen Vorschriften vom 19. Januar 1904 (KABl. S. 37) bzw. 4. Dezember 1909 (KABl. S. 231) die Anforderungen, welche zu stellen sind an die Beschaffenheit und die Benützung aller Wohn- und Arbeitsräume, die dem regelmäßigen und dauernden Aufenthalte von Menschen tatsächlich dienen, gleichviel, ob sie baupolizeilich hiefür genehmigt sind oder nicht (die für die Ausführung von Neu- und Umbauten geltenden baupolizeilichen Vorschriften werden durch die Wohnungsordnung nicht berührt); ferner das Verfahren bezüglich der Abstellung vorgefundener Mängel.

Auf die Leistung von Militärquartier im Kriege oder Frieden findet die Wohnungsordnung keine Anwendung; ebensowenig auf Hotels und Gasthöfe, Fremdenpensionen usw. rücksichtlich der Fremdenzimmer.

Im Sinne dieser Wohnungsordnung sind unter Wohnräumen auch Schlafräume zu verstehen; die Bestimmungen über Familienwohnungen finden nur auf gemeinschaftliche Haushaltungen von drei oder mehr Personen Anwendung.

B. Beschaffenheit und Benutzung der Wohnräume im allgemeinen.

§ 2. Beschaffenheit der Wohnräume. Die Wohnräume sollen sich in einem den Anforderungen der Gesundheitspflege, der Feuersicherheit und der baulichen Sicherheit entsprechenden Zustande befinden, sie sollen insbesondere hinlänglich groß, hell, luftig, trocken und gut zugänglich sein; ihre Wände und Verschlüsse sollen gegen die Unbilden der Witterung genügenden Schutz bieten.

Als Schlafräume dürfen Dachbodenräume mit blanker Dacheindeckung ohne entsprechend verputzte oder sonst verkleidete Decken und Wände nicht benützt werden.

---

[1]) Samml. S. 63.

Jeder Wohnraum soll mit mindestens einem nach dem Freien zu öffnenden, genügend großen Fenster versehen sein. Fensterlose Nebenräume (Alkoven) sind nur dann als Wohnräume zulässig, wenn sie mit dem Hauptraume durch eine genügend große Öffnung verbunden und kleiner als dieser sind.

Jede Familienwohnung soll in der Regel wenigstens aus einem heizbaren Wohnraume und einem Schlafraume von zusammen — einschließlich des zugehörigen Vorplatzes und etwaiger Nebenräume — mindestens 30 qm Grundfläche bestehen und einen eigenen Zugang haben.

Einzelne Zimmer mit eigenem Zugange sind als selbständige Wohnungen zulässig, sollen aber nicht als Familienwohnungen benutzt werden.

§ 3. Benutzung der Wohnräume. Räume, die zum Wohnen oder sonst zum dauernden Aufenthalte von Menschen bestimmt sind (Wohn-, Schlaf- und Arbeitsräume), sollen zu diesen Zwecken nicht von einer so großen Anzahl von Personen benützt werden, daß hiedurch die Gesundheit oder Sittlichkeit gefährdet wird.

Schlafräume sind als überfüllt zu bezeichnen, wenn in denselben nicht auf jede Person über 14 Jahren ein Luftraum von mindestens 15 cbm, auf jedes Kind ein solcher von 8 cbm trifft.

Als überfüllt ist eine Wohnung anzusehen, wenn sie einschließlich des zugehörigen Vorplatzes sowie etwaiger Nebenräume nicht für jede Person über 14 Jahre wenigstens 20 cbm und für jedes Kind wenigstens 10 cbm Luftraum bietet.

§ 4. Pflichten des Hausbesitzers. Bei allen zum dauernden Aufenthalte von Menschen bestimmten Gebäuden ist der Hausbesitzer verpflichtet, die durch ungenügende Unterhaltung des Gebäudes verursachten, für die Bewohner gesundheitsschädlichen oder sicherheitsgefährlichen Zustände zu beseitigen. Er hat insbesondere Vorkehrungen zum Schutze gegen eindringende Feuchtigkeit zu treffen, ferner dafür Sorge zu tragen, daß die Aborte, die Heiz- und Beleuchtungs-, Wasserversorgungs- und Entwässerungsanlagen in ordnungsmäßigem baulichen Zustande erhalten bleiben und hat für genügende Beleuchtung der Treppen und Hausgänge Fürsorge zu treffen.

Der Hausbesitzer hat auch dafür zu sorgen, daß die zu seinem Grundstücke gehörenden, nicht mit einer einzelnen Wohnung vermieteten Höfe, Lichthöfe und Lichtschächte, Speicher-, Keller- und sonstige Räume in reinlichem Zustande gehalten werden.

§ 5. Pflichten der Hausbewohner. Die mißbräuchliche Benutzung einer Wohnung in solcher Weise, daß sie dadurch gesundheitsschädlich wird, ist verboten.

Insbesondere ist verboten:

a) Dauernde Verunreinigung einzelner Teile, sowie der Höfe, Treppen, Gänge, Aborte und anderer Räume;

b) Aufbewahrung übelriechender Knochen, Lumpen oder sonstiger faulender Gegenstände oder Vornahme übelriechender gewerblicher Verrichtungen;

c) das Halten einer größeren Anzahl von Tieren (Hunden, Katzen, Kaninchen, Geflügel);

d) zweckwidrige und übermäßige Feuchtigkeit verursachende Benutzung im allgemeinen, insbesondere der Wasserleitungs-, Entwässerungs-, Heiz- und Kochanlagen;

e) Vernachlässigung der Lüftung und der Reinhaltung der Abortanlagen.

C. Vermietung oder Untervermietung von Teilen einer Wohnung.

§ 6. Mindestanzahl der Wohnräume für Vermieter und Teilmieter. Trennung nach dem Geschlechte. Die Untervermietung, worunter auch die Aufnahme von Schlafleuten fällt, ist verboten, wenn für die Familie des Vermieters nicht mindestens ein heizbarer Wohnraum und ein Schlafraum, für vermietende einzelne Personen (wozu auch kinderlose Ehepaare, Vater oder Mutter mit einem Kinde gerechnet werden) nicht mindestens ein heizbarer Raum zur eigenen Benutzung verbleibt. Küchen werden im letzteren Falle nicht gerechnet. Dieses Verbot bezieht sich nicht auf Verwandte des Wohnungsinhabers oder seiner Ehefrau, die eigene Haushaltung nicht führen, und nicht auf Kinder unter 14 Jahren. Alleinstehende Männer oder Frauen dürfen Personen desselben Geschlechts in ihren eigenen Schlafräumen aufnehmen, sofern dabei die sonstigen Anforderungen dieser Wohnungsordnung eingehalten werden.

In Untermiete wohnende Familien von drei oder mehr Personen müssen mindestens einen heizbaren Wohn- und einen Schlafraum zur eigenen Benutzung erhalten.

§ 7. Mindestgröße der Schlafräume. Aborte. Sowohl bei Vermietung von Zimmern als bei Abgabe von Schlafräumen sollen

a) die Bestimmungen des § 3 für Mieter und Vermieter eingehalten werden;

b) soll für je 10 Personen wenigstens ein Abort vorhanden sein; Kinder unter 6 Jahren bleiben dabei außer Ansatz.

§ 8. Abgeschiedenheit und Lage der Räume für Untermieter usw. Die Räume der Untermieter usw. müssen mit einer von innen verschließbaren Türe versehen und von den eigenen Wohnräumen des Wohnungsinhabers und seiner Familie abgesondert sein.

In Hausfluren, Wohnungsgängen, Aborten und Vorräumen von solchen, Kellern, offenen Dachböden und sonstigen Räumen, deren Benutzung zum dauernden Aufenthalte von Menschen gesundheitspolizeilich oder aus Gründen der Feuersicherheit oder sonstwie unzulässig erscheint, dürfen sich Schlafstellen nicht befinden.

§ 9. Reinhaltung der Schlafstellen. Anschlag eines Auszuges der Wohnungsordnung in solchen. Wer Schlafleute aufnimmt, ist verpflichtet, dafür Sorge zu tragen, daß

a) jeder Person ein besonderes Bett und ein eigenes Wasch- und Trinkgeschirr zur Verfügung gestellt, auch beides täglich in Ordnung gebracht und sauber gehalten wird;

b) daß die Schlafräume täglich gereinigt und gelüftet werden.

§ 10. Untersagung oder Beschränkung der Untervermietung. Die Vermietung von Teilen einer Wohnung kann untersagt oder beschränkt werden, wenn gegen den Vermieter Tatsachen vorliegen, welche die Annahme rechtfertigen, daß das Mietverhältnis zur Förderung der Unsittlichkeit mißbraucht werde und daß sich hieraus eine sittliche Gefährdung anderer Bewohner, insbesondere jugendlicher Personen ergeben könnte;

ferner wenn die den Zimmermietern (Schlafgängern) zugewiesenen oder die dem Aufnehmenden und seiner Familie verbleibenden Räume den Vorschriften der §§ 2, 3, 6, 7 und 8 nicht entsprechen.

D. An- und Abmeldepflicht.

§ 11. Anmeldepflicht: a) Vermietung. Wer Wohnungen mit oder ohne gewerbliche Räume vermietet, hat dies binnen 8 Tagen nach eingetretener Vermietbarkeit dem städtischen Wohnungsamt mündlich oder schriftlich (unter Benützung des vorgeschriebenen Formulars) anzumelden.

b) Untervermietung. In gleicher Weise ist dem Wohnungsamt Anzeige zu erstatten, wenn in einer Wohnung, in der bisher schon Zimmermieter und Schlafgänger sich befanden, Zimmer oder Schlafstellen frei werden und deren Wiedervergebung beabsichtigt ist.

Wenn in einer Wohnung überhaupt zum erstenmale oder zum erstenmale nach Umfluß eines längeren Zeitraumes die Aufnahme von Zimmermietern oder Schlafgängern beabsichtigt ist, so ist vor der Aufnahme Anzeige an das Wohnungsamt zu erstatten.

Die Anzeigepflicht obliegt in den Fällen des Abs. I dem Hauseigentümer oder seinem Vertreter, im Falle der Abs. II und III der Zimmer oder Schlafstellen vergebenden Partei.

Die bei Inkrafttreten gegenwärtiger Wohnungsordnung bereits bestehenden Untervermietungen sind bis zu einem vom Magistrat gesondert zu bestimmenden Termin beim Wohnungsamt anzumelden.

Die als vermietbar angemeldeten Zimmer, sowie Wohnungen bis zu 4 Zimmer mit Nebenräumen werden in den gemeindlichen Wohnungsnachweis einbezogen und in dem vom Wohnungsamt herausgegebenen Wohnungsanzeiger veröffentlicht.

Bei größeren Wohnungen, sowie gewerblichen Räumen und anderen Vermietungsobjekten findet Beides nur auf Antrag des Vermieters statt.

§ 12. Abmeldepflicht. Die erfolgte Vermietung ist unter Benützung der vom Wohnungsamt hiefür ausgegebenen Karte vom Vermieter binnen 3 Tagen dem Wohnungsamt anzumelden.

Ist im Augenblick der Anzeigeerstattung über die Vermietbarkeit die betr. Wohnung (Zimmer, Schlafstelle) bereits wieder vergeben, so hat An- und Abmeldung gleichzeitig zu erfolgen.

E. Schlafstellen der Dienstboten und gewerblichen Arbeiter.

§ 13. Lage, Mindestgröße und sonstige Beschaffenheit. Die Schlafstellen der Dienstboten, der beim Arbeitgeber wohnenden gewerblichen Arbeiter, Kaufmannsgehilfen und Gehilfinnen, Lehrlinge aller Art haben in Bezug auf Beschaffenheit und Belegung im allgemeinen den Vorschriften der §§ 2 und 3 zu entsprechen. In Häusern älteren Bestandes werden auch indirekt (durch das Treppenhaus oder durch einen anderen Raum der betreffenden Wohnung) beleuchtete Räume als Schlafräume für Dienstboten, Gewerbegehilfen usw. zugelassen, wenn außer genügendem Tageslicht für den Mangel direkten Lichtes (durch eine über das in § 7 lit. a geforderte Mindestmaß hinausgehende Größe des Raumes) Ersatz gegeben und weiter

1. eine gute Lüftung möglich ist,
2. die Arbeitsverhältnisse des betreffenden Dienstboten, Gewerbegehilfen usw. ihm während der Arbeitszeit genügenden Genuß von Licht und Luft gewähren.

Die Schlafstellen müssen für Personen verschiedenen Geschlechts gesondert sein. Die Aufnahme von Dienstpersonen in die Schlafzimmer der Familie ist — abgesehen von Dienstmädchen, welche ihren Schlafraum mit kleinen Kindern der Familie teilen — nur erlaubt, wenn auch dabei die Trennung nach dem Geschlechte beobachtet wird.

Im übrigen finden die Bestimmungen des § 7 lit. a und des § 8 auch hier Anwendung.

F. Ausführungs-, Straf- und Schlußbestimmungen.

§ 14. Verfügungen gegen gesundheitswidrige und sonst unzulässige Wohnungsverhältnisse. Die Benutzung von Wohnungen oder Wohnräumen entgegen den Vorschriften dieser Wohnungsordnung ist verboten.

Die Benutzung bzw. Weiterbenutzung gesundheitsschädlicher oder den Vorschriften dieser Wohnungsordnung sonst nicht entsprechender Wohn- und Arbeitsräume kann entweder ganz untersagt oder von der Beseitigung bestimmter Beanstandungen (z. B. Desinfektion) abhängig gemacht werden. Überdies kann unbeschadet des Strafverfahrens (s. § 16) die Ausweisung der in die Wohnung aufgenommenen Personen angeordnet werden.

Eine infolge untersagter Benutzung geräumte Wohnung darf vor Beseitigung der das Verbot begründenden Ursachen nicht wieder in Benützung genommen werden.

§ 15. Befreiung von einzelnen Bestimmungen. In Fällen, in denen die Handhabung dieser Wohnungsordnung zu

Härten und Unbilligkeiten führen würde, kann das Wohnungsamt eine Befreiung von einzelnen Bestimmungen eintreten lassen.

Das gleiche kann geschehen, wenn Räume nur auf kurze Zeit zu vorübergehendem Aufenthalte von Menschen benützt werden sollen.

§ 16. Strafbestimmungen. Zuwiderhandlungen gegen diese Wohnungsordnung, bzw. gegen die auf Grund derselben ergangenen behördlichen Anordnungen sind nach Art. 73 des PStGB. strafbar.

Sind die Vorschriften dieses Gesetzes von Personen übertreten worden, welche der Vermieter zur Vermietung oder Verwaltung der Mieträume bestellt hatte, so trifft die Strafe diese Personen. Der Vermieter ist neben ihnen strafbar, wenn er es bei der nach den Verhältnissen möglichen eigenen Beaufsichtigung oder bei der Wahl seiner Vertreter an der erforderlichen Sorgfalt hat fehlen lassen.

§ 17. Inkrafttreten der Wohnungsordnung. Diese Wohnungsordnung tritt am 1. Dezember lfd. Jrs. in Kraft.

Im Vollzuge des § 11 Absatz V vorstehender Wohnungsordnung, bestimmen wir als Termin, bis zu dem die bei Inkrafttreten der Wohnungsordnung bestehenden Untervermietungen dem Wohnungsamte anzumelden sind, den 31. März 1912.

Nachstehend veröffentlichen wir das für den Wohnungsnachweis des städtischen Wohnungsamtes beschlossene

Gebührenstatut.

A. Für Vermieter:

I. Schlafstellen werden in den Wohnungsanzeiger nicht aufgenommen. Die Vermittlung derselben erfolgt unentgeltlich in der Wohnungsnachweisstelle.

Für einzelne Zimmer und für Wohnungen bis zu 4 Zimmern nebst Zubehör usw. ist die Aufnahme in den Wohnungsanzeiger obligatorisch. Wohnungen mit mehr als 4 Zimmern, sowie gewerbliche Räume usw. werden in den Wohnungsanzeiger auf Wunsch des Vermieters aufgenommen. Für alle in den Wohnungsanzeiger aufgenommenen Wohnungen usw. erfolgt auch Vermittlung in der Wohnungs-Nachweisstelle.

Freigestellt ist den Vermietern, über die in der Anmeldekarte zu betätigenden notwendigen Angaben hinaus noch nähere Angaben in den Wohnungsanzeiger aufnehmen zu lassen, gegen Entrichtung der im folgenden festgesetzten Zeilenpreise.

II. Die Gebühr für Veröffentlichung im Wohnungsanzeiger beträgt:

a) Für möblierte Zimmer und für Wohnungen bis zu 360 Mk. Jahresmiete 20 Pf., wofür eine zweimalige Aufnahme in den Wohnungsanzeiger (eine Zeile!) erfolgt. Für jede weitere Aufnahme und jede weitere Zeile im Wohnungsanzeiger ist eine Gebühr von 5 Pf. pro Zeile zu entrichten. Alle Hausmeisterwohnungen werden hieher gerechnet.

b) Für Wohnungen zwischen 361 und 1000 Mk. Jahresmiete: Gebühr wie oben 30 Pf.; für die ferneren Aufnahmen in den Wohnungsanzeiger 5 Pf. pro Zeile.

c) Für Wohnungen zwischen 1001 und 2000 Mk. Jahresmiete: Gebühr wie oben 40 Pf.; für jede weitere Aufnahme in den Wohnungsanzeiger 10 Pf. pro Zeile.

d) Für Wohnungen über 2000 Mk. Jahresmiete: Gebühr wie oben 60 Pf.; für jede weitere Aufnahme in den Wohnungsanzeiger 15 Pf. pro Zeile.

Für Läden, Werkstätten, Lagerräume, Stallungen, Garagen usw. gelten die vorstehend festgestellten Sätze ihrer Preislage. Maßgebend für die Gebührenberechnung ist der bei der Anmeldung angegebene Mietpreis.

In diesen Gebühren ist inbegriffen die Vorzeigung eines eventuell der Wohnungsnachweisstelle übergebenen Planes, ferner die Erteilung aller aus dem etwa aufliegenden besonderen Auskunftsbogen zu entnehmenden Angaben.

Wird zur Ausfüllung dieses Auskunftsbogens das Personal des Wohnungsamtes in Anspruch genommen, so ist eine einmalige Gebühr von 50 Pf. zu entrichten.

Wenn An- und Abmeldung zu gleicher Zeit erfolgen oder die Abmeldung erfolgt, bevor noch die Aufnahme in den Wohnungsanzeiger geschehen ist, ist eine Gebühr nicht zu bezahlen.

B. Für Mieter:

a) Für jede Auskunft über die besonderen Bedingungen, unter denen eine Hausmeisterwohnung vergeben wird, sind 10 Pf. zu bezahlen.

b) Für Auskünfte nach auswärts lediglich über Wohnungsverhältnisse wird erhoben

eine Gebühr von 50 Pf. im Reichsinland,
" " " 1 Mk. " Reichsausland.

Sind außerdem auch noch andere Fragen zu beantworten — z. B. über Steuersätze, Lebensmittelpreise usw. — so können diese Gebühren entsprechend erhöht werden.

C. Zur Einsendung der Anzeige über erfolgten Mietabschluß ist der Vermieter verpflichtet. Verspätete Anzeigen verpflichten zur Bezahlung der Insertionsgebühren bis zur Abmeldung.

Am 23. November 1911.

Magistrat der K. Haupt- und Residenzstadt München.

2. Oberpolizeiliche Vorschriften der K. Regierung von Oberbayern vom 15. Dezember 1903, die Reinlichkeit im Barbier- und Friseurgewerbe betr.

(KAB. 1903 S. 155).

Die Kgl. Regierung von Oberbayern, Kammer des Innern, erläßt hiemit nach Einvernahme des Kreismedizinalausschusses und der oberbayerischen Handwerkskammer auf Grund des Artikel 67 Absatz II des Polizeistrafgesetzbuches und § 21 Absatz II der Zuständigkeitsverordnung vom 4. Januar 1872 nachstehende oberpolizeiliche Vorschriften:

§ 1. In Barbier- und Friseurstuben haben die das Geschäft ausübenden Personen stets saubere, leicht waschbare, geschlossene Röcke, Überkleider, Blusen und dergleichen zu tragen.

Mit Ausschlag oder Geschwüren an der Hand behaftete Personen dürfen bis zu deren Heilung in den bezeichneten Betrieben Kunden nicht bedienen.

§ 2. Die Bedienung eines jeden Kunden darf nur mit reinen Händen erfolgen. Die Barbier- und Friseurstuben müssen ausreichende, für das Personal bestimmte Waschgelegenheit haben, derart, daß das Personal jederzeit die Hände mit Seife in reinem Wasser waschen und mit sauberem trockenen Handtuch abtrocknen kann.

§ 3. Rasiermesser, Scheren, Haarschneidemaschinen, Bürsten, Kämme, Rasierpinsel und Rasierschüsseln dürfen nur in reinem Zustande gebraucht werden.

Statt der Puderquasten sind reine, frische Wattbäuschchen oder Pulverbläser zu benützen.

Die Verwendung von Schwämmen für den allgemeinen Gebrauch ist verboten.

§ 4. Die im Gewerbebetriebe zu verwendenden Wäschestücke müssen trocken und rein sein. Bei Verwendung von Friseurmänteln ist um den Hals frisches Seidenpapier oder ein frischer Wattstreifen einzulegen. Gleiches hat auf Verlangen eines Kunden bei Vortüchern und Servietten stattzufinden.

Die Kopfstützen sind mit reiner Wäsche oder mit Schutzstoffen, wie Seidenpapier oder dergleichen zu bedecken, welch letztere nach jedesmaligem Gebrauche zu beseitigen sind.

§ 5. In jedem Geschäftslokale ist mindestens eine mit Wasser gefüllte Spuckschale aufzustellen und diese täglich zu reinigen.

Die abgeschnittenen Haare sind alsbald zu entfernen.

§ 6. Personen, welche mit ansteckenden Haut- und Haarkrankheiten oder mit Ungeziefer behaftet sind, sind von den öffentlichen Barbier- und Friseurstuben auszuschließen.

Ist ihre Bedienung erfolgt, so sind die benützten Instrumente und Wäschestücke sofort abzusondern und zu desinfizieren. Zu diesem Zwecke sind die Wäschestücke auszukochen, und Rasiermesser, Scheren und Haarschneidemaschinen, sofern sie nicht ebenfalls ausgekocht werden, in eine reine Spirituslösung von 61 bis 60 Gewichtsprozent Alkohol auf die Dauer von mindestens 15 Minuten einzulegen; Bürsten, Kämme, Rasierpinsel, Rasierschüsseln usw. sind mit heißer 5%iger Sodalösung auszuwaschen.

§ 7. Zum Rasieren und Frisieren von Leichen benützte Geräte dürfen bei Lebenden nicht wieder verwendet werden.

§ 8. Gerätschaften, Wäsche und dergleichen, welche ein Kunde für seinen Gebrauch in einem Barbier- oder Friseurgeschäfte hinterlegt, dürfen für andere Kunden nicht verwendet werden.

§ 9. Bei Ausübung des Gewerbes außerhalb des Geschäftslokales sind vorstehende Anordnungen zu beachten, soweit die Möglichkeit hiezu gegeben ist.

§ 10. Gegenwärtige Vorschriften sind in allen Barbier- und Friseurstuben an geeigneter, in die Augen fallender Stelle auszuhängen.

§ 11. Für Zuwiderhandlungen gegen vorstehende Anordnungen sind die Geschäftsinhaber bzw. die Geschäftsführer und, soweit die Gehilfen ein Verschulden trifft, auch diese verantwortlich.

§ 12. Weitergehende distriktspolizeiliche Vorschriften bleiben vorbehalten.

§ 13. Zuwiderhandlungen gegen vorstehende Anordnungen werden gemäß Artikel 67 Absatz II bzw. Absatz I des Polizeistrafgesetzbuches an Geld bis zu neunzig Mark oder mit Haft bis zu vier Wochen bestraft.

§ 14. Gegenwärtige Vorschriften treten ab 1. Februar 1904 in Wirksamkeit.

München, den 15. Dezember 1903.

Kgl. Regierung von Oberbayern, Kammer des Innern.

3. Ortspolizeiliche Vorschriften vom 14. März 1899 über das Halten von Haustieren.

(MGZ. 1899, Amtliche Beilage zu Nr. 24.)

Der Magistrat der Kgl. Haupt- und Residenzstadt München erläßt auf Grund des Art. 73 und 94 des Polizeistrafgesetzbuches folgende durch Entschließung der Kgl. Regierung von Oberbayern, Kammer des Innern, vom 8. März 1899 als vollziehbar erklärte ortspolizeiliche Vorschriften:

A. Allgemeine Bestimmungen.

§ 1. Aufbewahrung des Düngers. [1]Stalldünger, Wampendünger sowie etwaige Abfälle von geschlachteten Tieren dürfen innerhalb der Anwesen nur in dicht verschlossenen, wasserdichten und auf allen freien Seiten mit einer wasserdichten, mindestens 1 m breiten

Pflasterung versehenen Gruben[1]) oder in dicht verschlossenen, wasserdichten Behältern oder Wagen aufbewahrt werden. Die Gruben, und in deren Ermangelung die Behälter oder Wagen müssen einen Rauminhalt haben, welcher für die Aufnahme der aufzubewahrenden Stoffe nach Maßgabe des Stallbetriebes jeweils als genügend erscheint.

II Den auf die Vergrößerung der Grube oder auf die Vermehrung der Behälter oder Wagen gerichteten Aufträgen des Magistrats ist jederzeit Folge zu leisten.

§ 2. Verschluß der Gruben usw. Die Gruben, Düngerbehälter und Düngerwagen sind — abgesehen von der für das Verbringen des Düngers in dieselben und für die Entleerung erforderlichen Zeit — stets verschlossen zu halten.

§ 3. Wegschaffung des Düngers. Die Wegschaffung des Düngers aus dem Anwesen muß jedenfalls dann erfolgen, wenn die Gruben bis auf 0,30 m, die Behälter oder Wagen aber bis auf 0,03 m vom Rande gefüllt sind. Abgesehen hievon muß die vollständige Räumung einer Düngergrube auf besonderes Verlangen des Magistrats auch dann erfolgen, wenn die bauliche Beschaffenheit der Grube nach technischem Befunde den ortspolizeilichen Vorschriften nicht entspricht, oder wenn die Räumung aus Rücksichten der Gesundheit und Reinlichkeit geboten erscheint.

§ 4.[2]) Zeit der Wegschaffung des Düngers.[3]) I Das Auf- und Abladen des Düngers darf, soweit tunlich, nur innerhalb der Anwesen erfolgen und zwar in der Zeit vom 15. März bis 14. Oktober nur zwischen 6 Uhr abends und 8 Uhr morgens, in der übrigen Zeit zwischen 5 Uhr abends und 9 Uhr morgens. Ökonomie- und Gärtnereibetrieben kann durch den Magistrat eine Ausnahme von dieser Bestimmung bewilligt werden, wenn nach Würdigung der Verhältnisse eine Belästigung der Nachbarschaft nicht zu befürchten ist.

II Für Schweinedünger ist die zulässige Zeit des Auf- und Abladens sowie der Grubenräumung in der ganzen Stadt vom 15. März bis 14. Oktober auf die Stunden von 11 Uhr nachts bis 5 Uhr morgens, in der übrigen Jahreszeit auf die Stunden von 10 Uhr nachts bis 6 Uhr morgens beschränkt.

§ 5. Transport der Stall-Abfälle.[3]) Der Dünger darf nur in Wagen, welche unten und seitlich vollständig geschlossen sind, Harn, sowie das vom Dünger abfließende Wasser (Gülle, Jauche) nur in gut geschlossenen, keine Flüssigkeit durchlassenden Behältern transportiert werden.

§ 6. Entleerung tierischer Abfälle. Jauche, Wampendünger und Abfälle von geschlachteten Tieren dürfen an Stellen,

---

[1]) Vergl. auch die Vollzugsvorschriften vom 29. Mai 1896 zur Münchener Bauordnung: §§ 46, 47, 48, 49, 50.

[2]) Neuer Wortlaut zufolge Plenarbeschlusses vom 11. Oktober 1910.

[3]) Vergl. auch die ortspolizeilichen Vorschriften vom 18. Februar 1911 über den Straßenverkehr: § 18 oben S. 11.

welche weniger als 100 m von bewohnten Gebäuden, öffentlichen Wegen, Straßen und Plätzen entfernt sind, sowie überhaupt an Stellen, an welchen die Entleerung eine erhebliche Belästigung für die Umgebung nach sich ziehen würde, nicht entleert werden.

§ 7.[1]) Auflagen für einzelne Fälle. Besondere Auflagen, welche in einzelnen Fällen im Interesse der Gesundheit und Reinlichkeit sowie zur Fernhaltung von Belästigungen der Umgebung in bezug auf die Anlage einer Stallung, auf den Stallbetrieb sowie auf das Halten von Haustieren überhaupt vom Magistrat gemacht werden, sind stets unweigerlich zu erfüllen.

B. Stallbetriebe, welche der Genehmigung bedürfen.

§ 8. Erfordernis der Genehmigung. I Zum Einstellen oder Halten von Rindvieh, Schweinen und Schafen, zum gewerbsmäßigen Einstellen und Halten von Gänsen und Enten sowie zum Betrieb von Hundezüchtereien ist magistratische Genehmigung erforderlich.

II Letztere wird erteilt, wenn nach der örtlichen Lage und nach der baulichen Beschaffenheit der Stallung, sowie nach der Art und Größe des Betriebes ein gesundheitlicher Nachteil oder eine erhebliche Belästigung für die Umgebung nicht zu besorgen ist.

§ 9. Zurückziehung der Genehmigung. Die erteilte Genehmigung kann bei fortgesetzter Zuwiderhandlung gegen die gegenwärtigen Vorschriften oder wenn es sonst zur Fernhaltung erheblicher Belästigungen oder gesundheitlicher Gefahren für die Umgebung unbedingt erforderlich ist, wieder entzogen werden.

C. Oberirdische Stallungen.

§ 10. Besondere Vorbedingungen. Für die Anlage von Stallungen, welche über dem sie umgebenden Niveau hergestellt werden, gelten insbesondere folgende Bestimmungen:[2])

a) Sie müssen von Grund aus massiv, d. h. entweder gemauert, oder aus Beton gebaut und gut ventilierbar, der Boden muß in Beton wasserdicht hergestellt, die Wände vom Boden aufwärts mindestens bis auf 1 m Höhe in Zement glatt geputzt sein und die Decke, falls über derselben Lagerräume vorhanden sind, einen feuersicheren Abschluß erhalten.

b) die Futterbarren oder Tröge müssen aus Eisen, Zement oder Stein, die Futterraufen aus Eisen hergestellt sein.

c) In den Stallungen ist eine Wasserleitung mit genügendem Wasserzufluß einzurichten.

d) Schweinstallungen dürfen nur in Rückgebäuden liegen, in denen sich menschliche Wohnungen nicht befinden.

---

[1]) Neuer Wortlaut zufolge Plenarbeschlusses vom 11. Oktober 1910.
[2]) Vergl. auch die Münchener Bauordnung: §§ 35, 37.

§ 11. Reinhaltung der Stallungen. I Die Stallungen sind stets reinlich zu halten und ist in denselben für entsprechende Luft-Erneuerung Sorge zu tragen.

II Bei jeder Reinigung sind der Boden sowie auch die Brücken und Wände sauber abzuwaschen.

D. Besondere Bestimmungen über das Halten von Gänsen und Enten.

§ 12. Beschaffenheit und Größe der Stallungen. I Die Stallung muß gut ventilierbar und mit einem undurchlässigen Boden versehen sein.

II Es dürfen nur soviel Tiere in derselben untergebracht werden, daß für je 6 Gänse oder für je 10 Enten eine Bodenfläche von 1 qm zur Verfügung steht.

III Die Wände solcher Stallungen müssen bis zu mindestens 1 m Höhe vom Boden in Beton hergestellt oder doch gut mit Zement verputzt sein.

§ 13. Stallreinigung. Der Stall ist stets reinlich zu halten, gehörig zu lüften und mindestens zweimal wöchentlich mittels Abschwemmen gründlich zu reinigen. Ebenso ist die für die Tiere eingerichtete Schwemme, welche mit wasserdichtem Boden und Seitenwänden versehen sein muß, nach jedesmaliger Benützung gründlich zu reinigen.

§ 14. Zeit der Grubenräumung. Die Düngergruben sind mindestens einmal wöchentlich vollständig zu räumen, und zwar darf die Räumung derselben und die Abfuhr des Düngers in der Zeit vom 15. Oktober bis 14. März nur zwischen 9 Uhr nachts und 9 Uhr morgens und in der Zeit vom 15. März bis 14. Oktober nur zwischen 10 Uhr nachts und 8 Uhr morgens erfolgen.

§ 15. Auslaufenlassen der Gänse und Enten. Das Auslaufenlassen der Gänse und Enten in den Hofraum oder überhaupt ins Freie ist nur insoweit gestattet, als hiedurch nicht erhebliche Belästigungen der Umgebung herbeigeführt werden.

§ 16. Die Bestimmungen der §§ 1 mit 3, ferner 5 mit 7 finden auf das Halten von Gänsen und Enten gleichmäßige Anwendung.

E. Stallungen unter Gebäuden und Hofräumen.[1])

§ 17. Allgemeines. I Gänse und Enten, Schafe, Kaninchen und Meerschweinchen dürfen in Stallungen, welche unter dem sie umgebenden Niveau angelegt sind, überhaupt nicht untergebracht werden, Rindvieh, Pferde und Schweine aber nur dann, wenn sich fragliche Stallungen nicht in Vordergebäuden und — soweit es sich um Schweinstallungen handelt — auch nicht in bewohnbaren Rückgebäuden befinden.

II Die Herstellung solcher Stallungen ist aber auch dann nur unter Beobachtung der nachstehenden Vorschriften gestattet.

---

[1]) Vergl. die Münchener Bauordnung: § 44.

§ 18. Höhenlage. I Der Fußboden der Stallung muß so hoch liegen, daß dessen unmittelbare und vollständige Entwässerung in einen städtischen Kanal möglich ist.

II Ferner muß die Deckenfläche mindestens 1,3 m und der Fensterscheitel mindestens 1 m über dem Hofniveau liegen, wenn nicht längs des ganzen Raumes ein Luftkanal von solcher Breite angelegt werden will, daß zur äußeren Unterkante der Fenster noch ein Lichtzutritt unter 45° gewahrt bleibt. Dieser Luftkanal ist offen zu halten, zu pflastern und an die Entwässerungsanlage anzuschließen.

§ 19. Isolierung. Die Umfassungsmauern der Räume sind gegen das anliegende Hofterrain durch einen mindestens 0,25 m breiten ventilierbaren, noch 0,15 m unter dem Fußboden der Stallung hinabgehenden Luftkanal zu isolieren.

§ 20. Höhe. Die lichte Höhe der Stallräume muß mindestens 3 m betragen.

§ 21. Beleuchtung. Die Beleuchtung muß möglichst ausgiebig sein und zwar muß die Gesamtfläche aller Lichtöffnungen mindestens dem zehnten Teile der Stallgrundfläche gleichkommen.

§ 22. Lüftung. Jeder Stall ist mit einer kräftig wirkenden Lüftungsvorrichtung zu versehen. Wenn nicht für eine ausreichende künstliche Ventilation gesorgt wird, so sind über das Dach geführte Lüftungsrohre in entsprechender Anzahl (eines oder mehrere) von mindestens 20 cm Durchmesser anzubringen.

§ 23. Zugang. Der Zugang zum Stall muß geräumig und mit einem wasserdichten Pflaster versehen sein. Die Rampe darf keine größere Steigung als eine solche von 1 : 10 erhalten.

§ 24. Fußboden. I Der Fußboden der Stallung ist aus einer Betonschichte von 15 cm Stärke mit Zement- oder Asphaltüberzug herzustellen und mit flachen, offenen Abflußrinnen zu versehen, welche mittels Stallsinkkästen vorschriftsmäßig an die Entwässerungsanlage angeschlossen sein müssen.

II Die Rinnen sind mit Wasserspülung einzurichten und täglich reichlich zu spülen und zu reinigen.

III Holzbrückungen sind nur in Pferdestallungen gestattet.

§ 25. Decken. I Bei Stallungen, die unter Gebäuden liegen, muß die Decke mit einem 15 cm starken Gewölbe oder einer dem Gewölbe gleichwertigen dunstsicheren Deckenkonstruktion versehen werden.

II Bei Stallungen unter Hofräumen muß sie vollständig wasserdicht und bei einer Mindeststärke von 50 cm durch eine Zwischenlage gegen die Einflüsse der Außentemperatur isoliert sein.

§ 26. Wände. Sämtliche Flächen der Stallwände sind auch hinter Holzverkleidung mit Portland-Zement-Mörtel zu verputzen und zu glätten.

§ 27. Streu. Als Streu für Kellerstallungen darf ausnahmslos nur Torfmulle in Verwendung genommen werden.

F. Schlußbestimmungen.

§ 28. Insoweit nach der örtlichen Lage der Stallung oder nach dem Umfang des Stallbetriebes gesundheitliche Gefahren oder erhebliche Belästigungen der Umgegend nicht zu befürchten sind, behält sich der Magistrat vor, inbezug auf einzelne der vorgenannten Auflagen in stets widerruflicher Weise entsprechende Erleichterungen zu gewähren.

§ 29. Gegenwärtige Vorschriften finden auch auf die bestehenden Stallbetriebe Anwendung, jedoch mit der Maßgabe, daß für sie, insoweit es sich um die in § 8 bezeichneten Tiere handelt, die erforderliche Genehmigung als erteilt erachtet wird.

§ 30. Strafbare Personen. Wegen Verletzung der gegenwärtigen ortspolizeilichen Vorschriften sind strafbar:

a) die Viehhalter und ihre Bediensteten,

b) insoweit es sich um bauliche Vornahmen handelt, auch die Eigentümer der fraglichen Stallungen,

c) in den Fällen der §§ 4, 5, 6 und 14 auch die beteiligten Fuhrwerksbesitzer und Fuhrleute.

§ 31. Vorstehende Vorschriften treten am Tage ihres Erlasses in Kraft. Am gleichen Tage treten außer Wirksamkeit:

a) die §§ 18—21 der ortsoplizeilichen Vorschrift vom $\frac{\text{27. Okt. 1882}}{\text{18. Dez. 1885}}$ über die Reinhaltung der Abtritte, sowie über die Entleerung von Abtritt-, Versitz-, Dung- und Kehrichtgruben;

b) die ortspolizeiliche Vorschrift vom 12. Dezember 1876 über das Halten von Schweinen.

München, den 14. März 1899.

Magistrat der K. Haupt- und Residenzstadt München.

---

4. Ortspolizeiliche Vorschriften vom 27. September 1876 und 18. Januar 1900 in bezug auf das Halten von Hunden.

(MAB. 1876 S. 345, 1900 S. 323).

Die K. Polizeidirektion erläßt auf Grund des Artikel 83 Abs. I Ziff. 3 und Abs. II des Polizeistrafgesetzbuches folgende ortspolizeiliche Vorschrift:

§ 1. Unbeschadet des gesetzlichen Verbotes, Hunde in Kirchen oder Pferderennen mitzunehmen, ist auch untersagt, Hunde an Leichenhöfe, in öffentliche Wirtschafts-Lokale (einschließlich der Wirtschaftsgärten), in Theater, Fleischbänke, auf Märkte und zu öffentlichen Feierlichkeiten mitzunehmen, desgleichen solche zur Nachtzeit auf öffentlichen Straßen frei herumlaufen zu lassen.

§ 2. Läufige Hündinnen müssen zu Hause gehörig verwahrt und frei laufende Hunde größerer Gattung mit einem wohl befestigten, das Beißen verhindernden Maulkorbe versehen werden.

§ 3. Hunde, die ohne das vorschriftsmäßige Hundezeichen oder gegen Verbot frei oder ohne Maulkorb herumlaufen, werden eingefangen.

Die eingefangenen und zugelaufenen Hunde werden in die städtische Tierleichenvernichtungsanstalt verbracht und falls sich der Eigentümer nicht innerhalb drei Tagen meldet, getötet.

Der K. Polizeidirektion bleibt es indessen vorbehalten, in besonders gelagerten Fällen eine Verlängerung dieser 3tägigen Frist eintreten zu lassen.

Vorstehende ortspolizeiliche Vorschrift wurde durch Regierungsentschließung vom 14. Oktober 1876 und 10. Mai 1900 für vollziehbar erklärt.

---

5. Ortspolizeiliche Vorschrift vom 18. Dezember 1906 zur Verhütung von Belästigungen und Gesundheitsgefährdungen durch Rauch, Staub und übelriechende Gase.

(MGZ. 1906 S. 478.)

Der Magistrat der K. Haupt- und Residenzstadt München erläßt auf Grund des § 366 Ziff. 10 des RStGB. und des Art. 94 des PStGB. nachstehende durch Regierungsentschließung vom 10. Dezember 1906 für vollziehbar erklärte ortspolizeiliche Vorschrift:

I. Belästigungen durch Rauch, Ruß und Gase.

§ 1. Feuerungsanlagen. Feuerungs- und Schornsteinanlagen müssen derart eingerichtet und instand gehalten und was sowohl die Art des Heizmaterials als die Feuerungsbeschickung anlangt, derart bedient werden, daß erhebliche Belästigungen oder Gesundheitsgefährdungen durch Rauch, Ruß oder schädliche Gase vermieden werden.

Der Magistrat ist berechtigt, für einzelne Straßenstrecken oder Stadtbezirke raucherzeugende Großbetriebe oder diejenigen Anlagen, welche nach § 16 der RGewO. besonderer Genehmigung bedürfen, gänzlich auszuschließen.[1])

§ 2. Der Rauch darf gewöhnlich nur in durchsichtiger Form den Kaminen entweichen. Die Entwicklung von andauerndem undurchsichtigen Rauch ist verboten.

§ 3. Vorstehende Vorschrift findet auch Anwendung auf Straßen-Dampfwagen, Lokomobilen, Dampfwalzen, Asphaltdarren, Asphaltschmelzkessel u. dgl.

§ 4. Betrieb der Feuerungsanlagen. Jeder Unternehmer größerer Feuerungsanlagen ist verpflichtet, gewissenhaftes und geschultes Heizpersonal zu verwenden. Die vom Magistrat angestellten heiztechnischen Sachverständigen haben das Recht, die Feuerungs-

[1]) Vgl. auch § 21 der Staffelbauordnung.

anlagen periodischen Besichtigungen und Untersuchungen zu unterziehen, die Heizer zu prüfen und zu unterweisen. Diesen Beamten muß der Zutritt zu den Feuerungsräumen ohne vorherige Anmeldung jederzeit freistehen und ist denselben jede für den Vollzug der gegenwärtigen Vorschriften erforderliche Auskunft zu erteilen.

§ 5. Üble Gerüche. Entstehen bei einem Betriebe, gleichviel ob derselbe gewerblichen und sonstigen Zwecken dient, übelriechende oder schädliche Gase, Dämpfe oder sonstige üble Gerüche, so sind dieselben durch entsprechende Vorkehrungen und Einrichtungen derart unschädlich zu machen, daß erhebliche Belästigungen oder Gesundheitsgefährdungen vermieden werden.

§ 6. Änderungen und Ergänzungen. Insoweit die betreffende Anlage den oben bezeichneten Anforderungen nicht entspricht, ist der Magistrat befugt, Änderungen oder Ergänzungen derselben oder des Betriebes vorzuschreiben. Der Inhaber der Anlage bzw. der Betriebsunternehmer ist zur Erfüllung des Auftrages innerhalb der ihm gesteckten Frist verpflichtet.

§ 7. Kostendeckung. Die Kosten für technische Untersuchungen der Anlagen sowie für Gutachten über vorzunehmende Änderungen haben diejenigen zu tragen, welche für die ungenügende Anlage oder den mangelhaften Betrieb verantwortlich sind.

§ 8. Kraftmaschinen. Alle mit Spiritus, flüssigen Kohlenwasserstoffen oder explosiblen Gasen betriebenen Kraftmaschinen, sowie die dazu gehörigen Gaserzeugungs- und Hilfsvorrichtungen sind allseits zugänglich in gesonderten, gut gelüfteten Betriebsräumen aufzustellen. Alle Abgas- und Auspuffleitungen sind aus schmiedeisernen Flanschenrohren herzustellen und über Dachfirst zu leiten. Die Benützung von Hauskaminen zur Ableitung von Gasen ist unzulässig.

Behufs Vermeidung von Belästigungen der Umgebung durch Lärm und Erschütterungen sind nach näherer Anordnung des Magistrats gesonderte Einrichtungen zu treffen.

§ 9. Kiesquetschanlagen. Die Unternehmer von Kiesquetschanlagen haben allen auf die Verhinderung von Belästigungen durch Staub, Rauch, Ruß oder Lärm abzielenden Aufträgen des Magistrats unbedingt Folge zu leisten. Der Betrieb von Kiesquetschanlagen an Stellen, welche weniger als 150 m von bewohnten Gebäuden entfernt sind, ist nur mit besonderer magistratischer Genehmigung zulässig.

II. Belästigungen durch Staub.

§ 10. Zeitliche Beschränkung. Das Ausklopfen und Ausstauben von Teppichen, Matten, Läufern, Polstermöbeln, Decken, Bettstücken und ähnlichen Gebrauchsgegenständen ist nur an Werktagen vormittags von 8—11 Uhr und an Samstagen außerdem nachmittags von 3—8 Uhr gestattet.

§ 11. Örtliche Beschränkung. In Anwesen, welche von mehreren Parteien bewohnt sind, ist das Ausklopfen und Ausstauben von Teppichen, Matten und Läufern auf Gängen und Vorplätzen, außerhalb der Wohnungen in Treppenhäusern, überdeckten Lichthöfen, Lichtschächten und in ähnlichen für mehrere Parteien gemeinsamen Hausräumen nur dann zulässig, wenn zu diesem Zwecke Höfe oder Gärten nicht benützt werden können.

§ 12. Ausklopfen großer Teppiche. Das Ausklopfen von Teppichen mit einem Flächeninhalt von mehr als 16 qm, sowie von Teppichen und Läufern von Gasthöfen und anderen größeren Betrieben ist nur an Plätzen zulässig, welche mindestens 150 m von bewohnten Gebäuden entfernt sind.

§ 13. Auf eine Reinigung, bei welcher durch besondere Vorrichtungen die Staubentwicklung verhindert wird, finden vorstehende Bestimmungen keine Anwendung.

III. Schlußbestimmungen.

§ 14. Zuwiderhandlungen gegen vorstehende Bestimmungen werden mit Geld bis zu 60 Mk. oder mit Haft bis zu 14 Tagen bestraft, insoweit nicht nach den allgemeinen Strafgesetzen eine höhere Strafe verwirkt ist.

Für den Vollzug sind verantwortlich:

bezüglich der §§ 1 mit 9 die Inhaber der Anlagen bzw. die Betriebsunternehmer, insoweit es sich aber um Verfehlungen des Bedienungspersonals handelt, dieses letztere;

bezüglich der §§ 10 mit 12 diejenigen Personen, welche die fraglichen Arbeiten anordnen oder ausführen.

§ 15. Gegenwärtige Vorschrift tritt am Tage ihrer Verkündung[1]) in Kraft. Am gleichen Tage verliert die ortspolizeiliche Vorschrift zur Verhütung von Gesundheitsgefährdungen und Belästigungen durch Rauch und übelriechende Gase vom 11. September 1891, desgleichen die ortspolizeiliche Vorschrift vom 23. Oktober 1906 über den Betrieb von Kiesquetschanlagen ihre Wirksamkeit.

Am 18. Dezember 1906.

Magistrat der K. Haupt- und Residenzstadt München.

---

6. Ortspolizeiliche Vorschrift vom 28. Juli 1903 über Lagerung und Abfuhr des Hausunrats.

(MGZ. 1903 Amtliche Beilage zu Nr. 62.)

Der unterfertigte Magistrat erläßt auf Grund des Art. 94 des PStGB. folgende durch Entschließung der K. Regierung vom 14. Juli 1903 als vollziehbar erklärte ortspolizeiliche Vorschrift:

§ 1. Lagerung des Hausunrates. [1]Der innerhalb der Anwesen oder sonstigen Grundstücke anfallende Hausunrat (Kehricht, Asche und sonstige Abfälle) darf — vorbehaltlich der Bestimmungen

[1]) 31. Dezember 1906.

des § 4 — nicht in Gruben gelagert werden, sondern ist in metallenen mit Deckeln bedeckten Kehrichttonnen aufzubewahren und innerhalb der einzelnen Anwesen oder sonstigen Grundstücke an leicht zugänglichen und im Winter tunlichst geschützten Orten, deren Boden von Abfällen stets rein zu erhalten ist, zur Abfuhr bereit zu stellen.

II Aus besonderen Gründen kann der Magistrat den Besitzern bestimmter Anwesen die unmittelbare Verbringung des Hausunrats in eigene zu diesem Behufe aufgestellte Sammelwagen gestatten.

III Jede einzelne Kehrichttonne darf einschließlich des Inhalts nicht schwerer sein, als daß sie von zwei Personen getragen, auf den Sammelwagen gehoben und in denselben entleert werden kann.

IV Neu beschaffte, sowie nachgeschaffte Kehrichttonnen müssen in bezug auf Maß und Form genau der beim Stadtbauamt aufbewahrten Mustertonne entsprechen.

§ 2. Abfuhr des Hausunrates. I Die Abfuhr des in § 1 bezeichneten Hausunrats wird, insofern die Anwesen bzw. Grundstücke an Straßen und Plätzen liegen, welche durch Verfügung des Magistrats in das Abfuhrgebiet aufgenommen sind, und insoweit sich zur Beförderung des Hausunrats die gemeindlichen Sammelwagen eignen, von der Stadtgemeinde besorgt in der Weise, daß die in das Abfuhrgebiet aufgenommenen Straßen und Plätze wöchentlich zweimal, und zwar in der Zeit vom 1. April bis 15. Oktober in den Stunden von 6 Uhr früh bis 7 Uhr abends, in der Zeit vom 16. Oktober bis 31. März in den Stunden von 7 Uhr früh bis 6 Uhr abends, an den vom Magistrat näher bestimmten Wochentagen durch die Sammelwagen regelmäßig — triftige Hinderungsgründe ausgenommen — befahren werden. Fällt auf einen der für die Abfuhr bestimmten Tag ein Feiertag, so hat dieselbe je nach Anordnung des Magistrats am vorhergehenden oder nachfolgenden Wochentage zu erfolgen.

II Dem Abfuhrpersonal ist der Zugang zu den Kehrichttonnen offen zu halten.

III Für die Unratabfuhr haben die beteiligten Anwesens- bzw. Grundbesitzer die vom Magistrat durch statutarische Bestimmung festgesetzten Gebühren zu entrichten. Einer besonderen Gebühr unterworfen ist — vorbehaltlich der Bestimmungen des § 7 — die Abfuhr von Bau- und Gewerbeabfällen, außer wenn es sich hiebei nur um geringe mit dem Hausunrat vermischte Mengen handelt. Jedenfalls darf die Mitnahme des Inhalts der aus einem Anwesen oder Grundstück übergebenen einzigen Kehrichttonne, auch wenn dieselbe ganz oder teilweise mit Bau- oder Gewerbeabfällen gefüllt ist, nicht verweigert werden. Zu den Gewerbeabfällen im Sinne dieser Vorschriften gehören auch die Abfälle größerer Kesselanlagen und sonstiger größerer Feuerungsanlagen (d. h. solcher Anlagen, deren Heizabfälle bei einer Abholung mehr als eine Kehrichttonne füllen, mit Ausnahme der Küchenherd-Feuerungsanlagen), gleichviel ob solche Anlagen einem Gewerbebetriebe dienen oder nicht.

§ 3. Bau- und Gewerbe-Abfälle. I Zur Übergabe der Bau- und Gewerbeabfälle an die städtische Abfuhranstalt, insoweit eine solche Übergabe zulässig ist, sind die Anwesens- bzw. Grundbesitzer nicht verpflichtet; jedoch haben sie im Falle der Nichtübergabe für die anderweitige Fortschaffung dieser Abfälle Sorge zu tragen.

II Übelriechende oder der Fäulnis zugängliche Bau- und Gewerbeabfälle dürfen nicht über den Tag der gemeindlichen Abfuhr hinaus gelagert werden.

§ 4. Abfallgruben und deren Räumung. I Bau- und Gewerbeabfälle, welche einen üblen Geruch nicht verbreiten, dürfen in Gruben gelagert werden.

II Die Lagerung übelriechender Bau- und Gewerbeabfälle und zwar mit der Einschränkung des § 3 Abs. 2, sowie die Lagerung anderen Hausunrates in Kehricht- oder sonstigen Abfallgruben ist nur in jenen Anwesen bzw. Grundstücken gestattet, welche entweder noch nicht durch Verfügung des Magistrats in das Abfuhrgebiet aufgenommen sind, oder deren Besitzern vom Magistrat die widerrufliche Erlaubnis hiezu zum Zwecke der Düngergewinnung für ihre Garten- oder Grundstücksbewirtschaftung erteilt ist.

III Die Kehricht- und Abfallgruben müssen stets tunlichst verschlossen gehalten und mindestens zweimal im Jahre vollständig geräumt werden, und zwar einmal in der Zeit vom 1. Mai mit 31. Oktober und einmal in der Zeit vom 1. November mit 30. April.

IV Ihre vollständige Räumung muß außerdem auf besondere magistratische Anordnung vorgenommen werden, wenn die bauliche Beschaffenheit der Grube nach technischem Befunde den ortspolizeilichen Vorschriften über Anlage solcher Gruben nicht entspricht oder die Räumung aus Rücksichten der Gesundheit und Reinlichkeit geboten erscheint.

V Endlich muß die Räumung der Gruben auch noch dann vorgenommen werden, wenn dieselben bis auf 0,30 m vom Rande gefüllt sind.

VI Jede vollständige Grubenräumung ist binnen 24 Stunden nach ihrem Vollzug dem Bezirksinspektor zur Anzeige zu bringen.

§ 5. Besondere Verbote. Verboten ist: glühende oder brennende Abfälle in die Kehrichttonnen oder Sammelwagen einzuschütten, Kehrichttonnen auf die Straße und auf den Bürgersteig hinauszustellen oder den Tonneninhalt dorthin auszuschütten, endlich den in die Kehrichttonnen oder Sammelwagen gefüllten Hausunrat zu durchwühlen oder Bestandteile desselben wieder herauszunehmen, abgesehen wenn verlorene Wertgegenstände in die Kehrichttonnen geraten sind und dort vom Eigentümer wieder gesucht werden.

§ 6. Strafrechtliche Haftbarkeit. I Für den Vollzug der vorstehenden Bestimmungen ist der betreffende Anwesens- bzw. Grundbesitzer oder dessen Stellvertreter strafrechtlich verantwortlich.

II Ist eine Zuwiderhandlung gegen § 5 in Frage, so ist die zuwiderhandelnde Person allein strafbar, dagegen auch der Anwesens- bzw. Grundbesitzer dann, wenn die Zuwiderhandlung mit seiner Zustimmung geschehen ist.

§ 7. Begrenzung der Vorschrift. Auf die Lagerung und Abfuhr von Viehdünger, Schnee und Eis, ferner von Bauabfällen, insoweit der von einem Anwesen bzw. Grundstück herrührende Bauschutt mehr als zwei Kehrichttonnen füllt, findet gegenwärtige Vorschrift keine Anwendung.

§ 8. Einführungstermin. Gegenwärtige ortspolizeiliche Vorschrift tritt am Tage ihrer Verkündigung [1]) in Kraft. Gleichzeitig tritt die bisherige ortspolizeiliche Vorschrift gleichen Betreffs vom 22. Januar 1898 außer Wirksamkeit.

München, den 28. Juli 1903.

Magistrat der K. Haupt- und Residenzstadt München.

---

7. Ortspolizeiliche Vorschrift vom 30. November 1891 über die Reinhaltung der Höfe, Gärten und Bauplätze.

(MGZ. 1891 S. 649.)

Der Magistrat der K. Haupt- und Residenzstadt München erläßt auf Grund des Art. 94 des PStrGB. folgende durch Entschließung der K. Regierung von Oberbayern, Kammer des Innern, vom 13. November 1891 als vollziehbar erklärte Vorschrift über Reinhaltung der Höfe, Gärten und Bauplätze.

§ 1. Die Hofräume, die Gärten, sowie andere innerhalb des Bebauungsgebietes an öffentlichen Straßen oder Plätzen liegende, nicht überbaute Grundstücke müssen stets rein gehalten werden.

§ 2. Es ist verboten in diesen Räumen Unrat irgendwelcher Art freiliegen zu lassen oder aufzulagern.

§ 3. Die Anwesens- bzw. Grundbesitzer und deren Stellvertreter haben den auf die Fernhaltung oder Entfernung solcher Verunreinigungen abzielenden Aufträgen des Magistrats unbedingte Folge zu leisten.

§ 4. Personen, die obigen Vorschriften zuwiderhandeln, werden mit Geld bis zu 60 Mk. oder mit Haft bis zu 14 Tagen bestraft.

Am 30. November 1891.

Magistrat der K. Haupt- und Residenzstadt München.

---

8. Ortspolizeiliche Vorschrift vom 14. August 1877 über Auflagerung von ungegerbten Häuten und Fellen, von ungereinigten Knochen usw.

(MGZ. 1877 S. 975.)

Der Magistrat der K. Haupt- und Residenzstadt München erläßt auf Grund des Art. 94 des PStGB. nachstehende ortspolizeiliche Vorschriften:

---

[1]) 3. August 1903.

§ 1. Zur Auflagerung von ungegerbten Fellen und Häuten, von ungereinigten Knochen, von Saitlingen, Talg, Blut und sonstigen tierischen Abfällen sowie überhaupt von allen Gegenständen und Stoffen, die gesundheitsschädliche oder in erheblicher Weise belästigende Ausdünstungen verbreiten, ist polizeiliche Genehmigung erforderlich.

Bei einem desfallsigen Gesuche ist ein genauer Situationsplan einzureichen in welchem insbesondere das zur Auflagerung bestimmte Gebäude, die angrenzenden Anwesen, Brunnen, Bäche, öffentliche Straßen, Plätze und Anlagen einzuzeichnen sind, sowie ein Grundriß- und Durchschnittsplan der Lagerräume.

§ 2. Frische ungereinigte Knochen dürfen in dichtbevölkerten Stadtteilen nicht aufgelagert werden.

§ 3. Die Genehmigung wird erteilt, wenn aus der Auflagerung eine erhebliche Belästigung oder ein sanitärer Nachteil nicht zu besorgen ist.

Die zur Auflagerung bestimmten Räume müssen frei und luftig gelegen und muß für gehörige Ventilation, sowie für Reinerhaltung des Untergrundes Sorge getragen sein. Es können indessen sowohl bei Erteilung der Genehmigung als auch später noch weitere Auflagen, insbesondere in bezug auf Herstellung eines undurchlässigen Bodens oder noch besondere polizeiliche Anordnungen getroffen werden, wenn es das Interesse der Reinlichkeit oder Gesundheit erfordert.

§ 4. Die Erteilung der Genehmigung erfolgt nur in widerruflicher Weise.

§ 5. Die Entziehung der Genehmigung kann auch erfolgen, wenn die gemachten Auflagen oder getroffenen polizeilichen Anordnungen nicht erfüllt werden oder wenn seit Erteilung der Genehmigung sanitäre Nachteile oder erhebliche Belästigungen aus der Auflagerung sich ergeben haben.

§ 6. Vorstehende Bestimmungen finden auch auf die bestehenden Verhältnisse Anwendung.

Innerhalb 14 Tagen von der Verkündigung gegenwärtiger Vorschriften sind sämtliche in den §§ 1 und 2 bezeichneten Auflagerungen bei dem Magistrate anzuzeigen.

Am 14. August 1877.

Magistrat der K. Haupt- und Residenzstadt München.

Vorstehende ortspolizeiliche Vorschrift wurde durch Entschließung der K. Regierung vom 28. September 1877 für vollziehbar erklärt.

---

9. Ortspolizeiliche Vorschriften vom 20. April 1900 über verbotenes Baden.

(MAB. 1900 S. 329.)

Die K. Polizeidirektion München erläßt auf Grund der Art. 1 und 3 des Polizeistrafgesetzbuches zu Art. 79 desselben unter Abänderung der ortspolizeilichen Vorschrift vom 1. Juli 1862 über verbotenes Baden nachstehende ortspolizeiliche Vorschrift:

An allen öffentlichen Orten, an welchen Fahrstraßen oder Fußwege vorbeiführen, namentlich in den Kanälen der Stadt und der Vorstädte, im K. Englischen Garten und in den Isarauen darf nicht gebadet werden.

Ferner ist das Baden im Gerner- und Nymphenburger Kanale außerhalb der Badeanstalten, sowie in der sogenannten „schwarzen Lacke" südöstlich des neuen nördlichen Friedhofes überhaupt verboten.

München, 20. April 1900.

K. Polizeidirektion.

Vorstehende ortspolizeiliche Vorschrift wurde durch Entschließung der K. Regierung von Oberbayern, Kammer des Innern, vom 20. Mai 1900 Nr. 20635 für vollziehbar erklärt.

München, 24. Mai 1900.

K. Polizeidirektion.

---

10. Ortspolizeiliche Vorschriften vom 21. März 1906 über die Desinfektion der Wäsche bei ansteckenden Krankheiten.

(MAB. 1906 S. 171.)

Die K. Polizeidirektion München erläßt im Hinblick auf §§ 22, 19, 48 des Reichsgesetzes vom 30. Juni 1900, betreffend die Bekämpfung gemeingefährlicher Krankheiten,[1]) die Bekanntmachung des Reichskanzlers vom 6. Oktober 1900 und vom 21. Februar 1904 betreffend Bestimmungen zur Ausführung des Gesetzes über die Bekämpfung gemeingefährlicher Krankheiten, ferner auf Grund des Art. 67 Abs. II des PStGB. des § 21 Abs. I und II der Allerhöchsten Verordnung vom 4. Januar 1872, die Zuständigkeit der Verwaltungsbehörden in Sachen des Strafgesetzbuches für das Deutsche Reich und des Polizeistrafgesetzbuches betreffend, sowie des § 15 Abs. I und II der Allerhöchsten Verordnung vom 2. Oktober 1869 die Ausscheidung der Zuständigkeiten der K. Polizeidirektion usw. betreffend, nachstehende ortspolizeiliche Vorschriften:

§ 1. Soll die Reinigung von Kleidungsstücken, Betten und Leibwäsche einer an Genickstarre, Ruhr, Typhus (Abdominal-Typhus); Rückfallfieber (Rückfall-Typhus), Milzbrand, Rotzkrankheit, Hundswut, Diphtherie, Scharlach oder Masern erkrankten oder an einer dieser Krankheiten verstorbenen Person durch eine gewerbliche Reinigungsanstalt geschehen, so ist der Vorstand der Haushaltung, in welcher der Kranke sich befindet bzw. befunden hat, verpflichtet, den Besitzer oder Leiter der Reinigungsanstalt oder das mit der Empfangnahme der zu reinigenden Gegenstände betraute Personal davon in Kenntnis

---

[1]) Samml. S. 200.

zu setzen, daß dieselben von einem Kranken benützt wurden, der von einer der aufgeführten Krankheiten befallen war.

§ 2. Die Besitzer bzw. Leiter von Wäschereien sind verpflichtet, die Gegenstände, die ihnen oder ihrem Personal mit der in § 1 angeordneten Mitteilung übergeben wurden oder von deren Benützung in einem der in § 1 bezeichneten Krankheitsfälle sie sonst selbständig Kenntnis erhalten haben, von der übrigen Wäsche gesondert behandeln und reinigen zu lassen.

Zu einer gesonderten Reinigung und Behandlung sind sie auch dann verpflichtet, wenn ihnen die gesonderte Behandlung durch die Polizeibehörde oder den Amtsarzt oder den behandelnden Arzt oder den Leichenschauer oder die Leichenfrau besonders aufgetragen wurde.

§ 3. In den Anstalten sind die Gegenstände, sofern die bereits erfolgte Desinfektion nicht durch behördliche oder ärztliche Bescheinigung nachgewiesen ist, entweder unverzüglich auszukochen oder unverzüglich auf die Dauer von wenigstens zwei Stunden in ein Gefäß von 5%iger Kresolseifenlösung zu legen, wobei die Flüssigkeit in den Gefäßen die eingetauchten Gegenstände vollständig bedecken muß, oder unverzüglich einem der jeweils zum Vollzuge des Reichsgesetzes vom 30. Juni 1900, betreffend die Bekämpfung gemeingefährlicher Krankheiten,[1]) bestimmten anderen Desinfektionsverfahren zu unterziehen. Erst danach dürfen die Gegenstände weiter gereinigt werden.

Die durchseuchten und zur Reinigung übergebenen Gegenstände sind in und mit Geräten zu behandeln, welche für die Reinigung anderer Wäsche nicht benutzt werden dürfen und mit besonderen Aufschriften versehen sein müssen.

§ 4. Bezüglich der durch Erkrankungen an Aussatz (Lepra), Cholera (asiatische), Fleckfieber (Flecktyphus), Gelbfieber, Pest (orientalische Beulenpest), Pocken (Blattern) verseuchten Gegenstände sind die jeweils beim Auftreten der betreffenden Krankheiten auf Grund des Reichsgesetzes vom 30. Juni 1900, betreffend die Bekämpfung gemeingefährlicher Krankheiten, erlassenen Bestimmungen maßgebend.

§ 5. Zuwiderhandlungen gegen vorstehende Bestimmungen werden mit Geldstrafe bis zu 90 Mk. oder mit Haft bis zu 4 Wochen bestraft.

München, 21. März 1906.

K. Polizeidirektion.

Vorstehende ortspolizeiliche Vorschrift wurde mit Entschließung der K. Regierung von Oberbayern, Kammer des Innern, vom 5. April 1906 Nr. 16051 für vollziehbar erklärt.

München, 17. April 1906.

K. Polizeidirektion.

---

[1]) Samml. S. 200.

11. Ortspolizeiliche Vorschriften vom 26. Oktober 1906, betreffend die Desinfektion von Wohnungsräumen, Kleidungsstücken, Wäsche, Leinenzeug, Betten und anderen zur Verbreitung von Ansteckung geeigneten Gegenständen durch gewerbliche Desinfektoren und gewerbliche Desinfektionsanstalten.

(MAB. 1906 S. 520.)

Die K. Polizeidirektion München erläßt im Hinblick auf § 48 des Reichsgesetzes vom 30. Juni 1900,[1]) betreffend die Bekämpfung gemeingefährlicher Krankheiten, ferner auf Grund des Art. 67 Abs. I und II des Polizeistrafgesetzbuches, des § 21 Abs. I und II der Allerhöchsten Verordnung vom 4. Januar 1872, die Zuständigkeit der Verwaltungsbehörden in Sachen des Strafgesetzbuches für das Deutsche Reich und des Polizeistrafgesetzbuches betreffend, sowie des § 15 Abs. I und II der Allerhöchsten Verordnung vom 2. Oktober 1869, die Ausscheidung der Zuständigkeiten der K. Polizeidirektion usw. betreffend, nachstehende ortspolizeiliche Vorschriften.

§ 1. Personen, welche sich gewerbsmäßig mit der Desinfektion von Wohnungs- und anderen Räumen, Kleidungsstücken, Wäsche, Leinenzeug, Betten und von anderen zur Verbreitung ansteckender Krankheiten geeigneten Gegenständen befassen (Desinfektoren, Inhaber gewerblicher Desinfektionsanstalten), sind verpflichtet, in ihrem Gewerbebetriebe die zur Desinfektion von beweglichen und unbeweglichen Gegenständen nötigen Apparate und Materialien zu besitzen.

Hiezu gehören mindestens ein in vollständig brauchbarem Zustande befindlicher Dampfdesinfektionsapparat und entsprechende Apparate für die Desinfektion von Wohnungen und anderen Räumen, ferner die für die Desinfektion benötigten, in geeignetem Zustande befindlichen Chemikalien, Gefäße und Instrumente.

§ 2. Die Desinfektion, sei es, daß dieselbe in oder außerhalb der Anstalt stattfindet, hat bei beweglichen Gegenständen in Anwendung strömenden Wasserdampfes vermittels des Dampfdesinfektionsapparates oder in Anwendung von Chemikalien, bei unbeweglichen Gegenständen in entsprechender Anwendung von Formalindämpfen oder anderen chemischen Mitteln zu bestehen.

Die Desinfektoren und ihre Bediensteten haben sich der peinlichsten Reinlichkeit zu befleißigen und beim Desinfektionsgeschäft eigene Kleidung zu benützen.

Die mit Desinfektionsarbeiten beschäftigten Personen haben ferner ihr Kopf- und Barthaar stets sorgfältig rein zu halten und die Einnahme von Mahlzeiten während der Arbeit zu vermeiden.

Denselben ist ausreichende Gelegenheit zu Bädern zu geben.

Etwaige nähere Anordnungen der K. Polizeidirektion oder des K. Bezirksarztes bezüglich der Art der Desinfektion sind jederzeit genauestens zu befolgen.

---

[1]) Samml. S. 200.

§ 3. Die Verbringung der zur Desinfektion bestimmten Gegenstände in die Arbeitsräume des Desinfektors bzw. in die gewerbliche Desinfektionsanstalt hat durch den Desinfektor selbst oder Bedienstete desselben in vorsichtiger, die Verschleppung ansteckender Krankheiten ausschließender Weise zu erfolgen.

Sämtliche zu desinfizierende Gegenstände (Betten, Wäsche, Kleider, Vorhänge, Teppiche und ähnliche Gebrauchsgegenstände) sind in durch Eintauchen in 5%ige Karbolsäurelösung oder Kresolseifenlösung feuchten Tüchern oder Beutel einzuschlagen und in denselben gut eingehüllt in die Desinfektionsräume zu bringen.

Den Desinfektoren und ihren Bediensteten ist es untersagt, bei Abholung von Gegenständen zu den Desinfektionsräumen oder bei Verbringung von solchen aus denselben sich unterwegs aufzuhalten, Gespräche anzuknüpfen oder gar Wirtshäuser zu besuchen bzw. öffentliches Fuhrwerk (Trambahn, Droschken usw. usw.) zu benützen.

§ 4. In gleicher Weise wie auf persönliche Reinlichkeit haben die Desinfektoren und ihre Bediensteten auch auf größte Reinlichkeit bei ihren Geräten und in ihren Arbeitsräumen zu achten. Die bei Desinfektion außerhalb der Anstalt verwendeten Kleider, Putz- und Decktücher sind nach gemachtem Gebrauche zu verpacken, wobei jedes außer Gebrauch tretende Stück stets sofort in den bereit gehaltenen, durch Eintauchen in 5%ige Karbolsäurelösung feuchten Sack zu stecken ist.

Dieser Sack ist samt Inhalt zur Dampfdesinfektion in die Arbeitsräume des Desinfektors bzw. die gewerbliche Desinfektionsanstalt zu bringen.

Der Arbeitsanzug ist außerhalb der desinfizierten Räume abzulegen und vor der Verpackung in den Sack in 5%ige Karbolsäurelösung einzutauchen.

§ 5. Bezüglich der durch Erkrankungen an Aussatz (Lepra), Cholera (asiatische), Fleckfieber (Flecktyphus), Gelbfieber, Pest (orientalische Beulenpest), Pocken (Blattern) verseuchten Gegenstände sind die jeweils beim Auftreten der betreffenden Krankheiten auf Grund des Reichsgesetzes vom 30. Juni 1900, betreffend die Bekämpfung gemeingefährlicher Krankheiten,[1]) erlassenen Bestimmungen maßgebend.

§ 6. Dem K. Bezirksarzte sowie den Beamten der K. Polizeidirektion und des Stadtmagistrats München ist jederzeit, eventuell unter Zuziehung von Sachverständigen, zum Zwecke der Visitation Zutritt zu den Geschäfts- und Arbeitsräumen der Desinfektoren zu gestatten.

München, 26. Oktober 1906.

K. Polizeidirektion.

Vorstehende ortspolizeiliche Vorschrift wurde mit Entschließung der K. Regierung von Oberbayern, Kammer des Innern, vom 9. November 1906 Nr. 56898 für vollziehbar erklärt.

München, 17. November 1906.

K. Polizeidirektion.

---

[1]) Samml. S. 200.

12. Ortspolizeiliche Vorschriften vom 2. Juni 1898 über die Beisetzung und Beerdigung von Leichen.

(MGZ. 1898, Amtliche Beilage zu Nr. 68.)

Der Magistrat der K. Haupt- und Residenzstadt München erläßt auf Grund des Art. 61 Abs. I Ziff. 3 und Abs. II des Polizeistrafgesetzbuches vom 26. Dezember 1871 und § 16 der Allerhöchsten Verordnung vom 2. Oktober 1869, „die Ausscheidung der Zuständigkeiten der K. Polizeidirektion, des Magistrates und der Lokalbaukommission München betr." folgende ortspolizeiliche Vorschrift über die Beisetzung und Beerdigung von Leichen:

§ 1. Jede Leiche ist nach vorgenommener erster Leichenbeschau[1]) nach Maßgabe der Bestimmungen über die Leichenfrauenordnung[2]) aus dem Sterbehause in das Leichenhaus zu verbringen.

Die Belassung und Beisetzung einer Leiche in dem Sterbehause ist von der vorgängigen Bewilligung der K. Polizeidirektion abhängig und sind hiefür die Bestimmungen der von dieser Behörde erlassenen ortspolizeilichen Vorschrift maßgebend.

§ 2. Die Beisetzung der Leichen in den Leichenhäusern sowie die Beerdigungen können ohne Unterschied sowohl an den Vormittagen als an den Nachmittagen stattfinden.

In der Regel sollen die Beisetzungen nach ansteckenden Krankheiten längstens 6, nach nicht ansteckenden Krankheiten längstens 12 Stunden nach eingetretenem Tode erfolgen.

In den Wintermonaten November, Dezember und Januar können Beisetzungen regelmäßig nur bis abends 6 Uhr, in der übrigen Jahreszeit bis abends 7 Uhr vorgenommen werden.

§ 3. Die Verbringung der Leichen in die Leichenhäuser hat unter Hilfeleistung der Leichenfrauen durch die Leichenträger und das Leichenfuhrwerk, nach den für diese bestehenden Dienstanweisungen zu erfolgen.

§ 4. Das Leichenhauspersonal hat bezüglich der Behandlung und Überwachung der beigesetzten Leichen die hierüber erteilten Instruktionen genau zu beachten.

§ 5. Bei Beisetzung oder Beerdigung von Leichen dürfen auf den Friedhöfen nur Spiritus- oder Wachsfackeln benützt werden.

§ 6. Für die Art der Beerdigung sind die über die Anlage, Tiefe, Ordnung und Öffnung der Gräber auf den hiesigen Friedhöfen vom Stadtmagistrate unterm 18. Januar 1898 erlassenen polizeilichen Anordnungen maßgebend.

Am 2. Juni 1898.

Magistrat der K. Haupt- und Residenzstadt München.

---

[1]) Samml. S. 202.
[2]) Siehe unten S. 159.

Vorstehende ortspolizeiliche Vorschriften wurden durch Entschließung der K. Regierung von Oberbayern vom 6. August l. Js. Nr. 29970 für vollziehbar erklärt.

Am 11. August 1898.

Magistrat der K. Haupt- und Residenzstadt München.

---

13. Ortspolizeiliche Vorschrift vom 24. Dezember 1900 über die Desinfektion von Leichendekorationsgegenständen.

(MGZ. 1901 S. 31.)

Der Magistrat der K. Haupt- und Residenzstadt München erläßt auf Grund des Art. 61 Abs. I Ziff. 3 des PStGB. vom 26. Dezember 1871 und § 16 der Allerhöchsten Verordnung vom 2. Oktober 1869, die Ausscheidung der Zuständigkeiten der K. Polizeidirektion, des Magistrats und der Lokalbaukommission München betreffend, folgende ortspolizeiliche Vorschrift über die Desinfektion von Leichendekorationsgegenständen.

Einziger Paragraph: Die bei der Beisetzung und Beerdigung von Leichen in den Friedhöfen in Verwendung genommenen Leichendekorationsgegenstände, wie z. B. Ordensinsignien, Helm, Schiffhut, Degen, Kränze und Widmungsschleifen, Schmucksachen usw. dürfen aus den Leichensälen und nach der Bestattung aus den Friedhöfen nicht entnommen und hinausgegeben werden, ohne daß sie vorher einer Desinfektion durch die städtische Friedhofverwaltung unterzogen worden sind.

Zuwiderhandlungen werden an Geld bis zu 90 Mk. oder mit Haft bis zu 30 Tagen bestraft.

Am 24. Dezember 1900.

Magistrat der K. Haupt- und Residenzstadt München.

Vorstehende ortspolizeiliche Vorschrift wurde durch Entschließung der K. Regierung von Oberbayern vom 7. Januar l. Js. Nr. 597 für vollziehbar erklärt.

Am 15. Januar 1901.

Magistrat der K. Haupt- und Residenzstadt München.

---

14. Ortspolizeiliche Vorschriften vom 5. Juli 1898, 24. Dezember 1900 und 28. April 1906 für die Leichenfrauen und deren Gehilfinnen.

(MZG. 1898, Amtliche Beilage zu Nr. 68, 1901 S. 31, 1906 S. 160).

Der Magistrat der K. Haupt- und Residenzstadt München erläßt auf Grund des Art. 152 Abs. 3 des PStGB. vom 26. Dezember 1871 und der §§ 16 und 24 Abs. I der K. Allerhöchsten Verordnung vom 2. Oktober 1869, die Ausscheidung der Zuständigkeiten der K.

Polizeidirektion, des Magistrates und der Lokalbaukommission München bezüglich der Polizei- und Distriktsverwaltung betr., folgende ortspolizeiliche Vorschriften für die Leichenfrauen und deren Gehilfinnen.

§ 1. Die Leichenfrauen und deren Gehilfinnen werden vom Stadtmagistrate für die Verrichtungen des Reinigens und Umkleidens von Leichen, sowie für die Dienstleistung bei den Beisetzungen und Beerdigungen derselben aufgestellt und in Pflicht genommen.

§ 2. Die Leichenfrauen sind zur Ausübung ihres Berufes nur innerhalb des Burgfriedens der Stadt und nur in denjenigen Bezirken berechtigt, welche ihnen vom Magistrate zugewiesen sind.

Dieselben sind jedoch erforderlichenfalls auch in anderen als den ihnen zugewiesenen Bezirken auf Anordnung des Magistrates, in dringenden Fällen der Friedhofinspektion, zur Aushilfeleistung verpflichtet.

Wird eine Leiche mittels Eisenbahntransports von auswärts hieher verbracht, so ist die Leichenfrau des betreffenden Bahnhofes, von dem aus die Leiche auf den Friedhof gefahren wird, zuständig.

Wird eine Leiche dagegen mittels Wagen von auswärts hieher verbracht, so ist die Leichenfrau desjenigen Friedhofes zuständig, auf welchem die Beisetzung und Beerdigung der Leiche stattfinden soll.

Bei Leichen von Personen, welche außerhalb des Bezirkes ihrer Wohnung den Tod gefunden haben, hat sowohl die Leichenfrau des Bezirkes, in welchem sich die Leiche zur Zeit des Todes befindet, als auch diejenige, in deren Bezirk die Wohnung des Verstorbenen liegt, falls die Leiche dorthin verbracht wurde, einem an sie seitens der Angehörigen ergehenden Rufe unverzüglich Folge zu leisten.

§ 3. Die Wohnungen der Leichenfrauen müssen öffentlich bekannt gemacht und mit Aushängetafeln versehen sein.

§ 4. Die Leichenfrauen müssen den an sie gerichteten dienstlichen Anforderungen ohne Rücksicht der Zeit oder der Wohnung der Beteiligten Folge leisten.

Dieselben dürfen die Dienstleistung in ihrem Bezirke auch dann nicht verweigern, wenn der Tod durch ansteckende Krankheit herbeigeführt ist, wenn ansteckende Krankheiten im Sterbehause herrschen oder wenn der Zustand der Leiche ein besonders widriger ist.

§ 5. Die Leichenfrauen haben ein höfliches, bescheidenes Benehmen zu beobachten und bei ihren Dienstverrichtungen in anständiger, reinlicher Kleidung von schwarzer oder dunkler Farbe zu erscheinen.

§ 6. Sobald die Leichenfrau zu einer Leiche gerufen wird, hat sie unverzüglich dem Leichenschauer des einschlägigen Leichenschaubezirkes von dem Sterbefalle Anzeige zu erstatten.

§ 7. Ehe die erste Leichenschau vollzogen ist, darf die Leichenfrau weder an der Leiche noch an der Lagerstätte das Geringste verändern oder von anderen verändern lassen, daher auch nicht eher die Reinigung und Umkleidung der Leiche vornehmen.

§ 8. Werden von dem Leichenschauer bezüglich der Behandlung der Leiche besondere Anordnungen getroffen, so hat die Leichenfrau dieselben bei strenger Verantwortlichkeit genau zu beobachten.

§ 9. Hat der Leichenschauer über die erste Beschau den Leichenschauschein ausgestellt, so ist dieser von der Leichenfrau dem behandelnden Arzte, wo ein solcher vorhanden ist, zur Bezeichnung der Todesursache vorzulegen und sodann für die Weiterleitung dieses Scheines an die zuständigen Stellen, nämlich an die K. Polizeidirektion, das Standesamt, den K. Bezirksarzt, das Friedhofbureau und den beim Begräbnisse amtierenden Geistlichen, Sorge zu tragen.

§ 10. Erst nach Vornahme der ersten Leichenschau darf der Leichnam in das Leichenhaus verbracht werden. Die Leichenfrauen sind verantwortlich dafür, daß jede Leiche, falls nicht ausnahmsweise aus triftigen Gründen die Genehmigung zur Belassung im Sterbehause von der zuständigen Behörde erwirkt wurde, rechtzeitig in das Leichenhaus jenes Friedhofes verbracht wird, auf dem die Beerdigung oder von dem aus der Transport der Leiche zur Eisenbahn stattfinden soll.

Die Leichenfrau hat den von ihr ordnungsmäßig ausgefüllten sogenannten Beisetzzettel behufs entsprechender Verständigung des Leichenwächters und bzw. des betreffenden Friedhofbureaus über die Persönlichkeit und die für die Beisetzung und Beerdigung der Leiche maßgebenden Umstände in geeigneter Weise an der Innenseite des Sargdeckels zu befestigen.

Bevor die Leiche in den Sarg gelegt wird, haben die Leichenfrauen sich davon zu überzeugen, daß der Sarg vorschriftsmäßig, insbesondere fugendicht, hergestellt ist.

§ 11. Die Leichenfrauen haben die vorgeschriebenen Formulare von Todesanzeigen für das Amtsgericht und Rentamt den Hinterbliebenen zur entsprechenden Ausfüllung zu behändigen und dieselben sodann der K. Polizeidirektion zur weiteren Verfügung zu überbringen.

Die Leichenfrauen sind ferner verpflichtet, das von der Verwaltung der städt. Begräbnisanstalten eingeführte sogenannte Bestellbuch, aus welchem die Höhe der Beerdigungsgebühren, sowie die Kosten für Leichenausrüstung — ausschließlich der kirchlichen Gebühren — in den verschiedenen Beerdigungsklassen ersichtlich ist, den Hinterbliebenen sogleich nach Anmeldung eines Sterbefalles zur Einsichtnahme vorzulegen und die etwa notwendigen näheren Aufschlüsse zu den einzelnen Vorträgen zu geben, sowie für die entsprechende Ausführung der Bestellungen zu sorgen.

Desgleichen haben die Leichenfrauen über die kirchlichen Kosten des Begräbnisses und des Seelengottesdienstes je nach den einzelnen Klassen des Stolregulativs sowie über alle sonstigen auf die Beisetzung und Beerdigung bezüglichen Angelegenheiten den Familien der Verstorbenen die erforderlichen Aufschlüsse zu erteilen.

Werden Leichenfrauen auch noch mit der Besorgung von anderen als den im Tarif des Bestellbuches vorgesehenen Bestellungen betraut, wie Grabmusik, Grabgesang, Sterbekreuz, Kopfputz, Trauerfuhrwerk, gärtnerischer Schmuck des Grabes, Totenzettel, Inserate, Familienwappen usw., so sind dieselben verpflichtet, den Hinterbliebenen die Originalrechnungen der betreffenden Geschäfte vorzulegen.

In Fällen des Todes von hier beheimateten konskribierten Armen oder von Kindern solcher Personen, welche in der Armenklasse beerdigt werden, haben die Leichenfrauen Anzeige bei der Zahlstelle der Armenpflege zu machen, welche Bestätigung bezüglich der Zugehörigkeit zum Armenverbande erteilt.

Das sogenannte Armenbuch haben die Leichenfrauen von den Angehörigen des Verstorbenen sich zum Zwecke der Ablieferung desselben an die genannte Zahlstelle aushändigen zu lassen.

§ 12. Die Leichenfrauen haben sich aller direkten oder indirekten Einwirkung auf die Familien, wodurch diese allenfalls zur Wahl einer höheren Klasse, oder zu einem größeren Aufwande in der bereits gewählten bestimmt werden könnten, strengstens zu enthalten.

§ 13. Über die getroffene Wahl haben die Leichenfrauen in der den Hinterbliebenen vorzulegenden sogenannten Erklärungsurkunde genaue Einträge zu machen bzw. machen zu lassen.

§ 14. Die Leichenfrauen haben sofort, nachdem die Hinterbliebenen die Beerdigungsklasse bestimmt haben, den Todesfall bei dem einschlägigen Stadtpfarramte zur Festsetzung der Zeit der Beisetzung und des Begräbnisses, vorbehaltlich etwa notwendiger Änderungen durch Verfügungen des Gerichtes, der K. Staatsanwaltschaft, der K. Polizeidirektion, oder der magistratischen Friedhofverwaltung, zur Anzeige zu bringen.

Von den zur Beisetzung und Beerdigung bestimmten Terminen sind die Hinterbliebenen von der Leichenfrau alsbald zu verständigen.

§ 15. Die Leichenfrauen sind auch verpflichtet, bei Leichen von Militärpersonen sofort der K. Kommandantur Anzeige von dem Sterbefalle zu erstatten.

§ 16. Bei der Reinigung und Umkleidung der Leichen haben die Leichenfrauen die Gebote des Anstandes und der Sittlichkeit auf das Sorgfältigste zu beobachten und Kindern den Zutritt in das Sterbezimmer nicht zu gestatten.

Erlangen sie bei Ausübung ihres Berufes Kenntnis von einem Sterbefall, welcher den Verdacht eines nicht natürlichen Todes erregt, sei es infolge eines Mordes, Totschlages, Selbstmordes, oder eines Unglücksfalles, so haben sie hievon sogleich bei der K. Polizeidirektion Anzeige zu machen.

§ 17. Die Leichenfrauen sind strengstens gehalten, vor jeder Hantierung am Sterbebette und an einer Leiche die ihnen von der Verwaltung der städtischen Begräbnisanstalten behändigten Schürzen anzuziehen und dieselben nach vollständiger Behandlung der Leiche und vor dem Verlassen der Sterbewohnung gründlichst zu reinigen.

In gleicher Weise haben sie sich mittels der ihnen behändigten Sublimatseife nach Behandlung jeder Leiche die Hände zu waschen und zu desinfizieren. Bei Leichen von Personen, die an ansteckenden Krankheiten gestorben sind, haben die Leichenfrauen besondere Vorsicht anzuwenden.

Die Leichenfrauen sollen bei Todesfällen infolge ansteckender Krankheiten (Typhus, Kindbettfieber, Genickstarre, Ruhr, Diphtherie, Scharlach, Masern, Tuberkulose der Lungen usw.) die Einlegung der Leib- und Bettwäsche der Verstorbenen in eine 5%ige Kresolseifenlösung besorgen und überwachen; die Einlegung hat auf die Dauer von wenigstens zwei Stunden, und zwar derart zu geschehen, daß die Wäsche von dieser Lösung vollständig bedeckt wird.

§ 18. Die Leichenfrauen haben außerdem die rechtzeitige Bestellung der Leichenträger und des Leichenwagens zu besorgen und bei der Beerdigung zur Hilfeleistung zu erscheinen.

§ 19. Die Leichenfrauen dürfen die Leichen von Kindern und unreife Früchte unter keinen Umständen auch nur vorübergehend in ihre Wohnung verbringen.

§ 20. Die Leichenfrauen haben die von dem städtischen Friedhoftaxamte auf Grund der Erklärungsurkunden gestellten Rechnungen bei den Hinterbliebenen einzuheben und nach Maßgabe der ihnen speziell erteilten Dienstanweisung an das Friedhoftaxamt abzuliefern.

Die Forderung oder Annahme von Trinkgeldern, überhaupt Geschenken jeder Art, für Dienstleistungen, die die Leichenfrauen in jedem Sterbefalle zu verrichten verpflichtet sind, ist denselben strengstens verboten.

Die Leichenfrauen dürfen insbesondere auch jene Kleidungsstücke und Effekten, welche den Verstorbenen bei der Umkleidung und Reinigung abgenommen werden, nicht schenkungsweise annehmen.

Die Leichenfrauen haben dafür Sorge zu tragen, daß die bei der Beisetzung und Beerdigung von Leichen verwendeten Dekorationsgegenstände, deren Rückgabe von den Hinterbliebenen beansprucht wird, an die letzteren nur nach vorgängiger Vornahme der Desinfektion seitens der Friedhofverwaltung ausgehändigt werden.

§ 21. Den Leichenfrauen wird zur besonderen Pflicht gemacht, über alle Wahrnehmungen, insbesondere über Familien- und Vermögensverhältnisse, von denen sie gelegentlich ihrer Berufsausübung Kenntnis erhalten, strengstes Stillschweigen zu beobachten.

§ 22. Vorstehende Vorschriften finden auf die Gehilfinnen der Leichenfrauen entsprechende Anwendung. Den jeweiligen noch besonders an sie ergehenden Anordnungen ihrer Vorgesetzten haben die Leichenfrauen, sowie deren Gehilfinnen pünktlichst Folge zu leisten.

Zuwiderhandlungen gegen diese Vorschriften werden — vorbehaltlich disziplinärer Ahndung — nach Art. 152 des PStGB. an Geld bis zu 45 Mk. oder mit Haft bis zu 8 Tagen bestraft.

München, den 5. Juli 1898, 24. Dezember 1900 und 28. April 1906.

Magistrat der K. Haupt- und Residenzstadt München.

Vorstehende ortspolizeiliche Vorschriften wurden durch Entschließung der K. Regierung von Oberbayern vom 6. August l. Js. Nr. 29970, vom 7. Januar 1901 Nr. 597 und vom 23. März 1906 Nr. 12701 für vollziehbar erklärt.

VI. Gewerbepolizei.

1. Polizeiliche Vorschriften vom 4. März 1909, betreffend das Pfandvermittelungsgewerbe.

(MAB. 1909 S. 89.)

Die K. Polizeidirektion München erläßt zum Vollzuge der Bekanntmachung des K. Staatsministeriums des K. Hauses und des Äußern vom 11. Februar 1911 und 8. Januar 1912, das Pfandvermittelungsgewerbe betreffend (Gesetz- und Verordnungsblatt 1911 S. 94, 1912 S. 18) die nachstehenden Vorschriften:

§ 1. Die unmittelbare Aufsicht auf die Tätigkeit der Pfandvermittler obliegt in München den K. Polizeiämtern. Bei diesen sind daher sowohl die Gesuche um Erteilung der Erlaubnis zum Geschäftsbetriebe anzubringen als auch die für den Geschäftsbetrieb vorgeschriebenen Bücher zur Genehmigung bzw. zum Abschlusse vorzulegen.

§ 2.[1]) Der Pfandvermittler hat die von den Verpfändern nicht abgeholten Pfandscheine jeweils binnen 14 Tagen nach Empfang alphabetisch geordnet beim Taxamt der K. Polizeidirektion zu hinterlegen.

Die zu hinterlegenden Pfandscheine müssen auf der Vorderseite den Namen und das Geschäftslokal des Pfandvermittlers, sowie das Datum der Übergabe als Vermerk erhalten.

Mit den Pfandscheinen ist ein alphabetisches Verzeichnis derselben, vom Pfandvermittler mit Datum und Unterschrift versehen, in doppelter Ausfertigung vorzulegen.

Dieses Verzeichnis hat die fortlaufende Nummer des Pfandbuches, die Nummer des Pfandscheines, sowie Namen und Wohnung des Verpfänders, ferner eine leerzulassende Spalte für die Empfangsbestätigungen bei Hinausgabe hinterlegter Pfandscheine zu enthalten.

Ein Exemplar des Verzeichnisses wird als Empfangsbestätigung zurückgegeben.

Die zurückgegebenen Verzeichnisse hat der Pfandvermittler der Reihenfolge nach geordnet unter Umschlag zu verwahren.

§ 3. Den Pfandvermittlern ist gestattet, für ihre Tätigkeit folgende Gebühren zu erheben:

a) Für Versetzung und Auslösung:

Bei Ausbezahlung einer Pfandsumme im Betrage von

1 Mk.	bis einschließlich	2 Mk.	10 Pf.
3 „	„ „	10 „	20 „
11 „	„ „	50 „	30 „
51 „	„ „	100 „	40 „
von 101 „	aufwärts		50

[1]) § 2 ist nun gegenstandslos; vgl. GVBl. 1912 S. 18.

Bei Pfandgegenständen, deren Transport einen eigenen Wagen (auch Handkarren) erfordert, wird für jeden Transport ein Zuschlag von 30 Pf. zu den vorstehenden Gebühren berechnet.

b) für Umschreibung:

Die Gebühr für jede Umschreibung beträgt ohne Rücksicht auf die Höhe der ausbezahlten Pfandsumme 10 Pf.

§ 4. Die Wahl sowie jede Veränderung der Geschäftsräume sind bei dem für die Beaufsichtigung des Geschäftsbetriebes zuständigen Polizeiamte anzuzeigen.

§ 5. Die Sicherheitsleistung kann nur in mündelsicheren Wertpapieren erfolgen. Deren Höhe wird im einzelnen Falle durch das zuständige Polizeiamt festgesetzt, wobei nachträgliche Erhöhung und Ermäßigung nicht ausgeschlossen sind.

Die als Sicherheit dienenden Papiere sind bei der Depositenkommission der K. Polizeidirektion zu hinterlegen.

Vorher ist jedoch dem zuständigen K. Polizeiamte persönlich anzuzeigen, welche Wertpapiere als Sicherheitsleistung verwendet werden sollen.

§ 6. Die nach Einstellung des Geschäftsbetriebes abgeschlossenen Geschäftsbücher können bei dem zuständigen Polizeiamte hinterlegt werden. Dasselbe gilt für die Hinterlegung von Schriftstücken in besonderen Fällen im Sinne des § 12 Abs. II der Ministerialbekanntmachung.

§ 7. Zuwiderhandlungen gegen die Vorschriften der Ministerialbekanntmachung vom 11. Februar 1911 und 8. Januar 1912 sowie der gegenwärtigen Bekanntmachung können außer der Strafeinschreitung auch die Zurücknahme der Erlaubnis zum Gewerbebetriebe nach sich ziehen.

München, 4. März 1909.

K. Polizeidirektion.

---

2. Orspolizeiliche Vorschriften vom 6. Dezember 1900 und 9. Dezember 1910, die Holzmacher und den Holzmacher- und Holzträgertarif betr. (Holzmacherordnung).

(MAB. 1900 S. 802, 1910 S. 613.)

Die K. Polizeidirektion München erläßt auf Grund des Art. 152 Abs. 1 des PStGB., der §§ 37[1]) und 76[1]) der RGewO. sowie der §§ 18 und 34 der VVO. hiezu vom 29. März 1892 und 29. September 1900 nachstehende ortspolizeiliche Vorschrift:

§ 1. Personen, welche ihre Dienste als Holzmacher auf öffentlichen Straßen und Plätzen dem Publikum anbieten, bedürfen hiezu der Genehmigung der K. Polizeidirektion.

Diese Genehmigung ist widerruflich und wird nur an geeignete und gut beleumundete Bewerber erteilt.

---

[1]) Samml. S. 284, 300.

§ 2. Diese Personen dürfen sich nur an den jeweils bestimmten Plätzen aufstellen.

Sie erhalten von der K. Polizeidirektion eine Nummer, welche sie während der Dienstverrichtung an der Kopfbedeckung zu tragen haben.

Auch haben sie ein Exemplar gegenwärtiger Vorschrift während der Dienstausübung bei sich zu führen und auf Verlangen vorzuzeigen.

§ 3. Als Tarif für das Kleinmachen und Tragen von Holz wird festgesetzt:

a) Für Schneiden und Spalten von Holz:

	per 1 Ster	per 3 Ster
1. einmal geschnitten	Mk. 1,40	Mk. 4,—
2. zweimal geschnitten	„ 1,70	„ 5,—
3. dreimal geschnitten	„ 2,40	„ 7,—

b) Für das Tragen von ein- und zweimal geschnittenem Holz, einschließlich des Aufrichtens:

	per 1 Ster	per 3 Ster
1. in Parterreräume	Mk. 0,70	Mk. 2,—
2. in Kellerräume und in den ersten Stock	„ 0,85	„ 2,50
3. für jedes weitere Stockwerk mehr um	„ 0,20	„ 0,50

c) Für das Tragen von dreimal geschnittenem Holz, einschließlich des Aufrichtens:

	per 1 Ster	per 3 Ster
1. in Parterreräume	Mk. 0,85	Mk. 2,50
2. in Kellerräume und in den ersten Stock	„ 1,—	„ 3,—
3. für jedes weitere Stockwerk mehr um	„ 0,25	„ 0,60

Den Holzmachern und deren Gehilfen ist verboten, eine höhere als die tarifmäßige Gebühr zu verlangen; ferner ist denselben untersagt, von dem Verkäufer oder von dem Käufer des Holzes für das Abladen oder für sonstige Dienstleistungen einzelne Scheiter Holz zu beanspruchen oder anzunehmen.

§ 4. Die Bezahlung für das Zurichten von nicht gemessenem Holze sowie für anderes als im Tarif vorgesehenes Zurichten von gemessenem Holze bleibt der besonderen Vereinbarung der Beteiligten überlassen.

§ 5. Die Holzmacher dürfen vom Standplatze aus ihre Dienstleistung nicht verweigern und haben dem Publikum gegenüber ein höfliches Benehmen zu beobachten.

§ 6. Zuwiderhandlungen gegen die Bestimmungen der §§ 1, 2 und 5 werden gemäß § 147 Ziff. 1[1]) der Reichsgewerbeordnung mit Geldstrafe bis zu 300 Mk. und im Unvermögensfalle mit Haft, Zuwiderhandlungen gegen § 3 nach § 148 Ziff. 8[1]) der Reichsgewerbeord-

[1]) Samml. S. 328, 329.

nung mit Geldstrafe bis zu 150 Mk. und im Unvermögensfalle mit Haft bis zu 4 Wochen bestraft.

München, 6. Dezember 1900, 9. Dezember 1910.

K. Polizeidirektion.

---

3. Ortspolizeiliche Vorschriften vom 14. Juni 1905 über den Gewerbebetrieb der Fremdenführer und der Unternehmer sogenannter Rundfahrten in der Stadt München.

(MAB. 1905 S. 369).

Die K. Polizeidirektion München erläßt auf Grund der §§ 37 und 76 der RGewO.,[1]) des Art. 152 Abs. I des PStGB. und der §§ 18 und 34 der Allerhöchsten Verordnung vom 29. März 1892, den Vollzug der Reichsgewerbeordnung betreffend, nachstehende ortspolizeiliche Vorschriften über den Gewerbebetrieb der Fremdenführer und der Unternehmer sogenannter Rundfahrtwagen in der Stadt München.

I. Fremdenführer.

§ 1. Wer auf öffentlichen Straßen, Wegen oder Plätzen seine Dienste als Fremdenführer anbieten will, bedarf hiezu der Erlaubnis der K. Polizeidirektion.

§ 2. Diese Erlaubnis erfolgt nach freiem Ermessen, ist stets widerruflich und wird nur an gut beleumundete Personen erteilt, welche nach ihrem Benehmen und äußeren Auftreten geeignet erscheinen und die für Ausübung des Gewerbes erforderlichen Kenntnisse besitzen.

§ 3. Über die Erteilung der Erlaubnis wird dem Fremdenführer eine Legitimation ausgestellt, welche derselbe bei Ausübung des Gewerbes stets mit sich zu führen und auf Verlangen der seine Dienste in Anspruch nehmenden Person und den polizeilichen sowie den sonstigen im Dienste befindlichen einschlägigen Aufsichtsorganen vorzuzeigen hat.

Diese Legitimation ist jeweils mit Beginn des Kalenderjahres der K. Polizeidirektion zur Erneuerung vorzulegen.

Die Kenntnis fremder Sprachen wird auf der Legitimation besonders vermerkt.

§ 4. Den polizeilich zugelassenen Fremdenführern ist gestattet, an ihrer Kleidung bzw. Kopfbedeckung die Worte „Fremdenführer", „Polizeilich konzessionierter Fremdenführer" oder ähnliche Bezeichnungen anzubringen. Den polizeilich nicht zugelassenen Personen ist das Tragen solcher Abzeichen verboten.

§ 5. Der Fremdenführer hat jedermann gegenüber stets ein ruhiges, höfliches und zuvorkommendes Benehmen zu beobachten. Derselbe hat bei Ausübung des Gewerbes ein Exemplar dieser Vorschriften stets mit sich zu führen und auf Verlangen vorzuzeigen.

---

[1]) Samml. S. 284, 300.

§ 6. Die Entlohnung des Fremdenführers wird in erster Linie durch Vereinbarung bestimmt, worauf der Fremdenführer die seine Dienste in Anspruch nehmenden Personen zunächst aufmerksam zu machen hat.

Wird eine Vereinbarung nicht getroffen, so kommen nachstehende Gebührensätze in Anwendung:

für die erste Stunde 1 Mk. 50 Pf.,
für die zweite und jede folgende Stunde 1 Mk.,
bis zum Höchstbetrag von 5 Mk. für einen halben Tag.

Die erste Stunde ist stets ganz, jede weitere Stunde jedoch nur dann zu bezahlen, wenn wenigstens 15 Minuten derselben verstrichen sind.

Die erste Tageshälfte berechnet sich bis 1 Uhr nachmittags.

II. Fremdenrundfahrtwagen.

§ 7. Die Ausübung des Gewerbes eines Fremdenführers mittels sogenannter Rundfahrtwagen, d. h. solcher Fahrzeuge, welche zum Zwecke der entgeltlichen Beförderung von Personen auf einer nach Zeit und Weg bestimmten Rundfahrt in Betrieb gestellt werden, erfordert besondere Genehmigung der K. Polizeidirektion ohne Rücksicht darauf, ob die Wagen zum Abwarten der Fahrgäste auf öffentlichen Straßen, Wegen oder Plätzen aufgestellt werden oder ob die Plätze in diesen Wagen auf sonstige Weise durch Vermieten dem öffentlichen Gebrauche zugänglich sind.

Diese Genehmigung wird jeweils nur für das laufende Kalenderjahr erteilt. Sie erfolgt nach freiem Ermessen und nur unter der Voraussetzung, daß das Fahr- und Pferdematerial den polizeilichen Anforderungen entspricht.

Als Wagenlenker werden nur solche Personen zugelassen, welche den persönlichen Anforderungen des § 2 der Ordnung für das öffentliche Fuhrwerk[1]) genügen.

Andere als die polizeilich zugelassenen Wagenlenker, Fremdenführer, Pferde und Wagen dürfen bei Ausübung des Betriebes nicht verwendet werden. Der Unternehmer ist verpflichtet, über jeden einschlägigen Wechsel im Personal sowie über jede Neubeschaffung oder Änderung von Betriebsmaterial der K. Polizeidirektion rechtzeitig Anzeige zu erstatten.

Das gesamte Fahrmaterial muß stets in vorschriftsmäßigem, gutem und sauberem Zustande gehalten werden.

§ 8. Die polizeilich genehmigten Fahrpläne sind nach Zeit und Ort genau einzuhalten; die Warteplätze werden von der K. Polizeidirektion bestimmt.

Früher als 15 Minuten vor fahrplanmäßigem Beginne der Abfahrt darf auf dem Warteplatze nicht Aufstellung genommen werden.

§ 9. Die Beförderung von Passagieren für Teilstrecken, das Absetzen von Fahrgästen zu diesem Zwecke und die Aufnahme solcher

[1]) Siehe oben S. 65.

— letzteres, soferne die Plätze nicht bestellt sind — dann das Vorfahren und Anhalten vor Sehenswürdigkeiten während der Rundfahrt ist nicht gestattet.

§ 10. Der Verkauf und das Feilhalten von Fahrbilletten außerhalb des polizeilich bestimmten Warteplatzes ist auf öffentlichen Wegen, Straßen und Plätzen verboten.

§ 11. In keinen Wagen dürfen mehr Fahrgäste aufgenommen werden, als nach Maßgabe der vorhandenen Sitzplätze bequem untergebracht werden können. Diese Zahl wird bei der polizeilichen Zulassung der Wagen bestimmt und durch Numerierung der Sitzplätze in den Wagen von den Unternehmern kenntlich gemacht. Mehr Fahrkarten als Plätze vorhanden sind, dürfen nicht verkauft werden.

§ 12. Der K. Polizeidirektion ist vorbehalten, die Bedingungen, unter welchen Rundfahrtunternehmungen zugelassen sind, auch nachträglich abzuändern oder zu erweitern.

§ 13. Dem Publikum gegenüber ist ein ruhiges und höfliches Benehmen zu beobachten; jedes Animieren der Passanten zur Beteiligung an der Fahrt ist verboten. Den Angestellten ist es untersagt, Trinkgelder zu fordern.

§ 14. Der Tarif für eine Fahrt wird pro Person für vier- und mehrspännige Wagen auf 4 Mk., für zweispännige Wagen auf 3 Mk. festgesetzt. Bei der polizeilichen Zulassung der einzelnen Unternehmungen können höhere Tarifsätze genehmigt oder vorgeschrieben werden.

§ 15. Gegenwärtige Vorschriften finden auch auf diejenigen Personen und Betriebe Anwendung, welche zur Zeit des Erlasses der Vorschriften ihr Gewerbe bereits ausüben.

§ 16. Zuwiderhandlungen gegen diese Vorschriften unterliegen den gesetzlichen Strafen. Überschreitungen oder Nichtbeachtung der polizeilichen Genehmigungsbedingungen haben die Einziehung der Konzession zur Folge.

München, 14. Juni 1905.

K. Polizeidirektion.

Vorstehende Vorschriften über den Gewerbebetrieb der Fremdenführer und der Unternehmer sogenannter Rundfahrten in der Stadt München wurden mit Entschließung der K. Regierung von Oberbayern, Kammer des Innern, vom 10. Juli 1905 Nr. 31146 für vollziehbar erklärt.

München, 22. Juli 1905.

K. Polizeidirektion.

---

4. Ortspolizeiliche Vorschriften vom 20. Juni 1908, betreffend die Dienstmännerordnung.

(MAB. 1908 S. 209.)

Die K. Polizeidirektion München erläßt auf Grund der §§ 37 und 76 der Reichsgewerbeordnung,[1]) der §§ 18 und 34 der Aller-

[1]) Samml. S. 284, 300.

höchsten Vollzugsverordnung hiezu vom 29. März 1892, des Art. 152 Abs. I des Polizeistrafgesetzbuches und des § 366 Ziff. 10 des Reichsstrafgesetzbuches nachstehende Bestimmungen, betreffend den Betrieb des Dienstmanngewerbes.

A. Dienstmanns-Institute.

§ 1. Personen, welche auf öffentlichen Straßen oder Plätzen ihre Dienste als Dienstmänner (Packträger) anbieten, desgleichen Unternehmer, welche zum Zwecke der Ausübung eines solchen Gewerbes Personen in Dienst nehmen oder Dienstmänner beschäftigen wollen, ferner Vereinigungen von Dienstmännern zur Ausübung des Dienstmanngewerbes (Dienstmannsinstitute) bedürfen der Genehmigung der K. Polizeidirektion.

Die Genehmigung ist vom Nachweis eines vorhandenen Bedürfnisses abhängig und stets widerruflich.

§ 2. Jedes Dienstmannsinstitut muß ein Statut aufstellen. Das Statut muß den Namen und das Geschäftslokal des Instituts bzw. des Institutsinhabers und die wesentlichen auf den beabsichtigten Gewerbebetrieb bezüglichen Bestimmungen, insbesondere über gleichförmige Kleidung der Dienstmänner, über die zur Verfügung zu stellenden Geräte und Transportmittel und über die Höhe und den Umfang der Haftung des Instituts gegenüber den Auftraggebern aus den Dienstleistungen enthalten.

Das Statut, sowie jede Änderung desselben, bedarf der Genehmigung der K. Polizeidirektion.

Die Bestimmungen über Umfang und Höhe der Haftung sind insbesondere auch durch Anschlag im Geschäftslokal und Aufdruck auf die Dienstmarken öffentlich bekannt zu machen.

§ 3. Der Inhaber oder Leiter eines Dienstmanninstituts hat ferner vor Erteilung der Erlaubnis eine Kaution in mündelsicheren Wertpapieren bei dem Taxamte der K. Polizeidirektion zu hinterlegen, deren Höhe durch die K. Polizeidirektion festgesetzt wird. Die Die Kaution ist im Falle ihrer Minderung auf Aufforderung stets wieder auf den festgesetzten Betrag zu bringen.

Die Kaution haftet für Ansprüche aus dem Dienstleistungsvertrag gegen den Institutsinhaber oder -leiter und die im Institute beschäftigten Dienstmänner wegen Beschädigungen, Veruntreuungen oder Dienstvernachlässigungen. Die Zurückgabe der Kaution erfolgt, wenn der Institutsinhaber das Geschäft aufgegeben hat und binnen einer Frist von drei Monaten nach Erstattung der betreffenden Anzeige Ansprüche an die Kaution bei der K. Polizeidirektion nicht angemeldet sind. Innerhalb dieser Frist angemeldete Ansprüche müssen binnen einer ferneren Frist von drei Monaten bei dem zuständigen Gerichte zur Entscheidung anhängig gemacht und dies der K. Polizeidirektion nachgewiesen werden, widrigenfalls nach Ablauf dieser zweiten Frist die Zurückgabe der Kaution an den Empfangsberechtigten erfolgt.

§ 4. Die Erlaubnis zur Errichtung, Leitung, Fortführung oder Übernahme eines Dienstmanninstituts kann demjenigen versagt werden, welcher die zur Leitung und Beaufsichtigung eines solchen Instituts erforderlichen Eigenschaften nicht bzw. nicht mehr besitzt oder wegen eines seine geschäftliche Verlässigkeit berührenden Verbrechens oder Vergehens bestraft ist.

§ 5. Der Inhaber oder Leiter eines Dienstmanninstituts darf nur solche Personen als Dienstmänner annehmen, welche im Besitze eines polizeilich ausgestellten Dienstscheines sind.

Er ist verpflichtet, dafür zu sorgen, daß seine Dienstmänner, während sie sich im öffentlichen Dienste befinden,

1. die vorgeschriebene Dienstmütze tragen. Diese muß mit einem Messingschilde versehen sein, welcher in Ziffern von wenigstens 2,5 cm Höhe die dem Dienstmanne erteilte Nummer, sowie die Aufschrift „Dienstmanninstitut" oder die Firma des Institutsinhabers enthält;
2. im Besitze eines Druckexemplars der Dienstmännerordnung nebst Tarif, eines Straßenverzeichnisses und einer ausreichenden Anzahl von Dienstmarken, welche in Form und Text dem bei der K. Polizeidirektion aufliegenden Muster entsprechen müssen, sich befinden. Diese Gegenstände sind seitens der Institute den bei ihnen beschäftigten Dienstmännern auszuhändigen.

Der Inhaber bzw. Leiter eines Dienstmannsinstituts hat über die seinem Institute angehörenden Dienstmänner ein genaues Verzeichnis zu führen, aus welchem die zugeteilten Schildnummern der Dienstmänner, die Standplätze derselben und deren Wohnungen ersichtlich sind. Eine Abschrift dieses Verzeichnisses ist am ersten Tage jeden Quartals an die K. Polizeidirektion einzureichen.

Die Entlassung von Dienstmännern und sonstige Veränderungen des Personalstandes sowie die Verlegung des Geschäftslokales sind vom Inhaber bzw. Leiter eines Dienstmannsinstituts der K. Polizeidirektion sofort anzuzeigen.

Dem polizeilichen Auftrage zur Entlassung oder Versetzung eines Dienstmannes hat der Institutsinhaber bzw. -leiter Folge zu leisten.

Zur Bestreitung der polizeilichen Aufsichtskosten hat derselbe am ersten Tage jeden Quartals die polizeilich festgesetzte Gebühr für jeden Dienstmann an das Taxamt der K. Polizeidirektion zu entrichten.

B. Dienstmänner.

§ 6. Als Dienstmänner dürfen nur solche Personen ihre Dienste anbieten, welchen ein auf ihren Namen lautender Dienstschein von der K. Polizeidirektion ausgestellt worden ist und welche einem der zugelassenen Institute angehören.

Der Dienstschein wird gut beleumundeten Bewerbern erteilt und belassen, die mindestens 21 Jahre alt, körperlich tauglich, ohne besonders auffällige oder abstoßende Äußerlichkeiten, nüchtern, zuverlässig und ortskundig sind, sowie hinreichende Kenntnis der Dienstmännerordnung und insbesondere der Tarifbestimmungen besitzen.

Ausnahmen hinsichtlich des Alters können von der K. Polizeidirektion zugelassen werden.

§ 7. Die Dienstmänner dürfen sich auf öffentlichen Straßen und Plätzen nur auf den ihnen mit Genehmigung der K. Polizeidirektion angewiesenen Warteplätzen zum Zwecke des Ausbietens ihrer Dienste aufstellen.

Die Dienstmänner dürfen ihre Dienste nicht mit Worten, Zeichen oder Äußerungen irgendwelcher Art oder sonst in zudringlicher Weise anbieten. Sie müssen sich gegen das Publikum höflich betragen und dürfen bei Ausübung ihres Gewerbes weder in unsauberer noch in zerrissener Kleidung oder in betrunkenem Zustande erscheinen.

Die Dienstmänner dürfen auf den Straßen und Plätzen nicht in einer den Verkehr hemmenden Weise zusammentreten und müssen namentlich die Trottoirs genügend frei lassen. Das gegenseitige Necken oder Streiten auf öffentlichen Wegen, Straßen und Plätzen ist verboten.

Die Bahnhöfe dürfen die Dienstmänner nur dann betreten, wenn ihre Dienste dort gefordert werden.

Das Rauchen im Beisein der Auftraggeber, sowie im Innern der Gebäude, in denen sie Dienste verrichten, ist ihnen nicht gestattet. Dieselben haben jeder Weisung der Polizeibeamten über ihr Verhalten auf der Straße sowie über Verwahrung und Aufstellung der Transportmittel unweigerlich nachzukommen, namentlich sich auch auf Erfordern über den Besitz der in § 5 resp. § 8 genannten Gegenstände auszuweisen. Sie sind verpflichtet, den an sie ergangenen polizeilichen Vorladungen pünktlich Folge zu geben.

§ 8. Die Dienstmänner müssen bei Ausübung ihres Dienstes versehen sein:

1. mit der vorgeschriebenen Kopfbedeckung nebst Nummerschild;
2. mit einem Druckexemplar der Dienstmännerordnung nebst Tarif und einem Straßenverzeichnis;
3. mit einer ausreichenden Anzahl von Dienstmarken, welche in Form und Text dem bei der K. Polizeidirektion aufliegenden Muster entsprechen müssen.

§ 9. Die Dienstmänner haben jeden Wohnungswechsel innerhalb 24 Stunden im Bureau ihres Instituts anzuzeigen.

Sie dürfen ihre Dienstabzeichen nicht an andere Personen behufs Ausübung des Dienstmannsgewerbes überlassen.

Scheidet der Dienstmann aus dem Dienstmannsgewerbe aus, so ist der Dienstschein binnen 24 Stunden bei der K. Polizeidirektion, die vom Institut gelieferte Kopfbedeckung und der Nummerschild, sowie die in § 8 bezeichneten Gegenstände innerhalb der gleichen Zeit an das Dienstmannsinstitut abzuliefern. Die gleiche Verpflichtung hat der Dienstmann seinem Institute gegenüber, wenn er aus demselben austritt, um bei einem anderen Institute einzutreten.

§ 10. Jeder auf einem Standplatze befindliche Dienstmann ist verpflichtet, die im Tarife aufgeführten Dienste für den tarifmäßigen Preis unweigerlich zu übernehmen, wenn nicht die Zurückweisung des Dienstes rechtfertigende Abhaltungsgründe, z. B. Bestellung für einen anderen Dienst, vorliegen oder die Ausführung mit Rücksicht auf die Art des geforderten Dienstes, z. B. wegen körperlicher Unfähigkeit unmöglich ist.

Der Dienstmann hat bei Ausführung der Aufträge stets die Interessen des Arbeitgebers, insbesondere auch in bezug auf Beschleunigung der Aufträge wahrzunehmen.

Dem Auftraggeber ist auf Verlangen eine Dienstmarke auszuhändigen.

Bei im voraus bestellten Dienstesleistungen, sowie bei Tarifdifferenzen muß dieselbe unaufgefordert verabfolgt werden.

Die Dienstmänner sind verpflichtet, bei Übernahme des Auftrags dem Publikum auf Befragen den schuldigen Betrag genau zu bezeichnen. Eine den Tarifsatz überschreitende Zahlungsforderung ist denselben strengstens verboten.

Von dem Publikum kann sofort nach Empfangnahme des Auftrags die Entrichtung eines Vorschusses in der Höhe des voraussichtlichen Entlohnungsbetrages für die Dienstesleistung verlangt werden.

Die Dienstmänner sind verpflichtet, dem Auftraggeber auf Verlangen den Tarif zur Einsichtnahme vorzulegen.

§ 11. Unbestellbare Briefe, Pakete und andere Gegenstände haben die Dienstmänner, sofern der Auftraggeber nicht bekannt ist, unverzüglich im Bureau ihres Instituts abzuliefern.

§ 12. Tarifbestimmungen. Der Tarif ist ein Zeittarif. Die nachbezeichneten Tarifsätze[1]) sind pro Mann zu entrichten. Für Dienstleistungen in der Zeit von 9 Uhr abends bis 7 Uhr morgens tritt doppelte Taxe ein.

§ 13. Straf-, Schluß- und Übergangsbestimmungen. Strafen und Beschwerden. Zuwiderhandlungen gegen die Bestimmungen der Dienstmännerordnung unterliegen den gesetzlichen Strafen der §§ 147 Abs. I Ziff. 1, 148 Abs. I Ziff. 8 der Gewerbeordnung[2]) und Art. 152 Abs. I des Polizeistrafgesetzbuches.

Nach Lage des Falles tritt außerdem die Entziehung der polizeilichen Erlaubnis bzw. des Dienstscheines ein.

Die im Verkehrsdienste der K. Polizeidirektion verwendeten Polizeibeamten sind berechtigt, bei Beanstandungen wegen Zuwiderhandlungen gegen die Dienstmännerordnung oder im Laufe eines wegen solcher Zuwiderhandlungen eingeleiteten Verfahrens einem Dienstmann den Dienstschein vorläufig abzunehmen. Den bezüglichen Aufforderungen der bezeichneten Beamten ist Folge zu leisten. Bis zum Wiederempfang des Dienstscheines darf der Dienstmann sein Gewerbe als solcher nicht ausüben.

Auf den Vollzug der Dienstmännerordnung bezügliche Beschwerden und Vorstellungen sind bei der K. Polizeidirektion schriftlich oder mündlich anzubringen.

---

[1]) Siehe unten S. 175. [2]) Samml. S. 328, 329.

A. Gänge und Transporte

Besondere Bezeichnung derselben		Bei einer Zeitdauer bis zu 5 Minuten	1/4 Stunde	1/2 Stunde	3/4 Stunden	1 Stunde	für jede weitere angefangene halbe Stunde	Besondere Bestimmungen
	1. Gänge ohne Traglast oder mit einer solchen bis zu 5 kg einschließlich	20 ₰	30 ₰	50 ₰	70 ₰	80 ₰	35 ₰	a) Bei Gängen und Transporten darf im Falle der Ziffern 1 und 2 jedenfalls kein höherer Zeitaufwand für die Zurücklegung einer Strecke in Ansatz gebracht werden als 12 Minuten für den Kilometer Wegstrecke, im Falle der Transporte unter Ziffer 3 und 4 als 15 Minuten für den Kilometer Wegstrecke.
Beförderung von Gegenständen im Gewichte	2. von über 5 kg bis 25 kg	40 ₰	60 ₰	80 ₰	100 ₰			
	3. von über 25 kg bis 50 kg; ferner von wertvollen, leicht Beschädigungen ausgesetzten Gegenständen, wie Gemälden und Kunstgegenständen, ohne Rücksicht auf ein etwaiges geringeres Gewicht	50 ₰	80 ₰	100 ₰	120 ₰		Bei Transporten von wertvollen, leicht Beschädigungen ausgesetzten Gegenständen sowie bei Transporten mittels Wagen oder Karren 40 ₰, sonst 35 ₰.	b) Setzt sich die Gesamtdienstleistung aus verschieden tarifierten Gängen bzw. Transporten zusammen, so wird die Gesamtentlohnung aus der Summe der verschiedenen Tarifansätze berechnet; fallen innerhalb einer Tarifzeiteinheit verschieden bewertete Dienste zusammen, so wird diese Zeiteinheit unter Zugrundelegung des jeweils in Betracht kommenden höheren Tarifes in Ansatz gebracht.
	4. von über 50 kg bis 100 kg	70 ₰	100 ₰	130 ₰	150 ₰			
	5. von über 100 kg	für je angefangene 50 kg Mehrgewicht je 10 ₰ mehr pro Viertelstunde.						

Besondere Bezeichnung derselben	Bei einem Zeitaufwand bis zu 5 Minuten	¼ Stunde	½ Stunde	¾ Stunden	1 Stunde	für jede weitere angefangene halbe Stunde	
B. Sonstige Leistungen							Setzt sich die Gesamtdienstleistung aus Wartezeiten, Dienstleistungen oder Gängen bzw. Transporten zusammen, so findet die Bestimmung der lit. b oben entsprechende Anwendung.
1. Wartezeiten und leichte Arbeiten und Dienstleistungen	20 ₰	30 ₰	50 ₰	70 ₰	80 ₰	35 ₰	
2. schwere Arbeiten und Dienstleistungen, wie Möbelstellen, Teppichklopfen, Tragen und Zerkleinern von Brennmaterialien, Erd- und Gartenarbeiten, Straßenreinigung, Tragen von schweren Gegenständen, sowie von wertvollen, leicht Beschädigungen ausgesetzten Gegenständen, dann Dienstleistungen unter Benützung eines Wagens oder Karrens		50 ₰	80 ₰	100 ₰	120 ₰	40 ₰	

C. Besondere Dienstleistungen	Straßentransport bis zu 1 Stunde	Transport innerhalb eines Anwesens: ohne Treppenbenützung	Transport innerhalb eines Anwesens: mit Treppenbenützung	Im Falle des Straßentransportes jede weitere angefangene halbe Stunde	
1. Transport eines Klaviers, Flügels, Pianos oder Harmoniums	2 ℳ 50 ₰	1 ℳ	1 ℳ 50 ₰	40 ₰	Der Arbeitstag umfaßt 8 stündige, der halbe Arbeitstag 4 stündige Arbeitsleistung.
2. Besorgung von Umzügen	für den halben Tag 4 ℳ	für den ganzen Tag 7 ℳ			Vor Übernahme der Dienstleistung hat der Dienstmann den Auftraggeber zur Herbeiführung einer Vereinbarung zu veranlassen. Im Nichtvereinbarungsfalle finden bei Transporten von Kassen, Maschinen und Maschinenteilen Tarif C 1, bei den übrigen Dienstleistungen die Tarifsätze des Abschnittes B Anwendung.

D. Der freien Vereinbarung unterliegen

Transporte von Kassen und von schweren Maschinen oder Maschinenteilen. — Regelmäßig wiederkehrende Dienstleistungen. — Beförderung von Zirkularen und Verteilung von Druckschriften. — Alle nicht im Dienstmannsgewerbe üblichen Dienstleistungen.

§ 14. Schluß- und Übergangsbestimmungen. Gegenwärtige Vorschriften treten am 1. Oktober 1908 in Kraft; mit diesem Tage treten die Dienstmännerordnung nebst den Tarifbestimmungen vom 10. April 1896 außer Wirksamkeit.

München, 20. Juni 1908.

K. Polizeidirektion.

Vorstehende ortspolizeiliche Vorschriften vom 20. Juni 1908, die Dienstmännerordnung betreffend, wurden mit Entschließung der K. Regierung von Oberbayern, Kammer des Innern, vom 27. Juni lfd. Js. Nr. 34556 für vollziehbar erklärt.

München, 6. Juli 1908.

K. Polizeidirektion.

5. Bekanntmachung der K. Regierung von Oberbayern, Kammer des Innern, vom 27. Januar 1911, Stadthausieren betreffend.

(MGB. 1911 S. 71.)

Die K. Regierung von Oberbayern, Kammer des Innern, erläßt auf Grund des § 42b der Gewerbeordnung[1]) und des § 1 der K. Verordnung vom 29. März 1892 — soweit veranlaßt nach Anhörung des Stadtmagistrats München — für den Stadtgemeindebezirk München folgende Bestimmungen:[2])

I.

Personen, welche im Bezirke der Stadtgemeinde München einen Wohnsitz oder eine gewerbliche Niederlassung besitzen, und welche innerhalb dieses Gemeindebezirkes auf öffentlichen Wegen, Straßen, Plätzen oder anderen öffentlichen Orten oder ohne vorgängige Bestellung von Haus zu Haus

1. Waren feilbieten oder

2. Waren bei anderen Personen als bei Kaufleuten oder solchen Personen, welche die Waren produzieren, oder an anderen Orten als in offenen Verkaufsstellen zum Wiederverkaufe ankaufen oder Warenbestellungen bei Personen, in deren Gewerbebetriebe Waren der angebotenen Art keine Verwendung finden, aufsuchen oder

3. gewerbliche Leistungen, hinsichtlich deren dies nicht Landesgebrauch ist, anbieten wollen, bedürfen vorbehaltlich der Ausnahmebestimmung in § 42b Abs. 3 Satz 1 Gewerbeordnung[2]) der Erlaubnis, insoweit sie nicht bereits im Besitz eines bezüglichen, für den Stadtgemeindebezirk München gültigen Wandergewerbescheines sind.

Die Erlaubnis wird durch Behändigung eines vom Stadtmagistrat München auszustellenden, für das Kalenderjahr gültigen Erlaubnisscheines erteilt.

[1]) Samml. S. 286.
[2]) Strafbestimmung: §§ 148 Abs. 1 Nr. 5, 149 Abs. 1 Nr. 1 Gewerbeordnung, Samml. S. 329, 331.

II.

In Betreff der in § 59 Ziff. 1 und 2 Gewerbeordnung [1]) bezeichneten Erzeugnisse und Waren kann der ambulante Gewerbebetrieb

a) unter den im § 57 Ziff. 1 bis 4 Gewerbeordnung [2]) erwähnten Voraussetzungen untersagt werden; zur Untersagung ist der Stadtmagistrat München zuständig;

b) nach Maßgabe des § 60 b Abs. 2 Gewerbeordnung [3]) beschränkt und gemäß § 60 b Abs. 3 Gewerbeordnung [3]) verboten werden.

Allen Gewerbetreibenden dieser Art ist verboten, zum Zwecke des Gewerbebetriebes ohne vorgängige Erlaubnis in fremde Wohnungen einzutreten sowie zur Nachtzeit fremde Häuser und Gehöfte zu betreten.

III.

Ausländer, welche im Bezirke der Stadtgemeinde München ihren Wohnort haben oder ihre gewerbliche Niederlassung besitzen und welche innerhalb dieses Gemeindebezirkes auf öffentlichen Wegen, Straßen, Plätzen oder an anderen öffentlichen Orten oder ohne vorgängige Bestellung von Haus zu Haus eines der unter Abs. I Ziff. 1 bis 3 bezeichneten Gewerbe betreiben wollen, bedürfen hiezu der Erlaubnis.

Bezüglich der Voraussetzungen für die Erteilung, Versagung und Zurücknahme dieser Erlaubnis sowie bezüglich des Verfahrens einschließlich der Beschwerdefälle hat die Bundesratsverordnung vom 27. November 1896 — Reichsgesetzblatt S. 745 — sinngemäße Anwendung zu finden.

Die Erlaubnis wird durch Behändigung eines vom Stadtmagistrat München auszustellenden, für das Kalenderjahr gültigen Erlaubnisscheines erteilt.

IV.

Vorstehende Bestimmungen treten an Stelle der mit Regierungsentschließung vom 13. Februar 1884 Nr. 3295 und vom 6. November 1886 Nr. 31 367 erlassenen Bestimmungen.

---

6. Bekanntmachung des Stadtmagistrats vom 28. Februar 1911, betreffend das Stadthausieren in München.

(MGZ. 1911 S. 90 ff.)

Auf Grund Entschließung der K. Regierung von Oberbayern, Kammer des Innern, vom 27. Januar 1911 Nr. 259, Gemeindezeitung 1911 S. 71,[4]) und Beschlusses des Magistrats vom 29. Dezember 1910 geben wir nachstehend die für das Stadthausieren in

[1]) Samml. S. 295.
[2]) Samml. S. 294.
[3]) Samml. S. 296.
[4]) Siehe oben S. 177.

München geltenden Bestimmungen[1]) bekannt. Die Bekanntmachungen des Magistrats vom 19. Februar 1884, Gemeindezeitung S. 195, und vom 25. November 1886, Gemeindezeitung S. 1045, sind aufgehoben.

Ziffer 1.

Personen, welche im Bezirke der Stadtgemeinde München einen Wohnsitz oder eine gewerbliche Niederlassung besitzen und welche innerhalb des Gemeindebezirkes auf öffentlichen Wegen, Straßen und Plätzen oder an anderen öffentlichen Orten oder ohne vorgängige Bestellung von Haus zu Haus

1. Waren feilbieten oder

2. Waren bei anderen Personen als bei Kaufleuten oder solchen Personen, welche die Waren produzieren, oder an anderen Orten als in offenen Verkaufsstellen zum Wiederverkaufe ankaufen oder Warenbestellungen bei Personen, in deren Gewerbebetriebe Waren der angebotenen Art keine Verwendung finden, aufsuchen oder

3. gewerbliche Leistungen, hinsichtlich deren dies nicht Landesgebrauch ist, anbieten wollen, bedürfen der Erlaubnis.[1])

Ziffer 2.

I. Diese Erlaubnis wird durch Behändigung eines vom Stadtmagistrate unter Beachtung der Vorschriften des Gebührengesetzes auszustellenden Erlaubnisscheines erteilt.

II. Der Erlaubnisschein wird auf die Dauer des Kalenderjahres erteilt.

III. Der Erlaubnisschein darf einem anderen nicht zur Benützung überlassen werden.[1])

IV. Der Inhaber eines Erlaubnisscheines ist verpflichtet, diesen während der Ausübung des Geschäftsbetriebes bei sich zu führen, auf Erfordern der zuständigen Behörden oder Beamten vorzuzeigen und, soferne er hiezu nicht imstande ist, auf deren Geheiß den Betrieb bis zur Herbeischaffung des Erlaubnisscheines einzustellen. Auf gleiches Erfordern hat er die von ihm geführten Waren vorzulegen.[1])

Ziffer 3.

I. Der Erlaubnisschein ist zu versagen:

1. wenn der Nachsuchende mit einer abschreckenden oder ansteckenden Krankheit behaftet oder in einer abschreckenden Weise entstellt ist;

2. wenn er unter Polizeiaufsicht steht;

3. wenn er wegen strafbarer Handlungen aus Gewinnsucht, gegen das Eigentum, gegen die Sittlichkeit, wegen vorsätzlicher Angriffe auf das Leben und die Gesundheit der Menschen, wegen Land- oder Hausfriedensbruches, wegen Widerstandes gegen die Staatsgewalt wegen vorsätzlicher Brandstiftung, wegen Zuwiderhandlungen gegen Verbote oder Sicherungsmaßregeln, betreffend Einführung oder Ver-

[1]) Strafbestimmung siehe oben S. 177 Fußnote 2.

breitung ansteckender Krankheiten oder Viehseuchen, zu einer Freiheitsstrafe von mindestens 3 Monaten verurteilt ist und seit Verbüßung der Strafe 3 Jahre noch nicht verflossen sind;

4. wenn er wegen gewohnheitsmäßiger Arbeitsscheue, Bettelei, Landstreicherei, Trunksucht übel berüchtigt ist.

II. Erlaubnisscheine werden nicht ausgefertigt für Waren, deren Ankauf oder Feilbieten im Umherziehen verboten ist mit Ausnahme von Bier und Wein in Fässern und Flaschen.

III. Erlaubnisscheine werden nicht ausgefertigt, wenn und insoweit die Ausstellung gegen ein gesetzliches oder auf gesetzlicher Vorschrift beruhendes Verbot verstößt.

Ziffer 4.

Der Erlaubnisschein ist in der Regel zu versagen:

1. wenn der Nachsuchende das 25. Lebensjahr noch nicht vollendet hat; der Erlaubnisschein ist dem Nachsuchenden in diesem Falle zu erteilen, wenn er der Ernährer einer Familie und bereits 4 Jahre im Gewerbebetriebe gemäß Ziff. 1 tätig gewesen ist;

2. wenn er blind, taub oder stumm ist oder an Geistesschwäche leidet.

Ziffer 5.

Der Erlaubnisschein darf außerdem nur dann versagt werden,

1. wenn der Nachsuchende im Stadtbezirk einen festen Wohnsitz nicht hat;

2. wenn er wegen strafbarer Handlungen aus Gewinnsucht, gegen das Eigentum, gegen die Sittlichkeit, wegen vorsätzlicher Angriffe auf das Leben und die Gesundheit der Menschen, wegen Hausfriedensbruches, wegen Widerstands gegen die Staatsgewalt, wegen vorsätzlicher Brandstiftung, wegen Zuwiderhandlungen gegen Verbote oder Sicherungsmaßregeln, betreffend Einführung oder Verbreitung ansteckender Krankheiten oder Viehseuchen, zu einer Freiheitsstrafe von mindestens einer Woche verurteilt ist und seit Verbüßung der Strafe fünf Jahre noch nicht verflossen sind;

3. wenn er wegen Verletzung der auf den Gewerbebetrieb gemäß Ziff. 1 bezüglichen Vorschriften im Laufe der letzten drei Jahre wiederholt bestraft ist;

4. wenn er ein oder mehrere Kinder besitzt, für deren Unterhalt und, soferne sie in schulpflichtigem Alter stehen, für deren Unterricht nicht genügend gesorgt ist.

Ziffer 6.

Der Erlaubnisschein kann zurückgenommen werden, wenn sich ergibt, daß eine der in Ziff. 3, 4 oder 5 bezeichneten Voraussetzungen entweder zur Zeit der Erteilung bereits vorhanden gewesen, der Behörde aber unbekannt geblieben oder erst nach Erteilung des Scheines eingetreten ist.

Ziffer 7.

Minderjährigen Personen kann in dem Erlaubnisscheine die Beschränkung auferlegt werden, daß sie das Gewerbe nicht nach Sonnenuntergang, minderjährigen Personen weiblichen Geschlechts kann außerdem die Beschränkung auferlegt werden, daß sie das Gewerbe nur auf öffentlichen Wegen, Straßen und Plätzen, nicht aber von Haus zu Haus betreiben dürfen.

Ziffer 8.

Zum Zwecke des Gewerbebetriebes nach Ziff. 1 ist ohne vorgängige Erlaubnis der Eintritt in fremde Wohnungen sowie zur Nachtzeit das Betreten fremder Häuser und Gehöfte nicht gestattet.

Ziffer 9.

I. Ein Erlaubnisschein ist nicht erforderlich (vgl. aber Ziff. 15) zum Gewerbebetriebe gemäß Ziff. 1 mit

1. Erzeugnissen der inländischen Land- und Forstwirtschaft, Geflügel- und Bienenzucht, Jagd und Fischerei, sowie des inländischen Garten- und Obstbaues;

2. Waren, welche zu den Gegenständen des Wochenmarktverkehres gehören;

3. Druckschriften, anderen Schriften und Bildwerken, insoweit der Gewerbebetrieb hiermit nicht auf öffentlichen Wegen, Straßen und Plätzen oder an anderen öffentlichen Orten, sondern von Haus zu Haus erfolgt und insoweit sie nicht vom Feilbieten und Aufsuchen von Bestellungen im Umherziehen ausgeschlossen sind;

4. inländischen Gold- und Silberwaren, Taschenuhren, Bijouterie- und Schildplattwaren, Edelsteinen, Perlen, Kameen und Korallen durch die Fabrikanten und Großhändler oder deren Reisende an Wiederverkäufer unter Mitführung der Waren selbst.

II. Die Vorschrift der Ziff. 8 gilt auch für den Gewerbebetrieb mit den in Abs. I zu 1 und 2 genannten Erzeugnissen und Waren.

III. Der Gewerbebetrieb mit diesen Erzeugnissen und Waren ist verboten, wenn die Voraussetzungen der Ziff. 3 vorliegen.

IV. Minderjährige Personen dürfen die in Abs. I zu 1 und 2 aufgeführten Erzeugnisse und Waren nicht nach Sonnenuntergang und Personen weiblichen Geschlechts nur auf öffentlichen Wegen, Straßen und Plätzen, nicht aber von Haus zu Haus feilbieten.

Ziffer 10.

Kinder unter 14 Jahren dürfen auf öffentlichen Wegen, Straßen und Plätzen, oder an öffentlichen Orten oder ohne vorgängige Bestellung von Haus zu Haus Erzeugnisse und Waren einschließlich der in Ziff. 9 zu 1 und 2 genannten nicht feilbieten.[1])

Ziffer 11.

I. Ausländern ist der Erlaubnisschein zu versagen, wenn ein Bedürfnis für die Ausübung des Gewerbes, welches sie zu be-

[1]) Strafbestimmung: § 148 Abs. 1 Nr. 7 d Gewerbeordnung, Samml. S. 330.

treiben beabsichtigen, nicht besteht oder sobald für das Gewerbe, für welches der Erlaubnisschein nachgesucht wird, eine den Verhältnissen des Stadtbezirkes entsprechende Anzahl von Erlaubnisscheinen erteilt worden ist.

II. Ausländer bedürfen zum Gewerbebetriebe gemäß Ziff. 9 eines Erlaubnisscheines.

III. Ausländer, welche das 25. Lebensjahr noch nicht vollendet haben oder durch ihre Persönlichkeit zu erheblichen polizeilichen Bedenken Anlaß geben, werden zum Gewerbebetriebe gemäß Ziff. 1 und 9 nicht zugelassen.

IV. Bei Ausländern kann die erteilte Erlaubnis zurückgenommen werden, wenn erhebliche polizeiliche Bedenken gegen die Persönlichkeit nachträglich sich ergeben.

Ziffer 12.

Keine Erlaubnis ist erforderlich zum Gewerbebetriebe gemäß Ziff. 1 und 9, wenn der Gewerbetreibende bereits im Besitze eines für den Stadtbezirk gültigen Wandergewerbescheines ist.

Ziffer 13.

An Sonn- und Festtagen, an Festtagen auch, wenn sie nicht unter die Gewerbeordnung fallen, und während der Zeit, während welcher die offenen Verkaufsstellen geschlossen sein müssen, d. i. regelmäßig an Werktagen von 9 Uhr abends bis 5 Uhr morgens, ist der Gewerbebetrieb gemäß Ziff. 1 und 9 verboten.[1])

Ziffer 14.

I. Wer für einen anderen ein Gewerbe gemäß Ziff. 1 und 9 zu betreiben beabsichtigt, unterliegt für seine Person den gegenwärtigen Bestimmungen.

II. Begleitern des Gewerbetreibenden sind nur untergeordnete Hilfeleistungen, wie Beförderung der Waren, Aufsicht über diese während der Abwesenheit des Gewerbetreibenden, gestattet.[2]) Wenn sie selbst Waren feilbieten, kaufen oder verkaufen und Warenbestellungen aufsuchen, bedürfen sie eines Erlaubnisscheines.

Ziffer 15.

Unberührt bleiben die vom Magistrate aus gesundheitspolizeilichen Gründen und die von der K. Polizeidirektion aus sicherheits- oder verkehrspolizeilichen Gründen erlassenen Vorschriften.

München, 28. Februar 1911.

Magistrat der K. Haupt- und Residenzstadt München.

---

[1]) Strafbestimmung: §§ 55 a Abs. 1, 146 a Gewerbeordnung, Samml. S. 291, 328.

[2]) Strafbestimmung: siehe oben S. 177 Fußnote 2.

7. Bekanntmachung der K. Regierung von Oberbayern, Kammer des Innern, vom 27. März 1895, betr. die Sonntagsruhe in industriellen, Handwerks- und Bergbaubetrieben.

(KAB. 1895 S. 23, 1905 S. 113, MAB. 1895 S. 166, 1905 S. 487).

Für Gewerbe, deren vollständige oder teilweise Ausübung an Sonn- und Festtagen zur Befriedigung täglicher oder an diesen Tagen besonders hervortretender Bedürfnisse der Bevölkerung erforderlich ist, sowie für Betriebe, welche ausschließlich oder vorwiegend mit durch Wind oder unregelmäßige Wasserkraft bewegten Triebwerken arbeiten, können nach § 105e der Reichsgewerbeordnung[1]) durch Verfügung der höheren Verwaltungsbehörde Ausnahmen von den im § 105b der Reichsgewerbeordnung[1]) getroffenen Bestimmungen zugelassen werden.

Auf Grund des erwähnten § 105e der Reichsgewerbeordnung[1]) und des § 1 der Allerhöchsten Verordnung vom 29. März 1892, „den Vollzug der Reichsgewerbeordnung betr.“, sowie im Hinblick auf §§ 24ff. der höchsten Ministerialentschließung vom 14. März 1895, die Sonntagsruhe in industriellen, Handwerks- und Bergbaubetrieben betr. (Ministerialblatt des Innern S. 107ff.), werden von der unterfertigten Stelle für den Regierungsbezirk Oberbayern, einschließlich der Stadt München, folgende Ausnahmen von den im § 105b Abs. 1 der Reichsgewerbeordnung[1]) getroffenen Bestimmungen zugelassen:

I. Ausnahmen für Gewerbe zur Befriedigung täglicher oder an Sonn- und Festtagen besonders hervortretender Bedürfnisse.

a) Bäckerei- (auch Feinbäckerei-) und Konditoreigewerbe.

Siehe unten S. 187, 188, 189.

b) Fleischereigewerbe und Schweinemetzgereigewerbe.

Siehe unten S. 189, 190, 191.

c) Gewerbe der Köche (Auskochgeschäfte).

Die Beschäftigung von Arbeitern ist an allen Sonn- und Festtagen gestattet.

Bedingung: Wenn die Sonntagsarbeiten länger als 3 Stunden dauern, so sind die Arbeiter entweder an jedem dritten Sonntag für volle 36 Stunden oder an jedem zweiten Sonntag mindestens in der Zeit von 6 Uhr morgens bis 6 Uhr abends oder in jeder Woche während der zweiten Hälfte eines Arbeitstages, und zwar spätestens von 1 Uhr nachmittags ab, von jeder Arbeit freizulassen. Den Arbeitern ist die zum Besuche des Gottesdienstes erforderliche Zeit, mindestens aber an jedem dritten Sonntag freizugeben.

d) Bierbrauereien; Eisfabriken; Mineralwasserfabriken.

Die Versorgung der Kundschaft mit Bier, Roheis, Mineralwasser ist an allen Sonn- und Festtagen gestattet.

[1]) Samml. S. 303, 301.

Wenn die Sonntagsarbeiten länger als fünf Stunden dauern, so sind die Arbeiter entweder an jedem dritten Sonntag für volle 36 Stunden oder an jedem zweiten Sonntag mindestens in der Zeit von 6 Uhr morgens bis 6 Uhr abends oder in jeder Woche während der zweiten Hälfte eines Arbeitstages, und zwar spätestens von 1 Uhr nachmittags ab, von jeder Arbeit frei zu lassen.

Den Arbeitern ist die zum Besuche des Gottesdienstes erforderliche Zeit, mindestens aber an jedem dritten Sonntag, freizugeben.

e) Blumenbindereien.

Die Beschäftigung von Arbeitern mit dem Binden von Blumen, Winden von Kränzen u. dgl. ist an allen Sonn- und Festtagen während der für den Verkauf von Blumen in offenen Verkaufsstellen freigegebenen Stunden gestattet.

Bedingung: Wenn die Sonntagsarbeiten länger als 3 Stunden dauern, so sind die Arbeiter entweder an jedem dritten Sonntag für volle 36 Stunden oder an jedem zweiten Sonntag mindestens in der Zeit von 6 Uhr morgens bis 6 Uhr abends oder in jeder Woche während der zweiten Hälfte eines Arbeitstages und zwar spätestens von 1 Uhr nachmittags ab, von jeder Arbeit freizulassen.

f) Gasanstalten und Elektrizitätswerke.

Die Beschäftigung von Arbeitern ist an allen Sonn- und Festtagen mit Arbeiten, welche für den Betrieb unerläßlich sind, gestattet.

1. Bedingung für die Münchener Gasfabrik:

Die den Arbeitern zu gewährende Ruhe hat zu dauern: entweder für jeden zweiten Sonntag 24 Stunden, oder für jeden dritten Sonntag 36 Stunden, oder, sofern an den übrigen Sonntagen die Arbeitsschichten nicht länger als 12 Stunden dauern, für jeden vierten Sonntag 36 Stunden. Ablösungsmannschaften dürfen je 12 Stunden vor und nach ihrer regelmäßigen Beschäftigung zur Arbeit nicht verwendet werden. Die den Ablösungsmannschaften zu gewährende Ruhe muß das Mindestmaß der den abgelösten Arbeitern gewährten Ruhe erreichen. Die Auflage etwa erforderlicher weiterer Bedingungen bleibt vorbehalten.

2. Bedingung für die übrigen Gasanstalten und für die Elektrizitätswerke:

Wenn die Sonntagsarbeiten länger als 3 Stunden dauern, so sind die Arbeiter entweder an jedem dritten Sonntag für volle 36 Stunden oder an jedem zweiten Sonntag mindestens in der Zeit von 6 Uhr morgens bis 6 Uhr abends oder in jeder Woche während der zweiten Hälfte eines Arbeitstages, und zwar spätestens von 1 Uhr nachmittags ab, von jeder Arbeit freizulassen.

g) Barbier- und Friseurgewerbe:

Siehe unten S. 192, 193, 194.

h) Gewerbe der Bekleidung und Reinigung.

Soweit diese Gewerbe handwerksmäßig betrieben werden, ist die Ablieferung bestellter Arbeit an die Kunden an Sonn- und Festtagen bis zum Beginne des Hauptgottesdienstes gestattet.

i) Zeitungsdruckereien.

1. Die Beschäftigung von Arbeitern ist an allen Sonn- und Festtagen mit Ausnahme des zweiten Weihnachts-, Oster- und Pfingstfeiertages, bis 6 Uhr morgens zur Herstellung der Morgenausgabe gestattet.

Bedingung: Nach Herstellung dieser Ausgabe muß der Betrieb bis um 6 Uhr morgens des folgenden Werktages ruhen.

2. Soweit der Vertrieb der Zeitungen nicht durch besondere Spediteure stattfindet, sondern einen Teil des Zeitungsdruckereibetriebes bildet, gelten für denselben diejenigen Bestimmungen, welche nach den Vorschriften über die Sonntagsruhe im Handelsgewerbe für die Zeitungsspedition maßgebend zu sein haben.

Bedingung: Beim Vertrieb der Zeitungen an Sonn- und Festtagen dürfen Personen, die bei der Herstellung der Morgenausgabe beschäftigt gewesen sind, nicht Verwendung finden.

k) Photographische Anstalten.

Die Beschäftigung von Arbeitern ist gestattet:

1. an den letzten vier Sonntagen vor Weihnachten zum Zwecke der Aufnahme von Porträts, des Kopierens und Retouchierens in der Zeit von 9 Uhr vormittags bis 7 Uhr abends,

2. an allen übrigen Sonn- und Festtagen zum Zwecke der Aufnahme von Porträts in der Zeit vom 1. April bis 30. September von 10 Uhr vormittags bis 4 Uhr nachmittags und in der übrigen Zeit des Jahres von 10 Uhr vormittags bis 3 Uhr nachmittags.

Diese Ausnahme findet keine Anwendung auf den ersten Weihnachts-, Oster- und Pfingstfeiertag.

Bedingung: Wenn die Sonntagsarbeiten länger als drei Stunden dauern, so sind die Arbeiter entweder an jedem dritten Sonntag für volle 36 Stunden, oder an jedem zweiten Sonntag mindestens in der Zeit von 6 Uhr morgens bis 6 Uhr abends oder in jeder Woche während der zweiten Hälfte eines Arbeitstages, und zwar spätestens von 1 Uhr nachmittags ab, von jeder Arbeit freizulassen.

Den Arbeitern ist die zum Besuche des Gottesdienstes erforderliche Zeit, mindestens aber an jedem dritten Sonntag freizugeben.

l) Ausnahmebewilligungen für besondere Verhältnisse.

Die Distriktsverwaltungsbehörden, in München die K. Polizeidirektion (nunmehr die K. Polizeiämter), werden ermächtigt, unter besonderen Verhältnissen z. B. bei Truppenzusammenziehungen, größeren Volksfesten, Märkten und Wallfahrten, während der Karnevalszeit oder in der Zeit vor Weihnachten zur Befriedigung der hiedurch gesteigerten Bedürfnisse der Bevölkerung für einzelne Ortschaften oder den ganzen Bezirk, vorübergehend oder periodisch, weiter reichende Ausnahmen als die vorstehend vorgesehenen zuzulassen. Von den jeweils getroffenen Anordnungen ist sofort der K. Regierung Anzeige zu erstatten.

m) Arbeiter, welche auf Grund der vorstehend zugelassenen Ausnahmebestimmungen mit Sonntagsarbeiten beschäftigt werden, dürfen — wenn nicht Gefahr im Verzuge ist — während der ihnen ausbedungenen Ruhezeit auch nicht zu solchen Arbeiten, die in dem betreffenden Betriebe auf Grund des § 105c Abs. 1 der Reichsgewerbeordnung [1]) vorgenommen werden dürfen, und auch nicht zu Arbeiten in dem etwa mit dem Betriebe verbundenen Handelsgewerbe, herangezogen werden.

II. Ausnahmen für Betriebe mit Wind oder unregelmäßiger Wasserkraft.

Diese Ausnahmen werden durch besondere Entschließung bestimmt und den einzelnen beteiligten Triebwerksbesitzern durch die zuständige Distriktsverwaltungsbehörde eröffnet werden. Denjenigen Triebwerksbesitzern, welchen eine solche Mitteilung nicht zugehen wird, bleibt es anheimgegeben, Anträge wegen Zulassung von Ausnahmen für ihre Betriebe durch Vermittlung der Distriktsverwaltungsbehörden, in München des Magistrates, bei der K. Regierung, Kammer des Innern, zu stellen.

Wegen des hiebei zu beachtenden Verfahrens wird auf § 43 der höchsten Ministerialentschließung vom 14. März 1895, die Sonntagsruhe in industriellen, Handwerks- und Bergbaubetrieben betr. (Ministerial-Amtsblatt S. 107 ff.), hingewiesen.

Gegenwärtige Bestimmungen treten mit dem 1. April lfd. Js. in Wirksamkeit.

München, den 27. März 1895.

Königliche Regierung von Oberbayern, Kammer des Innern.

---

8. Bekanntmachung der K. Regierung von Oberbayern, Kammer des Innern, vom 28. Juni 1896, die Beschäftigung von Arbeitern an Sonn- und Festtagen im Bäckerei- und Konditoreigewerbe betr.

(KAB. 1896 S. 53, MAB. 1896 S. 379.)

Nach den vom Bundesrate unterm 4. März lfd. Js. über den Betrieb von Bäckereien und Konditoreien erlassenen Vorschriften (Reichsgesetzblatt Nr. 6) unter I Ziff. 5 darf die Beschäftigung von Gehilfen und Lehrlingen an Sonn- und Festtagen auf Grund des § 105c der Gewerbeordnung [2]) und der in den §§ 105e und 105f a. a. O. [3]) vorgesehenen Ausnahmebewilligungen nur insoweit erfolgen, als dies mit den Bestimmungen unter I Ziff. 1 bis 3 dieser

[1]) Samml. S. 302.
[2]) Samml. S. 302, 303, 304.
[3]) Samml. S. 302, 303, 304.

Vorschriften vereinbar ist. Mit Rücksicht auf die den Gehilfen und Lehrlingen in den hier in Betracht kommenden Bäckereien und Konditoreien auch an den Werktagen gesicherte Ruhezeit und die hiedurch eingeschränkte Produktion erscheint es angemessen, die Beschäftigung von Gehilfen und Lehrlingen an den Sonn- und Festtagen in gleichem Umfange, wie an den Wochentagen zuzulassen und demnach die auf Grund des § 105e Abs. 1 der Gewerbeordnung[1]) für die Beschäftigung derartiger Arbeiter an Sonn- und Festtagen zugelassenen Ausnahmen den Vorschriften des Bundesrats anzupassen.

Es werden deshalb auf Grund der gepflogenen Erhebungen unter Aufhebung der hierauf bezüglichen, bisher auf Grund des § 105e Abs. 1 der Gewerbeordnung[1]) ergangenen Ausnahmebestimmungen der Regierungsbekanntmachung vom 27. März 1895 Nr. 11437, die Sonntagsruhe in industriellen Handwerks- und Bergbaubetrieben betr.[2]) (Kreisamtsblatt S. 23ff.) nachstehende Ausnahmebestimmungen über die Beschäftigung von Gehilfen und Lehrlingen im Bäckerei- und Konditoreibetriebe an Sonn- und Festtagen erlassen:

A. Für das Konditoreigewerbe (ohne Nebenbetrieb).

1. Die Beschäftigung von Arbeitern ist an allen Sonn- und Festtagen von nachts 12 Uhr bis mittags 12 Uhr gestattet.

Die einzelnen Arbeiter dürfen jedoch nur 10 Stunden beschäftigt werden.

Die Arbeitszeit derselben ist so einzurichten, daß jedem Arbeiter, die zum Besuche des Gottesdienstes erforderliche Zeit, mindestens aber an jedem dritten Sonntage freigegeben wird.

2. Während der Zeit von 12 Uhr mittags bis 12 Uhr nachts dürfen die Arbeiter lediglich mit der Herstellung und dem Austragen leicht verderblicher Waren, die unmittelbar vor dem Genuß hergestellt werden (Eis, Cremes u. dgl.) beschäftigt werden.

Sind Arbeiter, die bereits Vormittags tätig waren, noch nach 12 Uhr mittags beschäftigt worden, so müssen sie an einem der nächsten sechs Werktage von mittags 12 Uhr ab von jeder Arbeit freigelassen werden.

B. Für die der Bekanntmachung des Bundesrates vom 4. März 1896 unterliegenden Bäckerei- und Konditoreibetriebe.[3])

Die Beschäftigung von Gehilfen und Lehrlingen ist an allen Sonn- und Festtagen in gleicher Weise, wie dies nach den Bestimmungen des Bundesrats vom 4. März 1896 (Reichsgesetzblatt Nr. 6) und I Ziff. 1 bis 3 allgemein zugelassen ist, gestattet.

Für Tagesbäckereien[4]) und Konditoreien[3]) wird die Beschäftigung von Gehilfen und Lehrlingen bis 12 Uhr mittags, bei Konditoreien

[1]) Samml. S. 302, 303, 304.

[2]) Siehe oben S. 183.

[3]) D. s. Konditoreien, in denen neben den Konditorwaren auch Bäckerwaren hergestellt werden.

[4]) Siehe auch unten S. 188, 189.

noch Nachmittags für Herstellung und Austragen leicht verderblicher Waren unter den oben bei A Ziff. 1 Abs. 3 und Ziff. 2 Abs. 2 aufgestellten Bedingungen zugelassen.

Weitergehende Ausnahmen bei außerordentlichen Gelegenheiten können nach Maßgabe des § 28 Abs. II der Ausführungsanweisung vom 14. März 1895 (Amtsblatt des K. Staatsministeriums des Innern S. 107 ff.) unbeschadet der Bestimmung unter I, 5 der Bekanntmachung des Bundesrates über den Betrieb von Bäckereien und Konditoreien vom 4. März 1896 (Reichsgesetzblatt Nr. 6 S. 55) gestattet werden und werden zur Gewährung solcher Ausnahmebewilligungen die Distriktsverwaltungsbehörden, in München die K. Polizeidirektion (nun Polizeiämter) ermächtigt.

Von den jeweils getroffenen Anordnungen ist sofort der K. Regierung Anzeige zu erstatten. Die gegenwärtigen Bestimmungen treten am 1. Juli 1896 in Kraft.

München, den 28. Juni 1896.

Königliche Regierung von Oberbayern, Kammer des Innern.

---

9. Bekanntmachung der K. Regierung von Oberbayern, Kammer des Innern, vom 2. Dezember 1907, die Arbeitsruhe der Gehilfen und Lehrlinge im Bäckereigewerbe am Weihnachts-, Oster- und Pfingstfest betreffend.

(KAB. 1907 S. 217, MAB. 1907 S. 432.)

Auf Grund des § 105e Abs. I der Reichsgewerbeordnung[1]) und des § 1 der K. Allerhöchsten Verordnung vom 29. März 1892, den Vollzug der Reichsgewerbeordnung betreffend, sowie im Hinblick auf die Bekanntmachung des Reichskanzlers vom 3. April 1901, betreffend Ausnahmen von den Bestimmungen über die Sonntagsruhe gemäß § 105e Abs. I der Reichsgewerbeordnung,[1]) wird hiemit unter teilweiser Abänderung der Regierungsbekanntmachung vom 28. Juni 1896 Nr. 24509[2]) Kreisamtsblatt S. 53) nachstehende, für den ganzen Regierungsbezirk Oberbayern geltende Anordnung erlassen:

„In den Bäckereibetrieben dürfen am Weihnachts-, Oster- und Pfingstfeste Gehilfen und Lehrlinge in der Zeit zwischen 9 Uhr morgens des ersten Festtages und 9 Uhr abends des zweiten Festtages — ausgenommen am zweiten Festtage eine halbe Stunde lang mit den für die Wiederaufnahme der Arbeit nötigen Vorarbeiten — nicht beschäftigt werden.

Vorstehende Anordnung tritt mit Ausgabe der sie enthaltenden Nummern des Kreisamtsblattes in Kraft."

Gegenwärtige Bekanntmachung ist sofort durch Veröffentlichung in den Amtsblättern zur allgemeinen Kenntnis zu bringen.

München, den 2. Dezember 1907.

Königliche Regierung von Oberbayern, Kammer des Innern.

[1]) Samml. S. 303.
[2]) Siehe oben S. 186.

10. Bekanntmachung der K. Polizeidirektion vom 6. April 1908, die Betriebsruhe im Bäckereigewerbe zu München am Weihnachts-, Oster- und Pfingstfeste betreffend.

(MAB. 1908 S. 108).

Die K. Regierung von Oberbayern, Kammer des Innern, hat mit Entschließung vom 3. April lfd. Js. Nr. 18211 dem Antrage von mehr als zwei Dritteln der beteiligten Gewerbetreibenden entsprechend auf Grund des § 41b Abs. I der Reichsgewerbeordnung[1]) und des § 1 der K. Allerhöchsten Vollzugsverordnung vom 29. März 1892 (Gesetz- und Verordnungsblatt S. 61) mit Wirkung ab 19. lfd. Mts. vorgeschrieben, daß im Bäckereigewerbe zu München am Weihnachts-, Oster- und Pfingstfeste ein Betrieb insoweit nicht stattfinden darf, als nach der Regierungsentschließung vom 2. Dezember v. Js. Nr. 58762[2]) (Kreisamtsblatt S. 217) die Beschäftigung von Gehilfen und Lehrlingen im Bäckereigewerbe an den drei bezeichneten hohen Festtagen verboten ist.

München, 6. April 1908.

K. Polizeidirektion.

---

11. Bekanntmachung der K. Regierung von Oberbayern, Kammer des Innern, vom 30. März 1908, Sonntagsruhe im Fleischereigewerbe zu München betr.

(KAB. 1908 S. 29, MAB. 1908, S. 107.)

Auf Grund des § 105c Abs. I der Reichsgewerbeordnung[3]) und des § 1 der K. Allerhöchsten Verordnung vom 29. März 1892, den Vollzug der Reichsgewerbeordnung betreffend, wird hiemit unter teilweiser Abänderung der Regierungsbekanntmachungen vom 29. Juli 1900 Nr. 29981 lit. A (Kreisamtsblatt S. 187) und 27. Mai 1905 Nr. 23191 Ziff. I (Kreisamtsblatt S. 77) für die Stadt München nachstehende Anordnung erlassen:

1. Im Fleischereigewerbe (Handwerksbetrieb) dürfen Arbeiter am ersten Weihnachts-, Oster- und Pfingsttage, dann am Fronleichnamstage nicht beschäftigt werden.

2. (Aufgehoben, siehe § 6 Regierungsbekanntmachung vom 2. Mai 1910, unten S. 191.)

Vorstehende Anordnung tritt mit ihrer Verkündigung im Kreisamtsblatte in Kraft.

München, 30. März 1908.

Königliche Regierung von Oberbayern, Kammer des Innern.

---

[1]) Samml. S. 285.
[2]) Siehe oben S. 188.
[3]) Samml. S. 303.

12. Bekanntmachung der K. Regierung von Oberbayern, Kammer des Innern, vom 10. Oktober 1907, die Sonntagsruhe in industriellen, Handwerks- und Bergbaubetrieben, hier im Fleischerei- und Schweinemetzgereigewerbe betr.

(KAB. 1907 S. 187, MAB. 1907 S. 391.)

Nach Abschnitt A der Bekanntmachung vom 29. Juli 1900 Nr. 29981 (Kreisamtsblatt S. 187) und Abschnitt I lit. b der Bekanntmachung vom 27. März 1895 Nr. 11437 (Kreisamtsblatt S. 23) gelten für die Beschäftigung von Arbeitern an Sonn- und Festtagen im Fleischerei- und Schweinemetzgereigewerbe zu München folgende Bestimmungen:

a) **Fleischereigewerbe:**

Die Beschäftigung von Arbeitern ist gestattet:

1. Siehe Regierungsbekanntmachung vom 30. März 1908, oben S. 189.

2. An den übrigen Sonn- und Festtagen und zwar vom 1. April bis 15. Oktober in der Zeit von 3 Uhr morgens bis 10 Uhr vormittags und in der übrigen Zeit des Jahres von 4 Uhr morgens bis 11 Uhr vormittags.

In der letzten Stunde der in Ziff. 1 und 2 festgesetzten Beschäftigungszeit dürfen die Arbeiter nur mit Reinigungs- und Aufräumungsarbeiten beschäftigt werden.

b) **Schweinemetzgereigewerbe.**

Siehe Bekanntmachung vom 4. August 1909, unten S. 191.

Bedingung zu a und b:

Wenn die Sonntagsarbeiten länger als drei Stunden dauern, so sind die Arbeiter entweder an jedem dritten Sonntag für volle 36 Stunden oder an jedem zweiten Sonntag mindestens in der Zeit von 6 Uhr morgens bis 6 Uhr abends oder in jeder Woche während der zweiten Hälfte eines Arbeitstages und zwar spätestens von 1 Uhr nachmittags ab von jeder Arbeit freizulassen.

Die unterfertigte Stelle findet sich im Hinblick auf Ziff. 5 der Bekanntmachung des Reichskanzlers vom 3. April 1901, betreffend Ausnahmen von den Bestimmungen der Sonntagsruhe (Reichsgesetzblatt S. 117), veranlaßt, gemäß § 105 e der Gewerbeordnung[1]) und § 1 der K. Allerhöchsten Vollzugsverordnung vom 29. März 1892 (Gesetz- und Verordnungsblatt S. 61) die vorerwähnte Bedingung zu a und b durch nachstehende Anordnung zu ergänzen:

„Den Arbeitern ist die zum Besuch des Gottesdienstes erforderliche Zeit, mindestens aber an jedem dritten Sonntag, freizugeben.“

Vorstehende, für die Stadt München geltende Ergänzungsanordnung tritt mit ihrer Bekanntgabe im Kreisamtsblatte in Kraft.

München, den 10. Oktober 1907.

Königliche Regierung von Oberbayern, Kammer des Innern.

---

[1]) Samml. S. 303.

13. Bekanntmachung der K. Polizeidirektion vom 4. August 1909, die Sonntagsruhe in industriellen Handwerks- und Bergbaubetrieben, hier im Schweinemetzgereigewerbe betr.

(MAB. 1909 S. 355.)

Die K. Regierung von Oberbayern, Kammer des Innern, hat mit Entschließung vom 19. Juli l. Js. Nr. 30416, einem Antrage der Schweinemetzger- und Wurstmacherinnung entsprechend, die Vorschrift b der laut Regierungsbekanntmachung vom 10. Oktober 1907 Nr. 49665 für die Beschäftigung von Arbeitern an Sonn- und Festtagen im Fleischerei- und Schweinemetzgereigewerbe zu München geltenden Bestimmungen folgendermaßen abgeändert:

„Die Beschäftigung von Arbeitern ist in den reinen Wurstmachereien an allen Sonn- und Festtagen vom 1. April bis 15. Oktober in der Zeit von 2 Uhr morgens bis 1 Uhr nachmittags und in der übrigen Zeit des Jahres von 2 Uhr morgens bis 11 Uhr vormittags gestattet. Im übrigen Schweinemetzgereigewerbe dürfen Arbeiter an allen Sonn- und Festtagen vom 1. April bis 15. Oktober in der Zeit von 3 Uhr morgens bis 2 Uhr nachmittags und in der übrigen Zeit des Jahres von 4 Uhr morgens bis 1 Uhr nachmittags beschäftigt werden." [1])

Vorstehende Änderung ist mit dem 28. Juli 1909 in Wirksamkeit getreten.

München, 4. August 1909.

K. Polizeidirektion.

---

14. Bekanntmachung der K. Regierung von Oberbayern, Kammer des Innern, vom 2. Mai 1910, die Sonntagsruhe in industriellen, Handwerks- und Bergbaubetrieben, hier in den gewerblichen Molkereien betreffend.

(KAB. 1910 S. 99, MAB. 1910 S. 201.)

Die fernere Geltung der für die gewerblichen Molkereien im Regierungsbezirke Oberbayern erlassenen Ausnahmebestimmungen, wie sie sich aus Ziff. I lit. d der Bekanntmachung vom 27. März 1895 Nr. 11437 (Kreisamtsblatt S. 23) und aus der Bekanntmachung vom 15. September 1905 Nr. 44741 (Kreisamtsblatt S. 113) ergeben, wird auf den Regierungsbezirk Oberbayern außerhalb München eingeschränkt. Ferner werden gemäß § 105e Abs. I der Gewerbeordnung [2]) und § 1 der K. Allerhöchsten Vollzugsverordnung vom 29. März 1892 (GVBl. S. 61) sowie unter Berücksichtigung der Bundesratsverordnung Ziff. 5 vom 3. April 1901 (RGBl. S. 117) für die gewerblichen Molkereien in der Stadt München die zuzulassenden Ausnahmen von den im § 105b Abs. I der Gewerbeordnung [3]) getroffenen Bestimmungen folgendermaßen neu geregelt:

---

[1]) Die Bedingung ist die gleiche wie beim Fleischereigewerbe, siehe die RegBek. vom 10. Oktober 1907, oben Seite 190.

[2]) Samml. S. 303.

[3]) Samml. S. 301.

Gewerbliche Molkereien.

Die Versorgung der Kundschaft mit Milch und flüssigen Molkereierzeugnissen ist an den Sonntagen und den unter die Gewerbeordnung fallenden Festtagen während der für den Verkauf dieser Gegenstände in offenen Verkaufsstellen freigegebenen Stunden gestattet.

Bedingung. Sofern die Sonntagsbeschäftigung eines Arbeiters länger als 5 Stunden dauert oder ihn am Besuche des Gottesdienstes hindert, ist er entweder

1. an jedem dritten Sonntag volle 36 Stunden oder
2. an jedem zweiten Sonntag mindestens in der Zeit von 6 Uhr vormittags bis 6 Uhr nachmittags von der Arbeit freizulassen oder es ist ihm
3. jeweils in der darauffolgenden Woche der volle Nachmittag eines Wochentages freizugeben und mindestens an jedem dritten Sonntag die Gelegenheit zum Besuche des Gottesdienstes zu gewähren.

Vorstehende Regelung tritt am 15. Mai 1910 in Wirksamkeit.

München, den 2. Mai 1910.

K. Regierung von Oberbayern, Kammer des Innern.

---

15. Bekanntmachung der K. Regierung von Oberbayern, Kammer des Innern, vom 13. Mai 1909, die Sonntagsruhe in industriellen, Handwerks- und Bergbaubetrieben, hier Neuregelung der Sonntagsruhe im Barbier- und Friseurgewerbe zu München betr.

(KAB. 1909 Nr. 24, MAB. 1909 S. 223.)

Auf Grund des § 105e der Reichsgewerbeordnung[1]) und des § 1 der K. Allerhöchsten Verordnung vom 29. März 1892, den Vollzug der Reichsgewerbeordnung betreffend, werden für das Barbier- und Friseurgewerbe in München unter Aufhebung der Bekanntmachung vom 4. Dezember 1905 Nr. 56374 (KrABl. S. 161) nachstehende Ausnahmen von den Bestimmungen des § 105b der Reichsgewerbeordnung[2]) zugelassen:

Die Beschäftigung von Arbeitern im Barbier- und Friseurgewerbe ist mit Ausnahme des zweiten Weihnachts-, Oster- und Pfingsttages an allen Sonn- und Festtagen und zwar in der Zeit vom 1. April mit 30. September bis 12 Uhr mittags und in der übrigen Zeit des Jahres bis 1 Uhr nachmittags gestattet. Die um 12 bzw. 1 Uhr im Geschäftsraum bereits anwesenden Kunden dürfen noch bedient werden. Am zweiten Weihnachts-, Oster- und Pfingsttage sowie vorbehaltlich der Bestimmung des vorhergehenden Satzes nach 12 bzw. 1 Uhr an den übrigen Sonn- und Festtagen ist die Beschäftigung von Arbeitern nur insoweit gestattet, als sie zur Vorbereitung für Theatervorstellungen und öffentliche Schaustellungen erforderlich ist.

---

[1]) Samml. S. 303.
[2]) Samml. S. 301.

Soferne Barbier- oder Friseurwerkstätten zugleich Verkaufsstellen für Parfümerien und Toiletteartikel sind oder durch solche den einzigen Zugang haben, dürfen während der nach Absatz 1 zulässigen Beschäftigungszeit auch in diesen Verkaufsstellen Gehilfen, Lehrlinge und Arbeiter beschäftigt werden; ein Verkauf darf jedoch nur in den für den Verkauf von Parfümerien und Toiletteartikeln allgemein freigegebenen Geschäftsstunden stattfinden.

Wenn die Sonntagsarbeiten länger als drei Stunden dauern, so sind die Arbeiter entweder an jedem dritten Sonntag für volle 36 Stunden oder an jedem zweiten Sonntag mindestens in der Zeit von 6 Uhr morgens bis 6 Uhr abends oder in jeder Woche während der zweiten Hälfte eines Arbeitstages und zwar spätestens von 1 Uhr nachmittags ab von jeder Arbeit freizulassen. Den Arbeitern ist die zum Besuche des Gottesdienstes erforderliche Zeit, mindestens aber an jedem dritten Sonntag freizugeben.

Gegenwärtige Regelung tritt mit Ausgabe der sie enthaltenen Nummer des Kreisamtsblattes in Kraft.

München, den 13. Mai 1909.

K. Regierung von Oberbayern, Kammer des Innern.

---

16. Bekanntmachung der K. Polizeidirektion vom 18. Mai 1909, die Sonntagsruhe im Barbier- und Friseurgewerbe in München betr.

Mit Entschließung der K. Regierung von Oberbayern, Kammer des Innern, vom 14. Mai l. Js. Nr. 28440 wurde dem Antrage von zwei Dritteln der beteiligten Gewerbetreibenden entsprechend unter Aufhebung der mit Regierungsentschließung vom 26. Mai 1903 Nr. 25057 bzw. 2. Januar 1908 Nr. 68629 erlassenen Anordnung gemäß § 41b der Reichsgewerbeordnung[1]) und § 1 der K. Allerhöchsten Verordnung vom 29. März 1892, den Vollzug der Reichsgewerbeordnung betreffend, vorgeschrieben, daß mit Ausnahme der Sonn- und Festtage während der Karnevalszeit, d. h. in der Zeit vom ersten Sonntage nach dem Feste Hl. drei Könige bis Aschermittwoch jeden Jahres an Sonn- und Festtagen im Barbier- und Friseurgewerbe zu München ein Betrieb nur insoweit stattfinden darf, als für dasselbe Ausnahmen von den im § 105b Abs. I der Reichsgewerbeordnung getroffenen Bestimmungen nach der Regierungsbekanntmachung vom 13. Mai l. Js. Nr. 28440[2]) (Kreisamtsblatt Nr. 24) zugelassen sind.

Vorstehende Vorschrift ist mit der Ausgabe der Nr. 24 des Kreisamtsblattes, d. i. am 17. Mai l. Js., in Kraft getreten.

München, 18. Mai 1909.

K. Polizeidirektion.

---

[1]) Samml. S. 285.
[2]) Siehe oben S. 192.

---

17. Bekanntmachung der K. Polizeidirektion vom 1. August 1907 die Sonntagsruhe im Barbier- und Friseurgewerbe betr.

(MAB. 1907 S. 298).

1. Der Beschluß der K. Polizeidirektion vom 28. November 1895, wonach auf die Dauer der Karnevalszeit (d. i. vom 1. Januar bis zum Aschermittwoch jeden Jahres) die Beschäftigung von Arbeitern im Barbier- und Friseurgewerbe an allen Sonn- und Festtagen in jederzeit widerruflicher Weise gestattet ist, wird aufgehoben.

2. Auf Grund des § 105e Abs. 1 der Reichsgewerbeordnung[1]) und der Bestimmung unter Ziff. I lit. l der Regierungsentschließung vom 27. März 1895 (Kreisamtsblatt Nr. 27) wird dagegen in jederzeit widerruflicher Weise die Beschäftigung von Arbeitern im Barbier- und Friseurgewerbe der Stadt München an den drei letzten Sonntagen der Karnevalszeit, d. i. am Fastnachtssonntage und den beiden vorhergehenden Sonntagen, bis 7 Uhr abends gestattet.

München, 1. August 1907.

K. Polizeidirektion.

---

18. Bekanntmachung der K. Polizeidirektion vom 9. Februar 1906, die Sonntagsruhe in den Korrespondenzbureaus betr.

(MAB. 1906 S. 59.)

Die K. Regierung von Oberbayern, Kammer des Innern, hat mit Entschließung vom 29. Januar 1906 Nr. 64 492 auf Grund des § 105e Abs. I der Gewerbeordnung[1]) und des § 1 der K. Allerhöchsten Vollzugsverordnung vom 29. März 1892 (Gesetz- und Verordnungsblatt S. 61) für die Anstalten zur Mitteilung telegraphischer Nachrichten an Abonnenten (Korrespondenzbureaus) in München folgende Ausnahmen von den in § 105b Abs. I und II der Gewerbeordnung[2]) getroffenen Bestimmungen zugelassen:

In den vorgenannten Anstalten dürfen Gehilfen und Arbeiter an allen Sonn- und Festtagen mit Arbeiten, die für den Betrieb unerläßlich sind, beschäftigt werden.

Soferne die Sonntagsbeschäftigung eines Gehilfen oder Arbeiters länger als 3 Stunden dauert oder ihn am Besuche des Gottesdienstes hindert, ist er an jedem 3. Sonntage volle 36 Stunden oder an jedem 2. Sonntage mindestens in der Zeit von 6 Uhr vormittags bis 6 Uhr nachmittags von jeder Arbeit freizulassen.

München, 9. Februar 1906.

K. Polizeidirektion.

---

[1]) Samml. S. 303.
[2]) Samml. S. 301.

19. Bekanntmachung der K. Polizeidirektion vom 2. Januar 1907, die Sonntagsruhe in Maskenverleihgeschäften betr.

(MAB. 1907 S. 7).

Die K. Regierung von Oberbayern, Kammer des Innern, hat mit Entschließung vom 24. Dezember 1906 Nr. 54692 auf Grund des § 105e der Gewerbeordnung[1]) und des § 1 der K. Allerhöchsten Vollzugsverordnung vom 29. März 1892 (Gesetz- und Verordnungsblatt S. 61) für die Maskenverleihgeschäfte in München folgende Ausnahmen von den in § 105b Abs. I und II der Gewerbeordnung[2]) getroffenen Bestimmungen zugelassen:

In den vorbezeichneten Geschäften dürfen Gehilfen und Arbeiter an den Sonn- und Festtagen während der Karnevalszeit von 10 Uhr vormittags bis 6 Uhr nachmittags beschäftigt werden. Soferne die Sonntagsbeschäftigung eines Gehilfen oder Arbeiters länger als fünf Stunden dauert oder ihn am Besuche des Gottesdienstes hindert, ist er entweder:

1. an jedem dritten Sonntage volle 36 Stunden oder
2. an jedem zweiten Sonntage mindestens in der Zeit von 6 Uhr vormittags bis 6 Uhr nachmittags von der Arbeit freizulassen oder es ist ihm
3. jeweils in der darauffolgenden Woche der volle Nachmittag eines Wochentages freizugeben und mindestens an jedem dritten Sonntage die Gelegenheit zum Besuche des Gottesdienstes zu gewähren.

München, 2. Januar 1907.

K. Polizeidirektion.

---

20. Bekanntmachung der K. Regierung von Oberbayern, Kammer des Innern, vom 2. Mai 1910, die Regelung der Sonntagsruhe im Handelsgewerbe zu München nach § 105e Abs. I der Gewerbeordnung betr.

(MAB. 1910 S. 197.)

Die K. Regierung von Oberbayern, Kammer des Innern, hat ihre Bekanntmachung vom 27. Mai 1905 Nr. 23191 (KrABl. S. 77) einer Revision unterzogen und erläßt zur Regelung der Ausnahmen von den Bestimmungen des § 105b Abs. II der Gewerbeordnung[2]) über die Sonntagsruhe im Handelsgewerbe auf Grund des § 105e Abs. I der Gewerbeordnung[1]) und des § 1 der K. Allerhöchsten Vollzugsverordnung vom 29. März 1892 (GVBl. S. 61) sowie unter Berücksichtigung der Bundesratsverordnung vom 3. April 1901 (RGBl. S. 117) und hinsichtlich des Fronleichnamstages der Vorschriften im drittletzten Absatze der Ministerialbekanntmachung vom 21. Mai 1897, die Feier der Sonn- und Festtage betr. (GVBl. S. 201), für die Stadt München nachstehende Anordnungen:

[1]) Samml. S. 303.
[2]) Samml. S. 301.

Über

Waren a	Beschäftigungs- an den Sonntagen und den unter die Gewerbeordnung fallenden Festtagen ausschließlich der in Spalte c genannten 4 hohen Festtage b
1. Bäckerei-, Feinbäckerei-, Konditorei-, Charkutier-, Delikateß-, Kolonial-, Spezerei- und Melbereiwaren, Obst und Gemüse, Käse und sonstige nicht flüssige Molkereierzeugnisse, Tabak und Zigarren.	bis 1 Uhr nachmittags mit Ausnahme der Stunden von 8 bis 10 Uhr vormittags
Konditoreiwaren außerdem, jedoch nur in Konditoreien . .	von 1 bis 5 Uhr nachmittags
2. Milch und flüssige Molkereierzeugnisse	bis 1 Uhr nachmittags ohne Unterbrechung und von 6 bis 8 Uhr nachmittags
3. Wildbret, Geflügel und Fische	bis 9½ Uhr vormittags
4. Frisches Fleisch	bis 9½ Uhr vormittags
5. Lebende Blumen	von 10 Uhr vormittags bis 1 Uhr nachmittags
6. Zeitungen	bis 12 Uhr mittags mit Ausnahme der Stunden von 8 bis 10 Uhr vormittags

sicht.

und Verkaufszeit

am ersten Weihnachts-, Oster- und Pfingsttage, dann am Fronleichnamstage	Besondere Bestimmungen
c	d
bis 9 Uhr vormittags von 10 bis 12 Uhr mittags	Für die beiden Oktoberfestsonntage wird die Beschäftigungs- und Verkaufszeit bis 6 Uhr nachmittags erstreckt. In den Verkaufsstellen für Bäckerei-, Feinbäckerei- und Konditoreiwaren, welche sich nicht mit der Produktionsstätte im gleichen Anwesen befinden, ist an den unter Spalte b fallenden Tagen die Beschäftigung von Hilfspersonal auch in der Zeit zwischen $9^1/_2$ und 10 Uhr vormittags mit der Zulieferung und Empfangnahme von frischgebackenen Waren der bezeichneten Art gestattet, insoweit von dieser Beschäftigung die Wiederaufnahme des vollen Betriebes um 10 Uhr vormittags abhängig ist und die Arbeiten nach den Verhältnissen des Produktionsbetriebes nicht vor 8 Uhr vormittags vorgenommen werden können.
bis 12 Uhr mittags ohne Unterbrechung und von 6 bis 8 Uhr nachmittags	
—	In der Stunde von $9^1/_2$ bis $10^1/_2$ Uhr vormittags (Spalte b) darf das Hilfspersonal noch mit Aufräumungsarbeiten beschäftigt werden.
—	In der Stunde von $9^1/_2$ bis $10^1/_2$ Uhr vormittags (Spalte b) darf das Hilfspersonal noch mit Aufräumungsarbeiten beschäftigt werden. Denjenigen Fleischereigeschäftsinhabern israelitischer Konfession, welche ausschließlich ritualmäßiges Fleisch feilhalten und nachweisbar ihren Geschäftsbetrieb am Sabbat sowie an den israelitischen Feiertagen ruhen lassen, ist es gestattet, im Betriebe ihrer offenen Verkaufsstellen zum Zwecke der Bedienung ihrer israelitischen Kundschaft mit ritualmäßigem Fleisch ihre Angestellten israelitischer Konfession am ersten Oster- und Pfingsttage von 6 bis 8 Uhr vormittags zu beschäftigen.
—	Als Beschäftigungs- und Verkaufszeit für lebende, künstliche und semper viva-Blumen gilt am Allerheiligentage die Zeit von 6 Uhr vormittags bis 4 Uhr nachmittags ohne Unterbrechung und am Sonntag vor Allerheiligen die Zeit von 6 Uhr vormittags bis 6 Uhr nachmittags mit Ausnahme der Stunden von 8 bis 10 Uhr vormittags.
bis 8 Uhr vormittags	

§ 1. Im Betriebe offener Verkaufsstellen für Waren der untenbezeichneten[1]) Art ist an Sonn- und Festtagen die Beschäftigung von Gehilfen, Lehrlingen und Arbeitern nach Maßgabe der folgenden Übersicht gestattet.

Soweit in diesen Verkaufsstellen Gehilfen, Lehrlinge und Arbeiter nicht beschäftigt werden dürfen, darf in denselben gemäß § 41a der Gewerbeordnung[2]) ein Gewerbebetrieb (Verkauf) nicht stattfinden.

§ 2. An der Ausnahmegestattung des § 1 haben — vorbehaltlich der Sonderregelung für Konditoreien hinsichtlich des Verkaufes von Konditoreiwaren zwischen 1 und 5 Uhr nachmittags (Spalte b der Übersicht) bzw. 10 Uhr vormittags und 12 Uhr mittags (Spalte c der Übersicht) — alle Verkaufsstellen Anteil, in denen ausschließlich oder hauptsächlich begünstigte Waren, d. h. Waren feilgehalten werden, wie sie in Spalte a der Übersicht aufgeführt sind. Jedoch dürfen in solchen Verkaufsstellen auf Grund der erwähnten Ausnahmegestattung nur begünstigte Waren verkauft werden.

Gehören die begünstigten Waren einer ausnahmeberechtigten Verkaufsstelle zu Gattungen, für welche die Übersicht verschiedene Verkaufszeiten vorsieht (z. B. frisches Fleisch und Charkutierwaren), so darf nach Schluß der Verkaufszeit für die den Hauptartikel bildende Warengattung (z. B. das frische Fleisch) ein Verkauf von Waren der anderen Gattung keinesfalls mehr stattfinden. Im übrigen bestimmt sich die zulässige Verkaufszeit für jede begünstigte Ware nach der betreffenden Festsetzung in der Übersicht.

Ortsstatutarische Bestimmungen oder Anordnungen der K. Polizeidirektion gemäß § 105b Abs. II Satz 2 bzw. 3 der Gewerbeordnung[3]) werden durch die Regelung des vorstehenden § 1 nicht berührt.

§ 3. Soweit in Gast- und Schankwirtschaften der Verkauf begünstigter Waren (z. B. von Zigarren und Charkutierwaren) an Sonn- und Festtagen außer den für den Handel mit diesen Waren offenen Stunden gemäß § 105i der Gewerbeordnung[4]) als Teil des Wirtschaftsbetriebes zulässig ist, darf der Verkauf (die Abgabe) bei Meidung der Straffälligkeit aus § 146a der Gewerbeordnung[5]) der Geldstrafe bis zu sechshundert Mark, im Unvermögensfalle Haft androht, nur an die Gäste der Wirtschaft und zwar nur in solchen bzw. so geringen Mengen erfolgen, daß Genuß auf der Stelle vermutet werden kann.

§ 4. In den Maskenverleihgeschäften dürfen Gehilfen und Arbeiter an den Sonn- und Festtagen während der Karnevalszeit von 10 Uhr vormittags bis 6 Uhr nachmittags beschäftigt werden.

§ 5. Sofern die Sonntagsbeschäftigung eines Gehilfen, Lehrlings oder Arbeiters im Rahmen gegenwärtiger Ausnahmebewilligung länger als 8 Stunden, bei Maskenverleihgeschäften (§ 4) länger

---

[1]) Siehe oben S. 196 und 197; die Übersicht ist dem Texte vorausgestellt.
[2]) Samml. S. 285.
[3]) Samml. S. 302.
[4]) Samml. S. 304.
[5]) Samml. S. 328.

als 5 Stunden dauert oder ihn am Besuche des Gottesdienstes hindert, ist er entweder

1. an jedem dritten Sonntag volle 36 Stunden oder
2. an jedem zweiten Sonntag mindestens in der Zeit von 6 Uhr vormittags bis 6 Uhr nachmittags von der Arbeit freizulassen oder es ist ihm
3. jeweils in der darauffolgenden Woche der volle Nachmittag eines Wochentages freizugeben und mindestens an jedem dritten Sonntag die Gelegenheit zum Besuche des Gottesdienstes zu gewähren.

§ 6. Vorstehende Anordnungen treten am 15. Mai 1910 in Kraft.

Mit dem gleichen Zeitpunkt sind die Bestimmungen der Bekanntmachung vom 27. Mai 1905 Nr. 23191 (KrABl. S. 77) und in Ziff. 2 der Bekanntmachung vom 30. März 1908 Nr. 16755 (KrABl. S. 29) aufgehoben.

München, den 2. Mai 1910.

K. Regierung von Oberbayern, Kammer des Innern.

---

21. Gemeindestatut vom 20. Mai 1910 über die Sonntagsruhe im Handelsgewerbe.

(MAB. 1910 S. 259).

Auf Grund der §§ 105b Abs. II, 41a Abs. I, 142 Abs. I und 146a der Reichsgewerbeordnung[1]) in der Fassung der Bekanntmachung des Reichskanzlers vom 26. Juli 1900 (Reichsgesetzblatt S. 871) mit § 50 Abs. I der K. Allerhöchsten Verordnung vom 29. März 1892, den Vollzug der Reichsgewerbeordnung betreffend (Gesetz- und Verordnungsblatt S. 61), erläßt der Stadtmagistrat München nach Anhörung beteiligter Gewerbetreibender und Arbeiter mit Zustimmung des Kollegiums der Gemeindebevollmächtigten folgendes von der K. Regierung von Oberbayern, Kammer des Innern, mit Entschließung vom 13. Mai 1910 Nr. 27125 genehmigtes Gemeindestatut.

1. Im Handelsgewerbe dürfen Gehilfen, Lehrlinge und Arbeiter an Sonntagen und Festtagen im Sinne der Reichsgewerbeordnung, das ist am Neujahrsfeste, Feste der hl. drei Könige, Ostermontage, Feste Christi Himmelfahrt, Pfingstmontage, Fronleichnamsfeste, Feste Mariä Himmelfahrt, an Allerheiligen, am ersten Weihnachtstage und am Stephanstage (zweiten Weihnachtstage) nicht beschäftigt werden.

Am zweiten Oktoberfestsonntage (Hauptfest) und an den zwei letzten Sonntagen vor Weihnachten ist die Beschäftigung von 10 Uhr vormittags bis 1 Uhr nachmittags gestattet.

2. Denjenigen Geschäftsinhabern israelitischer Konfession, welche ihren Geschäftsbetrieb am Sabbate (Sonnabend) und an israelitischen

---

[1]) Samml. S. 302, 285, 328.

Festtagen vollständig ruhen lassen, ist es gestattet, ihre Gehilfen, Lehrlinge und Arbeiter israelitischen Glaubens an Sonntagen, mit Ausnahme des ersten Oster- und Pfingsttages, sowie des ersten Weihnachtstages, wenn dieser auf einen Sonntag fällt, von 10 bis 12 Uhr vormittags mit der Maßgabe zu beschäftigen, daß die Geschäftsräume für den allgemeinen Verkehr geschlossen bleiben und in ihnen Lärm oder Ärgernis erregende Arbeiten nicht vorgenommen werden.

3. Im Speditionsgewerbe und im handelsgewerblichen Betriebe der Bierbrauereien dürfen Gehilfen, Lehrlinge und Arbeiter an Sonntagen und Festtagen im Sinne der Reichsgewerbeordnung mit Ausnahme des ersten Weihnachts-, Oster- und Pfingsttages vom 10 Uhr vormittags bis 12 Uhr mittags beschäftigt werden.

Sofern hienach ein Gehilfe, Lehrling oder Arbeiter an einem Sonn- oder Festtage beschäftigt wird, ist er jeweils an den beiden unmittelbar daraufffolgenden Sonn- bzw. Festtagen von jeder Arbeit freizulassen.

Der Betriebsunternehmer hat ein Verzeichnis zu führen, in welches die an den einzelnen Sonn- oder Festtagen beschäftigten Gehilfen, Lehrlinge und Arbeiter namentlich einzutragen sind.

4. Soweit Gehilfen, Lehrlinge und Arbeiter gemäß Ziff. 1 bis 3 nicht beschäftigt werden dürfen, darf in offenen Verkaufsstellen ein Gewerbebetrieb nicht stattfinden.

5. Vorstehende Bestimmungen gelten auch für Konsum- und andere Vereine.

6. Zuwiderhandlungen werden mit Geldstrafe bis zu 600 Mark, im Unvermögensfalle mit Haft bestraft.

Am 20. Mai 1910.

Magistrat der K. Haupt- und Residenzstadt München.

---

22. Bekanntmachung der K. Polizeidirektion vom 6. Juni 1910, die Sonntagsruhe im Handelsgewerbe betr.

(MAB. 1910 S. 260.)

Die K. Polizeidirektion bestimmt auf Grund des § 105 b Abs. II Satz 3 der Reichsgewerbeordnung[1]) sowie des § 37 der Allerhöchsten Verordnung vom 29. März 1892, den Vollzug der Reichsgewerbeordnung betreffend, unter Aufhebung der Anordnungen vom 14. Juli 1904 und 4. Juli 1908 (Münchener Amtsblatt 1904 S. 353, 1908 S. 205 und 206):

Mit Rücksicht auf das Erfordernis eines erweiterten Geschäftsverkehrs wird die Beschäftigung von Gehilfen, Lehrlingen und Arbeitern im Handelsgewerbe im Anschlusse an die mit Gemeindestatut des Magistrats der K. Haupt- und Residenzstadt München vom 20. Mai l. Js.[2]) vollzogene Regelung wie folgt gestattet:

---

[1]) Samml. S. 302.
[2]) Siehe oben S. 199.

1. Im ganzen Stadtgebiete am vorletzten und letzten Sonntage vor Weihnachten von 1 Uhr nachmittags bis 6 Uhr nachmittags.

2. Im XVI. Stadtbezirke

a) während der Auer Maidult (Beginn erster Sonntag im Mai) an den Sonntagen und falls ein Festtag im Sinne der Reichsgewerbeordnung in diese Zeit fallen sollte, auch an diesem Festtage von 10 Uhr vormittags bis 7 Uhr nachmittags,

b) während der Jakobidult in der Au (Beginn erster Sonntag nach Jakobi — 25. Juli —) an den Sonntagen von 10 Uhr vormittags bis 7 Uhr nachmittags,

c) während der Auer Herbstdult (Beginn dritter Sonntag im Oktober) an den Sonntagen von 10 Uhr vormittags bis 6 Uhr nachmittags.

3. Im XXIII. Stadtbezirke und zwar in dem Teile, welcher durch die ehemalige Gemeinde Nymphenburg gebildet wird, an den in die Zeit des Magdalenenfestes dortselbst fallenden Sonntagen von 7 bis 8 Uhr morgens und von 10 Uhr vormittags bis 7 Uhr nachmittags.

4. Für die Ortschaft Ramersdorf und

5. Im XXIV. Stadtbezirke, soweit derselbe durch den unteren (östlich und unterhalb der Wolfratshauserstraße gelegenen) Teil der ehemaligen Gemeinde Thalkirchen gebildet wird, je an den in die Ablaßzeit — 15. August bis 15. September — dortselbst fallenden Sonntagen und Festtagen im Sinne der Gewerbeordnung von 10 Uhr vormittags bis 7 Uhr nachmittags.

München, 6. Juni 1910.

K. Polizeidirektion.

23. Polizeiliche Vorschrift vom 30. Juni 1892 den Hausierhandel an Sonn- und Festtagen betreffend.

(Auszug.)

(MAB. 1892 S. 330.)

In Anwendung des § 55a Abs. 2 RGO.[1]) sowie des § 28 der Allerhöchsten Verordnung vom 29. März 1892, den Vollzug der Reichsgewerbeordnung betreffend, läßt hiemit die unterfertigte K. Polizeidirektion Ausnahmen für alle Sonn- und Festtage mit Ausnahme des ersten Weihnachts-, Oster- und Pfingsttages zu

1. hinsichtlich des Feilbietens von Zeitungen auf öffentlichen Wegen, Straßen, Plätzen, oder anderen öffentlichen Orten (Kolportage) für die Stunden von 6 bis 8 Uhr vormittags und von 10 Uhr vormittags bis 6 Uhr abends.

2. . . . .

Die unter Ziffer 1 bezeichneten Erwerbsarten dürfen somit zu den angegebenen Stunden an allen Sonn- und Festtagen mit Aus-

[1]) Samml. S. 291.

nahme des ersten Weihnachts-, Oster- und Pfingsttages ausgeübt werden; im übrigen bleibt jeder Hausierhandel an Sonn- und Festtagen verboten.

Zuwiderhandlungen gegen dieses Verbot werden nach § 146a der Reichsgewerbeordnung[1]) mit Geldstrafe bis zu 600 Mark, im Unvermögensfalle mit Haft bestraft.

---

24. Polizeiliche Anordnung vom 2. Januar 1906 zum Vollzug des Kinderschutzgesetzes.

(MAB. 1906 S. 5.)

Die K. Polizeidirektion München verordnet auf Grund des § 17 Abs. II Satz 2 des Reichsgesetzes über Kinderarbeit in gewerblichen Betrieben vom 30. März 1903[2]) im Einverständnis mit der K. Lokalschulkommission München:

„Vom 1. April 1906 ab dürfen im Stadtbezirke München in gewerblichen Betrieben beim Austragen von Waren und bei sonstigen Botengängen eigene Kinder (§ 3 des Gesetzes) unter 10 Jahren überhaupt nicht, eigene Kinder über 10 Jahre (bis zum vollendeten 13. Lebensjahre und über dieses Alter hinaus, solange sie noch zum Besuche der Volksschule verpflichtet sind) nicht in der Zeit zwischen 8 Uhr abends und 8 Uhr morgens und nicht vor dem Vormittagsunterrichte beschäftigt werden.

Übertretungen dieses Verbotes werden mit Geldstrafe bis zu 150 Mark, im Falle gewohnheitsmäßiger Zuwiderhandlung auch mit Haftstrafe bis 6 Wochen bestraft."

München, 2. Januar 1906.

K. Polizeidirektion.

---

25. Polizeiliche Vorschriften vom 8. Oktober 1910 und 2. Januar 1911, die Festsetzung der Gebühren der gewerbsmäßigen Stellenvermittler in München betreffend.

(MAB. 1910 S. 465, 1911 S. 9.)

Auf Grund des § 5 Abs. 1 des Stellenvermittlergesetzes vom 2. Juni 1910 (Reichsgesetzblatt S. 860),[3]) sowie des § 1 der Bekanntmachung des K. Staatsministeriums des K. Hauses und des Äußern vom 6. Oktober 1910, Stellenvermittler betreffend (Gesetz- und Verordnungsblatt S. 924), bestimmt die K. Polizeidirektion nach Anhören des Trägers des öffentlichen Arbeitsnachweises, von Vertretern der Stellenvermittler, der Arbeitgeber und Arbeitnehmer, was folgt:

§ 1. Die Gebühr für die gewerbsmäßigen Stellenvermittler mit Ausnahme jener für Bühnenangehörige bei Vermittlung eines Dienstverhältnisses bemißt sich nach dem nachfolgenden Tarif.[4])

---

[1]) Samml. S. 328.
[2]) Samml. S. 337.
[3]) Samml. S. 343.
[4]) Siehe unten S. 204, 205.

Für Berufsgruppen, für welche eine Gebühr nicht besonders bestimmt ist, greifen die Gebührensätze der Tarifnummer 1 A Platz.

Soweit die Stellenvermittlung ausschließlich in dem Nachweis der Gelegenheit zur Erlangung einer Stelle mittels Stellen- oder Vakanzenliste besteht, kommen die Gebührensätze nur in ihrer halben Höhe zur Erhebung.

§ 2. Für die Vermittlung von Dienstverhältnissen zur Aushilfe und auf bestimmte Zeit, wenn sich diese Dienstverhältnisse auf einen Zeitraum von nicht mehr als zwei Monaten erstrecken, kommen nicht die Gebührensätze des § 1, sondern nachstehende Gebühren zur Anwendung:

1. für Dienste auf ein und zwei Tage: je 20 Pfg. pro Tag;
2. für Dienste auf drei Tage: 50 Pfg.;
3. für Dienste auf mehr als drei Tage bis zu einem Monat: 1 Mk.;
4. für Dienste über ein Monat bis zu zwei Monaten: 2 Mk., soferne die Gebühr für ein auf Dauer bestimmtes Dienstverhältnis gleicher Art nach § 1 2 Mk. oder weniger beträgt, 1 Mk.;
5. für die Vermittlung eines Dienstes auf bestimmte Zeit, bei Unternehmungen auf dem Oktoberfeste und für die Karnevalsaison, ferner von Diensten auf Volksfesten, Ausstellungen und ähnlichen Veranstaltungen, wenn die Dauer der veranlassenden Feste und Veranstaltungen wenigstens eine Woche und höchstens zwei Monate beträgt: 2 Mk., soferne die Gebühr für ein auf Dauer bestimmtes Dienstverhältnis gleicher Art nach § 1 2 Mk. oder weniger beträgt, 1 Mk.

§ 3. Soweit die Gebühr nach der Lohnhöhe bemessen wird, gilt als Lohn nur der Barlohn; Naturalbezüge sowie Ersatzbeträge für Naturalbezüge, z. B. Biergelder, ferner Beiträge, welche vom Arbeitgeber für den Arbeitnehmer vertragsmäßig zu Kranken- und Invalidenversicherungen zu leisten sind, werden nicht in Anrechnung gebracht.

Als monatlicher Barlohn gilt, falls die Geldvergütung nach Tagen bemessen ist, deren dreißigfacher Betrag, falls nach Wochen bemessen, deren vierfacher Betrag. Sämtliche Gebühren sind Höchstbeträge, die nicht überschritten werden dürfen.

§ 4. Eine Gebühr darf nur erhoben werden, wenn der Vertrag infolge der Tätigkeit des Vermittlers zustande kommt. Haben beide Teile diese Tätigkeit in Anspruch genommen, so ist die Gebühr von dem Arbeitgeber und dem Arbeitnehmer je zur Hälfte zu bezahlen. Die Herausgeber von Stellen- und Vakanzenlisten können eine Gebühr nur von demjenigen erheben, welcher ihnen den Auftrag zur Aufnahme der Stelle in die Liste erteilt hat.

§ 5. Neben den Gebühren dürfen Vergütungen anderer Art nicht erhoben werden. Die Erstattung barer Auslagen darf nur in-

(Fortsetzung S. 206.)

Tarif zu Nr. 1.

Nr.	Berufsgruppe	Gebühr ℳ
1	**Dienstboten und Hauspersonal.**	
	A. Diener, Kutscher, Kraftwagenführer, Liftjungen, Hausmeister, Hausmeisterinnen, Köche, Köchinnen, Zimmer-, Haus-, Küchen-, Herd- und Lehrmädchen, Mädchen für Alles und neben der Frau, Jungfern, Wasch-, Putz- und Zugehfrauen, Kindermädchen, Kindergärtnerinnen, Kinderfrauen, Ammen, Wirtschafterinnen, Stützen, Hausdamen, sowie alles übrige Dienst- und Hauspersonal, soweit nicht unter B fallend:	
	a) bei einem Monatslohn bis zu 10 ℳ ausschließlich	1,00
	b) „ „ „ von 10 ℳ bis einschließlich 20 ℳ	2,00
	c) „ „ „ von mehr als 20 ℳ bis einschließlich 25 ℳ	3,00
	d) „ „ „ von mehr als 25 ℳ bis einschließlich 40 ℳ	4,00
	e) „ „ „ von mehr als 40 ℳ	5,00
	B. Erzieherinnen, Gouvernannten, Hauslehrer:	
	a) bei einem Monatslohn bis einschließlich 40 ℳ	4,00
	b) „ „ von mehr als 40 ℳ bis einschließlich 60 ℳ	5,00
	c) „ „ von mehr als 60 ℳ bis einschließlich 100 ℳ	6,00
	d) „ „ von mehr als 100 ℳ	8,00
2	**Angestellte im Gast- und Schankwirtschaftsgewerbe.**	
	A. Direktoren, Geschäftsführer, Hotelbuchhalter sowie das nach § 2 b des Krankenversicherungsgesetzes nicht krankenversicherungspflichtige Personal	6,00
	B. Oberkellner, Obersaalkellner, Portiers, Chefs, Küchenmetzger und Schenkkellner	5,00
	C. Sonstiges gelerntes Personal:	
	1. Angestellte, welche ausschließlich oder überwiegend auf Trinkgelder angewiesen sind, und zwar	
	Kellner, Wein-, Kaffee-, Hotel- und Restaurationskellnerinnen, Schenkkellnerinnen, Hotelzimmermädchen	4,00
	Kellnerinnen in Bierwirtschaften und Bierkellern	2,00
	2. Angestellte mit Lohnbezug, nämlich Köche, Köchinnen, Marqueure, Büfettdamen, Buchhalterinnen, Beschließerinnen, Hotelbüglerinnen und Näherinnen:	
	a) bei einem Monatslohn bis zu 40 ℳ einschließlich	2,00
	b) „ „ „ von mehr als 40 ℳ bis einschließlich 80 ℳ	3,00
	c) „ „ „ von mehr als 80 ℳ	4,00
	D. Ungelerntes männliches und weibliches Personal nämlich Hotelbiener, Hausburschen, Hotelkutscher, Hotelchauffeure, Kasserolier, Silber- und Kupferputzer, ungelernte Kellnerinnen in Bierwirtschaften und Bierkellern, Haus-, Herd-, Küchen-, Etage-, Wasser- und Biermädchen, Schülerinnen, Liftjungen, Pikkolos und Kochlehrlinge	2,00

Nr.	Berufsgruppe	Gebühr ℳ
3	**Angestellte im Handelsgewerbe.**	
	A. Nach § 2 b des Krankenversicherungsgesetzes nicht krankenversicherungspflichtiges Personal	6,00
	B. Krankenversicherungspflichtiges Personal:	
	1. Handelsgehilfen und Gehilfinnen:	
	a) bei einem Monatslohn bis zu 40 ℳ einschließlich . . .	2,00
	b) " " " von mehr als 40 ℳ bis einschließlich 80 ℳ	3,00
	c) " von mehr als 80 ℳ bis einschließlich 100 ℳ	4,00
	d) " " " von mehr als 100 ℳ	5,00
	2. Arbeiter und Lehrlinge .	2,00
	C. Provisionsreisende .	4,00
4	**Angestellte im Produktivgewerbe.**	
	A. Betriebsbeamte . .	6,00
	B. Technisches und Bureaupersonal:	
	a) bei einem Monatsgehalte bis zu 40 ℳ einschließlich . .	2,00
	b) " " von mehr als 40 ℳ bis einschließlich 80 ℳ	3,00
	c) von mehr als 80 ℳ bis einschließlich 100 ℳ . .	4,00
	d) " von mehr als 100 ℳ .	5,00
	C. Arbeiter	2,00
5	**Angestellte in land- und forstwirtschaftlichen Betrieben, in landwirtschaftlichen Nebenbetrieben und Schweizereien.**	
	A. Betriebsbeamte, Ökonomieverwalter, Ökonomiebaumeister, Brennmeister, Braumeister	6,00
	B. Übriges technisches und Bureaupersonal .	4,00
	C. Schweizer und zwar:	
	1. Oberschweizer	4,00
	2. Unterschweizer	2,00
	3. Freischweizer .	3,00
	D. Übrige Arbeiter:	
	1. bei einem Monatslohn bis einschließlich 10 ℳ	1,00
	2. " " " von mehr als 10 ℳ bis 20 ℳ einschließlich	2,00
	3. " " " von mehr als 20 ℳ bis 40 ℳ einschließlich	3,00
	4. " " " von mehr als 40 ℳ . . .	4,00

(Fortsetzung von S. 203.)
soweit gefordert werden, als sie auf Verlangen und nach Vereinbarung mit dem Auftraggeber verwendet und als notwendig hinreichend nachgewiesen sind.

Herausgeber von Stellen- und Vakanzenlisten dürfen denjenigen gegenüber, welche die Listen von ihnen beziehen, nur die auf die Herstellung der einzelnen Liste erwachsenen Kosten erheben. Hiebei darf jedoch für eine mittels Druckes hergestellte Liste nicht mehr als 5 Pfg., für eine auf andere Vervielfältigungsart oder handschriftlich hergestellte Liste nicht mehr als 3 Pfg. berechnet werden.

§ 6. Mit Geldstrafe bis zu sechshundert Mark oder mit Haft wird bestraft ein Stellenvermittler, der die amtlich festgesetzte Taxe überschreitet, oder sich außer den taxmäßigen Gebühren Vergütungen anderer Art von dem Arbeitnehmer oder dem Arbeitgeber gewähren oder versprechen läßt.

Die Erlaubnis zum Gewerbebetriebe des Stellenvermittlers ist zurückzunehmen, wenn sich aus Handlungen oder Unterlassungen des Stellenvermittlers dessen Unzuverlässigkeit in bezug auf den Gewerbebetrieb oder seine persönlichen Verhältnisse ergibt.

Die Unzuverlässigkeit ist stets anzunehmen, wenn der Stellenvermittler wiederholt bestraft ist, weil er die festgesetzte Gebührentaxe überschritten oder sich außer den taxmäßigen Gebühren Vergütungen anderer Art von dem Arbeitnehmer oder dem Arbeitgeber hat gewähren oder versprechen lassen.

München, 8. Oktober 1910.

K. Polizeidirektion.

---

26. Polizeiliche Vorschriften vom 8. Oktober 1910, die Stellenvermittelung in das Ausland betr.

(MAB. 1910 S. 469.)

Auf Grund des § 7 des Stellenvermittlergesetzes vom 2. Juni 1910 (Reichsgesetzblatt S. 860),[1]) des § 1 der Bekanntmachung des K. Staatsministeriums des Königlichen Hauses und des Äußern vom 6. Oktober 1910, Stellenvermittler betreffend (Gesetz- und Verordnungsblatt S. 924), des § 2 der Bekanntmachung vom 6. Oktober 1910, Stellenvermittler für Bühnenangehörige betreffend (Gesetz- und Verordnungsblatt S. 933), sowie des § 8 der Bekanntmachung vom 6. Oktober 1910, Stellen- und Arbeitsnachweise betreffend (Gesetz- und Verordnungsblatt S. 941), bestimmt die K. Polizeidirektion, was folgt:

§ 1. Gewerbsmäßige Stellenvermittler und nicht gewerbsmäßig betriebene Stellen- oder Arbeitsnachweise, welche für weibliche Personen Stellen im Auslande vermitteln, haben dem zuständigen Polizeiamte hierüber innerhalb der ersten drei Tage jeden Monats je für

---

[1]) Samml. S. 343.

den letztvergangenen Monat ein Verzeichnis nach dem beigefügten Muster einzureichen.

§ 2. Wer den Bestimmungen des § 1 zuwiderhandelt, wird mit Geldstrafe bis zu einhundertfünfzig Mark oder mit Haft bestraft.

München, 8. Oktober 1910.

K. Polizeidirektion.

Muster.

Verzeichnis

der im Monat . . . . 19 . .

vermittelten Stellen

an weibliche Personen im Auslande.

München, den . . ten . . . . 19 . .

Unterschrift des Stellenvermittlers:

. . . .

1	2	3	4	5	6	7	8	9	10
Lfd. Nr. des Geschäftsbuches B	Tag des Auftrags	Des Auftraggebers a) Vor- und Zuname, b) Stand, c) Wohnort und Straße; falls durch Agenten vermittelt, auch Name und Wohnort des Agenten	Ort und Art der Stellung, für welche die Vermittlung nachgesucht wird	Zeitpunkt, zu welchem nach dem Auftrage die Stellung anzutreten wäre	Betrag der zugesicherten Vergütung (Lohn, Gehalt) ℳ	Angabe, in welcher Weise die Erkundigungen über die Dienstverhältnisse des Auftraggebers und des Stellensuchenden eingezogen sind	Vor- und Zuname, Geburtsort und Datum, Familienstand und Religion des in die Stelle Vermittelten	Zeit des Stellenantritts	Kündigungsfrist

27. Bekanntmachung der K. Regierung von Oberbayern, Kammer des Innern vom 24. Januar 1912, den Vollzug des Gesetzes gegen den unlauteren Wettbewerb betr.

(KAB. 1912 Nr. 6, MAB. 1912 S. 84.)

Die K. Regierung von Oberbayern, Kammer des Innern, erläßt auf Grund der §§ 7 Abs. II und 9 Abs. II des Reichsgesetzes gegen den unlauteren Wettbewerb vom 7. Juni 1909[1]) (RGBl. S. 499) und der Vollzugsbekanntmachung des K. Staatsministeriums des K. Hauses und des Äußern vom 9. Juli 1909 (G.- und VBl. S. 423) für den Regierungsbezirk Oberbayern nach Einvernahme der Handelskammer und der Handwerkskammer folgende Bestimmungen:

[1]) Samml. S. 362.

§ 1. Ausverkäufe von Waren wegen Platzmangels, Räumung, Umbaues, Lokalwechsels, Umzugs, Geschäftsverkaufs, Geschäftsaufgabe, Liquidation, Abreise zum Zweck der Aufgabe des Wohnsitzes, Todesfalls des Alleininhabers eines Geschäftes, Brandschadens und anderer Elementarereignisse sind vor der Ankündigung bei der Ortspolizeibehörde unter Angabe des Grundes des Ausverkaufs und des Zeitpunktes seines Beginnes anzuzeigen.

Dort ist auch ein genaues Verzeichnis der auszuverkaufenden Waren einzureichen, das den Anforderungen des § 2 zu entsprechen hat.

Die Anzeige hat spätestens zwei Wochen, die Vorlage des Verzeichnisses spätestens eine Woche vor Beginn des Ausverkaufs zu erfolgen.

Die Einsicht des Verzeichnisses ist jedem gestattet.

Ausnahmsweise, d. i. wenn die auszuverkaufende Ware dem Verderb ausgesetzt und Gefahr im Verzuge ist, kann die Distriktsverwaltungsbehörde (in München die K. Polizeidirektion), nötigenfalls nach Einvernahme Sachverständiger, Dispens von der Einhaltung der Fristen gewähren.

§ 2. Das Verzeichnis hat den Vor- und Zunamen, die Wohnung des Veranstalters und die Bezeichnung des Verkaufslokales, ferner die einzelnen Warengattungen (nach Maß, Stückzahl oder Gewicht aufgeführt) zu enthalten und muß von dem Geschäftsinhaber oder dessen Stellvertreter unterzeichnet sein. Ferner sind darin etwaige Abschlüsse über Waren, die der Ausverkäufer noch von seinen Lieferanten abzunehmen hat, unter genauer Angabe des Auftragsdatums mitanzuführen.

§ 3. Saison- und Inventurausverkäufe, die in der Ankündigung als solche bezeichnet werden und im ordentlichen Geschäftsverkehr üblich sind, dürfen in einem Geschäfte innerhalb eines Kalenderjahres im ganzen nur zweimal abgehalten werden, und zwar entweder zwei Saisonausverkäufe oder je ein Inventurausverkauf und ein Saisonausverkauf; die Saisonausverkaufe dürfen nur in der Zeit vom 2. Januar bis 15. Februar und vom 1. Juli bis 15. August veranstaltet werden. Der Inventurausverkauf darf nur in den der Fertigstellung der Inventur sich anschließenden vier Wochen stattfinden.

Keiner der Ausverkäufe darf länger als zwei Wochen dauern.

§ 4. Übertretungen dieser Bestimmungen werden gemäß § 10 des Reichsgesetzes gegen den unlauteren Wettbewerb vom 7. Juni 1909 mit Geldstrafe bis zu 150 Mk. oder mit Haft bestraft.

§ 5. Die Regierungs-Bekanntmachungen vom 2. November 1909 Nr. 63 282 (KAB. S. 210), 28. Januar 1910 Nr. 5148 (KAB. S. 13) und vom 22. Juni 1911 Nr. 39 494 (KAB. S. 97) werden aufgehoben.

§ 6. Vorstehende Bestimmungen treten mit dem Tage der Verkündigung im Kreisamtsblatte in Kraft.

Die Distriktsverwaltungsbehörden, in München die K. Polizeidirektion, haben für geeignete Bekanntmachung vorstehender Bestimmungen in den Amtsblättern oder in sonst geeigneter Weise Sorge zu tragen.

München, den 24. Januar 1912.

K. Regierung von Oberbayern, Kammer des Innern.

Der Vollzug dieser Bekanntmachung ist den K. Polizeiämtern übertragen.

Die Anzeigeerstattung über den Grund des Ausverkaufs und den Zeitpunkt seines Beginnes sowie die Einreichung des Verzeichnisses der auszuverkaufenden Waren hat bei dem Bezirkskommissär desjenigen Bezirkes, in welcher der Ausverkauf stattfinden wird, zu erfolgen.

Das Verzeichnis liegt bei dem dem Bezirkskommissär vorgesetzten K. Polizeiamt zur Einsichtnahme auf.

München, 1. Februar 1912.

K. Polizeidirektion.

Sachregister.

(Die Zahlen bedeuten die Seiten.)

A.

C.

D.

E.

F.

J.

K.

T.

U.

V.

W.

Kolibri 360 GmbH
Ferdinand-Jühlke-Straße 7
99095 Erfurt, Deutschland
produktsicherheit@kolibri360.de